Der Schutz der finanziellen Interessen der Europäischen Gemeinschaft durch das spanische Strafrecht

Schriften der Deutsch-Spanischen Juristenvereinigung

Schriftleitung:
Lutz Carlos Moratinos Meissner, LL.M.
(Vorstandsmitglied der DSJV)

Band 53

PETER LANG

Tim Wirth

Der Schutz der finanziellen Interessen der Europäischen Gemeinschaft durch das spanische Strafrecht

PETER LANG

Bibliografische Information der Deutschen Nationalbibliothek
Die Deutsche Nationalbibliothek verzeichnet diese Publikation in der Deutschen Nationalbibliografie; detaillierte bibliografische Daten sind im Internet über http://dnb.d-nb.de abrufbar.

Zugl.: Greifswald, Univ., Diss., 2018

Umschlagabbildung:
Logo der Deutsch-Spanischen Juristenvereinigung e.V.
Abdruck mit freundlicher Genehmigung der
Deutsch-Spanischen Juristenvereinigung e.V.

Gedruckt auf alterungsbeständigem, säurefreiem Papier.
Druck und Bindung: CPI books GmbH, Leck

9
ISSN 1433-884X
ISBN 978-3-631-80647-0 (Print)
E-ISBN 978-3-631-82507-5 (E-PDF)
E-ISBN 978-3-631-82508-2 (EPUB)
E-ISBN 978-3-631-82509-9 (MOBI)
DOI 10.3726/b17082

Peter Lang – Berlin · Bern · Bruxelles · New York ·
Oxford · Warszawa · Wien

Diese Publikation wurde begutachtet.

www.peterlang.com

Inhaltsverzeichnis

Stand der dieser Arbeit zugrunde liegenden Gesetze ist der 30.04.2015.

Vorwort

Die vorliegende Arbeit konnte ich, nachdem ich mich berufsbegleitend viele Jahre mit ihr beschäftigt habe, im Frühjahr 2015 abschließen und beinhaltet den Stand der Gesetzgebung und Rechtsprechung bis März 2015.

Da mich mein Berufs- und Lebensweg als Anwalt nach Spanien geführt hatte, suchte ich nach einem Thema im Deutsch-Spanischen Rechtsverkehr, um mein Ziel einer Promotion voranzutreiben.

Mein Dank gilt Herr Professor Wolfgang Joecks, der mich als Promotionsstudent annahm und betreute. Er hatte die Idee zum Thema dieser Arbeit, welches mich in Anbetracht der immer stärkeren Praxisrelevanz wegen des Bezuges zum Delikt der Steuerhinterziehung begeisterte.

Leider verstarb Herr Professor Joecks plötzlich und unerwartet, kurz bevor das Promotionsverfahren vollständig abgeschlossen war, so dass wir den gemeinsam begonnenen langen Weg dieser Arbeit nicht mehr zusammen beenden konnten. Sein Andenken halte ich in Ehren.

Herrn Professor Peter Lüdemann bin ich sehr dankbar, dass er sich bereit erklärte, die weitere Betreuung zu übernehmen. Ohne ihn wäre das Fortbestehen des Verfahrens nicht gesichert gewesen. Ebenso danke ich Herrn Professor Joachim Lege für das Zweitgutachten.

Auffällig waren für mich in den Jahren, in denen ich mich mit dem Thema beschäftigt hatte, der Wandel in Spanien in der Wahrnehmung und Betrachtung der Delikte die sich mit der Veruntreuung öffentlicher Gelder, egal in welcher Form, befassen.

Zu Beginn meiner Arbeit fand ich kaum Urteile zum Thema, da es entweder nicht zu einem Strafverfahren kam oder dieses durch Einigung mit der Staatsanwaltschaft beendet wurde.

Dies änderte sich rasant – jeder Missbrauch öffentlicher Gelder oder Steuerhinterziehung wird heute in Spanien – sowohl strafrechtlich als auch von der öffentlichen Meinung gnadenlos verfolgt, und es gibt ständig Gesetzesänderungen in diesem Bereich.

Hilde, Dorothee, Markus und Willy danke ich für die Unterstützung dieses Vorhabens, besonders aber meinen Eltern und Jordi für ihre langjährige selbstlose Hilfe und Geduld.

Abschließend gilt mein Dank der Deutsch-Spanischen Juristenvereinigung e.V. für die Aufnahme meiner Arbeit in die DSJV Schriftenreihe.

Diese Arbeit widme ich meinem Vater.

Tim Wirth

A. Einführung

I. Überblick

Die Europäische Union finanziert ihren Haushalt aus Eigenmitteln, wobei Rechtsgrundlagen dieses sogenannten Eigenmittelsystems der Artikel 311 AEUV, der Eigenmittelbeschluss 2000/597/EG des Rates vom 29. September 2000[1] sowie der Beschluss des Rates vom 7. Juni 2007 über das System der Eigenmittel der Europäischen Gemeinschaften, heute der Europäischen Union, sind.[2]

Einnahmequellen sind die Agrarabschöpfungen aus dem Agrarhandel mit Drittstaaten und die Zuckerabgabe, die Zölle, die Mehrwertsteueranteile, die Bruttosozialproduktmittel als ergänzende Einnahmequelle, die aus den nationalen Haushalten der Mitgliedstaaten an den EU-Haushalt abzuführen sind, und sonstige Einnahmen wie Geldbußen in Wettbewerbssachen.[3]

Die größten Posten auf der Ausgabenseite sind der Ausrichtungs- und Garantiefonds für die Landwirtschaft, Artikel 40 III AEUV, und die Strukturfonds, Artikel 175-177 AEUV.

Im Jahre 2004 bezog Spanien insgesamt 16.308,1 Millionen Euro von der damaligen Europäischen Gemeinschaft und war damit derjenige Mitgliedstaat, der am meisten EU-Gelder erhielt, gefolgt von Frankreich, welches 16.308.1 Millionen Euro im Jahre 2004 von der seinerzeitigen EG bezog, und Deutschland mit 11.587 Millionen Euro. Da Spanien im Jahre 2004 an den Haushalt der damals existierenden Europäischen Gemeinschaften „nur" 8.383,6 Millionen Euro abführte, war es zu Beginn des 21. Jahrhunderts mit Abstand derjenige Mitgliedstaat, der netto (d.h. erhaltene Gelder abzüglich gezahlter Gelder) mit knapp 7.900 Millionen Euro die meisten Gelder aus dem Haushalt der Europäischen Union erhielt. An zweiter Stelle stand Griechenland, welches im gleichen Jahr netto 4.045,1 Millionen Euro aus dem Gemeinschaftshaushalt, heute Unions-Haushalt, bezog.[4]

Im Jahre 2013 erhielt Spanien insgesamt noch 14.168 Millionen Euro von der Europäischen Union, im Vergleich dazu Deutschland „nur" 12.064 Millionen Euro.

---

1 Amtsblatt der Europäischen Union Nr. L 253 vom 7. Oktober 2000, Seite 42.

2 Amtsblatt der Europäischen Union L 163 vom 23. Juni 2007, Seite 17.

3 Artikel 2 Absatz I des Beschlusses des Rates 2000/597/EG vom 29. September 2000.

4 Relaciones Financieras entre España y la Unión Europea, Ministerio de Economía y Hacienda, Dirección General de Presupuestos, Madrid 2005.

Im Jahre 2012 führte Spanien 10.746,5 Millionen Euro an die Europäische Union ab und war damit nach Polen, Portugal und Griechenland immerhin noch das Land mit der viertgrößten Netto-Mittelzuweisung der Europäischen Union. Deutschland hingegen war der größte Netto-Geber mit Zahlungen in einer Höhe von 14.149,21 Millionen Euro an die Europäische Union.[5]

Es erstaunt, dass es keine halbwegs genauen Zahlen über den Umfang von betrügerischen Handlungen in Spanien zu Lasten des EU-Haushaltes gibt, da genaue Zahlen nicht veröffentlicht werden.

Das Europäische Amt für Betrugsbekämpfung[6] weist in seinem fünften Tätigkeitsbericht nur auf die Anzahl der Untersuchungen hin. Für das im Juni 2004 geendete Jahr entfallen auf Spanien folgende abgeschlossene Untersuchungen: im Bereich des Europäischen Fonds für regionale Entwicklung eine Untersuchung, im Bereich des Europäischen Sozialfonds neun Untersuchungen und im Bereich der Finanzierung für die Ausrichtung der Fischerei vier abgeschlossene Untersuchungen.

Im gleichen Berichtszeitraum weist der Bericht folgende „aktive" Fälle aus, d.h. Fälle, die bewertet werden, und Fälle, in denen eine Untersuchung läuft: im Bereich der Landwirtschaft achtzehn, in der Korruptionsbekämpfung einen, im Bereich des Zolles zwölf, im Bereich der Zigaretten elf, bei den direkten Ausgaben acht, bei der Außenhilfe zwei, bei Drogen einen, im Bereich des Strukturfonds fünfzehn sowie bei der Mehrwertsteuer sieben Fälle, insgesamt also 75.

Im Jahre 2005 betrug die Zahl der aktiven Fälle nur noch 42, die Zahl der Untersuchungen war also rückläufig.[7]

Im Jahre 2013 meldeten die öffentlichen Institutionen Spaniens nur noch sechs Fälle des Verdachtes auf Betrug an Unionsmitteln an das Europäische Amt für Betrugsbekämpfung. Insgesamt empfahl das Amt zwischen Januar 2006 und Dezember 2013 Spanien, in 30 Fällen Gerichtsverfahren einzuleiten. Davon kam es nur in neun Fällen zu einer Anklage, in 14 Fällen wurde das Verfahren nicht eröffnet und in sieben Fällen laufen die Untersuchungen noch.[8]

---

5 Relaciones Financieras entre España y la Unión Europea 2013; Ministerio de Haciendas y Administraciones Públicas, Madrid 2014.

6 Europäisches Amt für Betrugsbekämpfung (OLAF); errichtet aufgrund Beschlusses der Kommission vom 28. April 1999; Amtsblatt L 136/20 vom 31. Mai 1999, vgl. auch die Verordnung (Euratom) Nr. 1074/1999 des Rates vom 25. Mai 1999 über die Untersuchungen des Europäischen Amtes für Betrugsbekämpfung, Amtsblatt L 136/8 vom 31. Mai 1999.

7 Jahresbericht des Europäischen Amtes für Betrugsbekämpfung für das Jahr 2005.

8 Jahresbericht des Europäischen Amtes für Betrugsbekämpfung 2013 "The OLAF Report 2013", Seite 15 und 23.

Ein Beispiel für eine Untersuchung hinsichtlich eines Betruges in Spanien betraf die Produktion von Flachs, der für die Herstellung von Leinen verwendet wird. Trotz möglicher Anhaltspunkte sah eine vom spanischen Parlament eingesetzte Kommission keinen Anlass, Maßnahmen zu ergreifen, bis die spanische Landwirtschaftsministerin[9] im Januar 2001 bei dem zuständigen Strafgericht[10] einen zwischen 1996 und 1999 stattgefundenen Betrug anzeigte, der in organisierter Weise die europäischen Subventionen beim Flachsanbau zum Gegenstand hatte und bei dem die Kontroll-mechanismen versagt hätten.

Grund für die Annahme eines Betruges bestand deswegen, weil innerhalb von nur fünf Jahren die Produktion von Flachs von 186 Hektar im Jahre 1993 auf über 90.000 Hektar im Jahre 1998 angestiegen war und sich die europäischen Subventionen dafür im selben Zeitraum von 141.000 Euro auf rund 60 Millionen Euro erhöht hatten.[11] Außerdem geschah dies in einem Land, in dem der Flachsanbau praktisch keine Tradition hatte und die klimatischen Bedingungen für den Anbau nicht sonderlich geeignet sind. Darüber hinaus sind die europäischen Subventionen an die Weiterverarbeitung des Rohmateriales geknüpft, wobei für aus dem Rohmaterial entstandene Produkte praktisch kein Markt bestand, das Material aber trotzdem hergestellt wurde.[12]

Die Europäische Kommission verhängte damals eine Strafe von 113 Millionen Euro gegen Spanien, da dieses keine ausreichenden Kontrollmechanismen bezüglich der von der Europäischen Gemeinschaft gewährten Subventionen im Zusammenhang mit dem Anbau von Flachs einsetzte.

Die Antikorruptionsabteilung der Staatsanwaltschaft verpflichtete die Landwirtschafts-ministerin zur Aussage vor der Audiencia Nacional. Gemäß ihrer Aussage hätte der Betrug, der in den spanischen Regionen Andalusien, Aragón, Cataluña, Extremadura, Castilla-La Mancha, Castilla und León, Navarra, Madrid und La Rioja stattgefunden hatte, von einer Kommission zur Koordinierung des landwirtschaftlichen Garantie-Fonds und von den Comunidades Autónomas[13] aufgedeckt und überwacht werden müssen. Darüber hinaus seien die Comunidades Autónomas letztlich die Verantwortlichen für die von den Landwirten

9 Loyola de Palacio, 1996–1999 spanische Landwirtschaftsministerin, 1999–2004 Vizepräsidentin der Europäischen Kommission.

10 Der Audiencia Nacional.

11 Tageszeitung El Pais vom 13. Mai 1999.

12 Sentencia Audiencia Nacional vom 23. April 2007 Nummer 29/2007.

13 Autonome Regionen, Gebiete Spaniens mit politischer Autonomie, vergleichbar den deutschen Bundesländern.

und den Verarbeitern begangenen Betrugshandlungen[14], wobei sich unter den Verdächtigen zwei Gesellschaften befanden, die einen engen Bezug zu hohen Beamten des Landwirtschaftsministeriums hatten[15].

Letztlich hat die Audiencia Nacional im Urteil vom 23. April[16] 2007 aber keinen Anhaltspunkt für einen Betrug zu Lasten der damaligen Europäischen Gemeinschaft gesehen.

Das Gericht stellt mit einer deutlichen Kritik an der Politik der Subventionsvergabe fest, dass der alleinige Grund für das sprunghafte Ansteigen der Flächen in Spanien, die dem Flachsanbau dienen, die großzügigen Subventionen für dessen Anbau seien. Für kein anderes landwirtschaftliches Produkt in Spanien wurden zum damaligen Zeitpunkt derartig hohe Subventionen vergeben.

Voraussetzung für den Erhalt der Subventionen war die Verarbeitung des Flachses in ein Rohprodukt, das dann für die Leinenproduktion verwendet werden sollte.

Bedingt dadurch, dass die Landwirte plötzlich nach Samen für Flachs nachfragten, bemerkten die Samenhändler, dass dessen Anbau bzw. dessen Verarbeitung stark subventioniert wurde. Demzufolge erweiterten sie ihr Angebot zum Beispiel um Maschinen für diesen Zweck. Der ganze Prozess erstaunt zwar, weil das entstandene Produkt eigentlich keinen Markt hat, der Grund für dessen Anbau und Herstellung ist aber alleine in den hohen Subventionen zu sehen.

Das Gericht sah es nicht als erwiesen an, dass die Verarbeiter und die Landwirte Dokumente über die Menge der Herstellung und des Anbaues in gegenseitigem Einverständnis gefälscht hatten, um Subventionen zu erhalten, und hat alle 18 Angeklagten freigesprochen.

Im Zuge der „Operación Oliva", welche von der Guardia Civil in Andalusien durchgeführt wurde und zwischen Februar 1999 und Januar 2000 zu 53 Festnahmen führte, wurden Unregelmäßigkeiten bei den europäischen Subventionen für die Produktion von Oliven untersucht.

Die Größenordnung dieses Betruges lag bei 24 Millionen Euro, aufgedeckt durch die Staatsanwaltschaft beim „Tribunal Superior de Justicia"[17] von Andalusien, wobei diese auf Anzeige der „Agencia para Aceite de Oliva"[18] tätig wurde.

---

14 El Pais vom 3. Februar 2001.

15 El Pais vom 13. Mai 1999.

16 Sentencia Audiencia Nacional vom 23. April 2007 Nummer 29/2007.

17 Oberster Gerichtshof einer spanischen autonomen Region.

18 Ein Organ, welches Kontrollen der gewährten Unterstützungen für den Anbau von Oliven durchführt, geschaffen aufgrund Ley 28/1987 vom 11. Dezember in Umsetzung der EG-Verordnung 2262/1984, die Kontrollbefugnisse werden im Real Decreto 257/1999, vom 12. Februar, definiert.

Obwohl mehrere „Comunidades Autonomas“ betroffen waren, konzentrierte sich das Geschehen auf mehrere andalusische Ölmühlen. Die Ölmühlenbetreiber und Landwirte arbeiteten zusammen, sodass in den Bescheinigungen über die verarbeiteten Oliven größere Mengen als die tatsächlich verarbeiteten bestätigt wurden.

Erreicht wurde dies z.B. mittels doppelter Bestätigung zweier Ölmühlen über dieselbe Ernte, Kleinkindern, die als Großgrundbesitzer deklariert wurden, neu gepflanzten Olivenbäumen, die aber bereits einen Ertrag von Hunderten von Kilos hatten, und nicht existierenden Ländereien.[19]

Im stark unterstützten Sektor des Baumwoll-Anbaues entdeckte die Europäische Kommission in den Jahren 1997 bis 1999, dass zwar der Anbau von Sonnenblumen deklariert wurde, sodass die entsprechende Subvention bezogen auf den Flächenanbau gewährt wurde, in Wahrheit jedoch Baumwolle angebaut wurde, weswegen dieselben Landwirte auch pro erzeugtes Kilo Baumwolle Subventionen erhielten.

Dies führte zu einer voneinander abweichenden Deklarierung eines niedrigen Ertrages von Sonnenblumen und eines erstaunlich hohen Ertrages von Baumwolle.

In Murcia, Alicante, Sevilla, Córdoba und Malaga wurden Betrugshandlungen im Zusammenhang mit Saftapfelsinen aufgedeckt: Ein Unternehmen, welches die Apfelsinen aufkaufte, um sie zu Saft zu verarbeiten, erhielt EU-Mittel für jedes verarbeitete Kilo Orangen, wobei die angegebenen Kilo-Mengen nicht der Wahrheit entsprachen.

Im Fall „Doeste“ klagte die „Audiencia Provincial“[20] von Cádiz am 21. März 2000 einen Unternehmer an, der im Jahre 1994 eine Subvention seitens der damaligen Europäischen Gemeinschaft bekam, um nach Guinea 50 Tonnen entbeintes Kalbfleisch zu senden.

Die Ermittlungen ergaben, dass sich in den Containern aber nur 20 Tonnen Schlachtabfälle von Schweinen befanden. Die Staatsanwaltschaft erhob Anklage wegen Falschaussage in Handels-Dokumenten und wegen versuchten Betruges an den finanziellen Interessen der Europäischen Union. Das Verfahren endete jedoch mit einem Vergleich zwischen Staatsanwaltschaft und Verteidigung.

Im Falle des Betruges bezüglich Subventionen für Baumwolle, Oliven oder Sonnenblumen wurden, wenn auch nur wenige, Strafen über aufgedeckte Betrugshandlungen verhängt. In Andalusien übermittelte das Landwirtschafts- und

19 Diario de Cadiz vom 3. Februar 2001.

20 Vergleichbar Landgericht, Provinzgericht in Straf- und Zivilsachen.

Fischereiministerium des Landes seit 1997, also ab dem Datum, an dem es Kompetenzen in der Materie übernahm, bis 1999 nicht einen Vorgang über Unregelmäßigkeiten bei der Subventionsvergabe an die Staatsanwaltschaft, damit diese Untersuchungen einleitete, ob Anhaltspunkte für die Erhebung einer Anklage vorlagen, und das, obwohl die Europäische Union Verstöße und Mängel bei der Kontrolle der Mittelvergabe feststellte.[21]

Im Fall der Subventionen für die Baumwolle mahnte die Europäische Kommission den Verdacht auf Betrügereien an. Die Antwort der spanischen Behörden war mehr die Suche nach Schuldigen in anderen Instanzen, als kritisch das Problem anzugehen.

Während die Regionalregierung von Andalusien argumentierte, dass sie die Kompetenz für die Abwicklung, Verwaltung und Zahlung für die Produktion von Baumwolle erst im Jahre 1997/98 übernahm und bis dahin die Kompetenzen dem Landwirtschaftsministerium oblagen, antwortete das Ministerium, dass in Wahrheit kein Betrug an Subventionen für Baumwolle, sondern an Sonnenblumen vorlag und im Bereich des Sonnenblumenanbaus die Regionalregierung die Kompetenzen schon ab dem Jahre 1995 übernommen habe. Darauf erwiderte die Regionalregierung, dass sie keinen Zugang zu allen Daten hatte und daher keinen Datenabgleich vornehmen konnte, hingegen das Ministerium über alle Daten verfüge.[22]

Einer der wenigen Fälle, die zum Tribunal Supremo gelangten, ist der, in dem Beamte des Landwirtschafts-Ministeriums der Regionalregierung von Murcia keine Prüfungen durchführten und gegen Geldzahlungen Daten manipulierten, wodurch der Europäische Garantiefonds der Landwirtschaft geschädigt wurde.[23]

Ein weiteres Beispiel ist ein Fall, der im Jahre 1999 begann und im Jahre 2009 zu einer Verurteilung führte, weil der Europäische Agrarfonds mittels falscher Bescheinigungen über angebaute Feigen geschädigt wurde.[24]

Letztendlich ist in der Praxis aber die Anzahl der Fälle unbedeutend. So betrug die Anzahl der in Spanien im Jahre 2002 eröffneten Vorverfahren im Strafverfahren *4.064.618, wobei davon auf Steuerstrafverfahren, d.h. also zu Lasten der nationalen Finanzverwaltung, 287 Fälle und auf Delikte zum Nachteil der finanziellen Interessen der seinerzeitigen Europäischen Gemeinschaften

21 Juan Maria Terradillos Basoco, Fraude de Subvenciones Comunitarias, Seite 34.
22 El Mundo de Andalucia vom 11. Oktober 1999 sowie El Pais vom 12. Oktober 1999.
23 Tribunal Supremo 95/2002 vom 1. Februar.
24 Audiencia Provincial de Caceres Sentencia 187/2009.

nur 26 Vorverfahren entfielen.[25] Im Jahre 2005 wurden 30 Fälle im Bereich des Subventionsbetruges zur Anklage gebracht.[26]

Das Europäische Amt für Betrugsbekämpfung untersuchte im Jahre 2005 72 Fälle, die Spanien betrafen.[27] Diese Zahl fiel im Jahre 2012 auf 33 Fälle ab, und in 2012 empfahl das Amt in nur drei Fällen, Gerichtsverfahren einzuleiten.[28]

II. Die Reaktion auf die Betrugshandlungen

1. Einleitung

Die damalige Europäische Wirtschaftsgemeinschaft – EWG - erkannte bereits Anfang der Siebziger Jahre, dass ihre finanziellen Interessen weder straf- noch verwaltungsrechtlich durch ihr originäres Gemeinschaftsrecht geschützt werden konnten, da die EWG-Abkommen dafür keine rechtliche Möglichkeit gaben. Zwar gab es verschiedene Vorstöße der Kommission, die Abkommen der EWG – seit 1993 Europäische Gemeinschaft „EG", seit 2009 Europäische Union „EU" - so zu ändern, dass die finanziellen Interessen einheitlich geschützt werden, eine Umsetzung fand jedoch nicht statt.

Die Rechtsprechung des EuGH ließ den Mitgliedstaaten die Freiheit, die geeigneten Mittel zu ergreifen, um die finanziellen Interessen der Union zu schützen, das heißt, die Mitgliedstaaten konnten selbst entscheiden, die Sanktionen zu wählen, die ihnen sachgerecht erschienen, sei es über das Straf- oder das Verwaltungsrecht oder über beide Rechtswege.[29] Diese Rechtsanschauung änderte sich nach dem Fall „Griechischer Mais"[30], dem folgender Sachverhalt zugrunde lag:

Aus Griechenland wurden 20.000 Tonnen Mais nach Belgien exportiert. In den entsprechenden Begleitpapieren wurde der Mais als griechischen Ursprungs deklariert, sodass, da es sich um eine Unions-Ware handelte und um kein

---

25 Memoria elevada al Gobierno de S.M. presentada al inicio del año judicial por el Fiscal General del Estado; Ministerio de Justicia, Madrid 2003.

26 Memoria de la Fiscalía General del Estado 2005; im Bereich des Steuerbetruges brachte die Staatsanwaltschaft im Jahre 2005 *428 Fälle zur Anklage.

27 Sechster Jahresbericht des Europäischen Amtes für Betrugsbekämpfung für den Zeitraum 1. Juli 2004 bis 31. Dezember 2005.

28 Jahresbericht 2012 des Europäischen Amtes für Betrugsbekämpfung "The Olaf Report 2012", Seite 14 und 22

29 Urteil EuGH vom 2. Februar 1977, ECR 1977, Nummer 50/76 „Amsterdam Bulb", Seite 137.

30 EuGH Urteil vom 21. September 1989, ECR 1989, Nummer 68/88, Seite 2965.

Produkt aus einem Drittland, keine Zollgebühren – wobei diese Agrarabschöpfungen als Eigenmittel zur Finanzierung der Union bestimmt waren – entrichtet wurden. Nachträglich stellte man fest, dass der Mais aus Jugoslawien stammte und dass griechische Beamte beteiligt waren, die falschen Papiere zu erstellen.

Aufgrund der Passivität der griechischen Behörden, strafrechtlich aktiv zu werden oder verwaltungsrechtliche Sanktionen zu ergreifen, leitete die Europäische Kommission ein Vertragsverletzungsverfahren gegen den griechischen Staat vor dem Europäischen Gerichtshof ein. Das ergangene Urteil[31] stützt sich auf Artikel 4 Abs. 3 EUV, damals Art. 5 EWGV, und die Verpflichtungen, die daraus den Mitgliedstaaten zum Schutz der Interessen der Gemeinschaft erwachsen. Man stellte fest, dass die Verletzung von Unionsrecht mit straf- und prozessrechtlichen Normen analog denen geahndet werden müsse, die dem Schutz der nationalen Interessen dienen, ferner dass Strafen angemessen, einschüchternd und geeignet sein müssen. Griechenland habe gegen Artikel 4 Abs 3 EUV, der die Mitgliedstaaten zur Loyalität gegenüber der Gemeinschaft verpflichtet, verstoßen, und aus den Grundsätzen der Gemeinschaftstreue und des Prinzips der Effektivität ergebe sich, dass sichergestellt werden müsse, dass das Recht der Gemeinschaft auch wirke.

In der Folge setzte die Union im Artikel 209.A des Abkommens von Maastricht – gefolgt vom Artikel 280 Absatz II in der Amsterdamer Fassung[32], heute Art. 325 Abs 2 AEUV- fest, dass

> „zur Bekämpfung von Betrügereien, die sich gegen die finanziellen Interessen der Gemeinschaft richten, die Mitgliedstaaten die gleichen Maßnahmen ergreifen, die sie auch zur Bekämpfung von Betrügereien ergreifen, die sich gegen ihre eigenen finanziellen Interessen richten".

Man verweist also bei der Verteidigung der europäischen Interessen auf die nationalen, internen Normen der Mitgliedstaaten, was de facto einen Verzicht auf Schaffung eines eigenen Strafrechtes seitens der Europäischen Union bedeutet, die Europäische Union hat keine eigenen, jedenfalls keine umfassenden Kompetenzen im Bereich des Strafrechtes. Letztlich wird die Möglichkeit von Ungleichbehandlungen in den einzelnen Mitgliedstaaten akzeptiert, da die Verteidigung der nationalen Interessen in den verschiedenen Mitgliedsländern nicht identisch ist, da weder die strafrechtliche Verantwortung noch die Rechtsfolgen in den einzelnen Mitgliedsländern der Europäischen Union gleich sind.

---

31 EuGH Urteil vom 21.9.1989, Rechtssache C-68/88, Slg. 1989, Seite 2965.

32 Amtsblatt der Europäischen Gemeinschaften 97 C 340/01 vom 10.11.1997.

Der Grund, dass die Kontrollen nicht effektiv und wirksam sind, scheint nicht in den unterschiedlichen Rechtssystemen der einzelnen Länder zu liegen, sondern darin, dass der tatsächliche Wille zu einem Schutz in einzelnen Ländern gar nicht vorhanden ist.

In Spanien scheint die Untätigkeit aus einer Tradition herzurühren, welche die Relevanz des Missbrauchs öffentlicher Mittel – seien es EU-Mittel oder Mittel der staatlichen nationalen Ebene – weniger würdigt als den Missbrauch privater Mittel, und es scheint, dass demzufolge in der Vergangenheit praktisch keine Strafen verhängt wurden. Spanien begann mit der Verfolgung derartiger betrügerischer Handlungen erst mit seiner Beteiligung an den Hilfen aus den Strukturfonds der Europäischen Union.[33]

Die praktischen und politischen Probleme einer Rechtsangleichung sprachen für den Vorrang einer Harmonisierung aufgrund von Direktiven, die die Bildung von neuen internen, nationalen Rechtsbestimmungen vorsahen, mit gemeinsamen Kriterien, die ihrerseits wieder die nötige Gleichheit für das Funktionieren der Europäischen Union garantierten, obwohl auch diese begrenzte Harmonisierung über Direktiven nur teilweise und dann auch nur in Bereichen erreicht wurde, bei denen es leicht war, Einigkeit zwischen den Staaten zu erreichen, die unterschiedliche Traditionen haben.[34]

Im Bereich des Schutzes der finanziellen Interessen der Europäischen Union bestehen jedoch in den Strafrechtsordnungen der einzelnen Mitgliedstaaten derartige Unterschiede, dass es unmöglich war, von einer tatsächlichen Harmonisierung zu sprechen. Daher war es notwendig, um einige gemeinsame Mindest-Standards festzulegen, einen doppelten Weg über Verordnungen – „Reglamentos“ – und über Übereinkommen – „Convenios“ – zu beschreiten.

Die Europäische Kommission erkannte die Notwendigkeit, sowohl betrügerische Handlungen aufzudecken als auch die Handlungen zu definieren, die den Haushalt der Gemeinschaft schädigen, sowohl aus der Sicht des Verwaltungs- als auch des Strafrechtes, und schlug vor, für die Ebene des Verwaltungsrechts eine Rahmenregelung auf Gemeinschaftsebene und jeweils auf nationaler Ebene für den Bereich des Strafrechtes eine Ordnung zu definieren.

---

33 Adela Asúa Batarrita, Incongruencias del sistema dual de incriminación del fraude de subvenciones en el Código Penal español de 1995, Seite 946, vgl. Juan Maria Terradillos Basoco, Fraude de Subvenciones Comunitarias, Seite 18.

34 Ferré Olivé, Juan Carlos, Derecho Penal y Competencias de las Comunidades Europeas, Seite 817.

Infolgedessen wurden folgende Rechtsakte formuliert:

- im Bereich des Verwaltungsrechts die Verordnung (EG/ Euratom) 2899/1995, vom 18. Dezember, im Hinblick auf den Schutz der finanziellen Interessen der Europäischen Gemeinschaft:

  In der Verordnung 2899/1995 wird im Artikel 2) der Tatbestand der Unregelmäßigkeit dahingehend definiert, dass er

  > „bei jedem Verstoß gegen eine Gemeinschaftsbestimmung als Folge einer Handlung oder Unterlassung eines Wirtschaftsteilnehmers gegeben ist, die einen Schaden für den Gesamthaushaltsplan der Gemeinschaften oder die Haushalte, die von den Gemeinschaften verwaltet werden, bewirkt hat bzw. haben würde, sei es durch die Verminderung oder den Ausfall von Eigenmitteleinnahmen, die direkt für Rechnung der Gemeinschaften erhoben werden, oder sei es durch eine ungerechtfertigte Ausgabe".

  Damit jedoch ein Verstoß vorliegt, der von der Verordnung erfasst wird, genügt nicht jeder Verstoß gegen das Unionsrecht, sondern nur der, der eine ungerechtfertigte Ausgabe zur Folge hat. Ein derartiger Verstoß soll daher zur Zahlung des geschuldeten oder der Rückerstattung des rechtswidrig erhaltenen Geldbetrages führen, Artikel 4 der Verordnung EG, Euratom Nummer 2988/95, sowie zum Verlust der Sicherheit, die für einen Antrag auf Gewährung eines Vorteils oder bei Zahlung eines Vorschusses geleistet wurde. Daneben besteht die Möglichkeit der Auferlegung verschiedener verwaltungsrechtlicher Sanktionen, Artikel 5 dieser Verordnung.
- und im Bereich des Strafrechtes das Übereinkommen zum Schutz der finanziellen Interessen der Europäischen Gemeinschaft vom 26. Juli 1995 aufgrund von Artikel K.3 des Vertrages über die Europäische Union[35].
  Mittels der Generalklauseln des Artikels Nummer 1 werden die Mitgliedstaaten verpflichtet, angemessene und verhältnismäßige Mittel zum Schutze der Interessen der Europäischen Gemeinschaft zu ergreifen. Die Mitgliedstaaten verpflichteten sich, das interne Strafrecht so zu ändern, dass auch die Interessen der Europäischen Gemeinschaft angemessen und effizient geschützt werden, und verpflichteten sich zur Verhängung von angemessenen Strafen.

  Das Übereinkommen wird durch drei Protokolle komplettiert:
  - Erstes Protokoll aufgrund von Artikel K.3 des Vertrags über die Europäische Union zum Übereinkommen über den Schutz der finanziellen Interessen der Europäischen Gemeinschaften. Das Protokoll definiert vor allem die Begriffe „Beamter", „Bestechung" und „Bestechlichkeit" und schafft eine

35 Amtsblatt Nr. C 316 vom 27. November 1995, das Übereinkommen ist in der Gemeinschaft nach Ratifizierung durch alle Mitgliedstaaten seit dem 17. Oktober 2002 in Kraft.

Harmonisierung der Strafen für Bestechungsdelikte vom 27. September 1996[36]

- zweites Protokoll aufgrund von Artikel K.3 des Vertrages über die Europäische Union zum Übereinkommen über den Schutz der finanziellen Interessen der Europäischen Gemeinschaften, es enthält Dispositionen z.B. über die strafrechtliche Verantwortung der juristischen Personen und die Verpflichtung zur Ausdehnung der Tatbestände über die Geldwäsche auf die Betrugstatbestände zu Lasten der finanziellen Interessen der Gemeinschaften, die Einziehung sowie die Zusammenarbeit zwischen der Kommission und den Mitgliedstaaten und zum Schutz der diesbezüglichen personenbezogenen Daten[37]
- sowie das dritte Protokoll aufgrund von Artikel K.3 des Vertrages über die Europäische Union betreffend die Auslegung des Übereinkommens über den Schutz der finanziellen Interessen der Europäischen Gemeinschaften durch den Gerichtshof der Europäischen Gemeinschaften im Wege der Vorabentscheidung[38].

Spanien ratifizierte das Übereinkommen am 20. Januar 2000.[39]

2. Die Reaktion in Spanien

a) *auf Ebene der Verwaltung und Verwaltungsrechtes*

Erst nach der Einführung strafrechtlicher Tatbestände im Jahre 1985, die Subventionen auf der Ebene des Strafrechtes schützen sollten, führte der spanische Gesetzgeber im allgemeinen Haushaltsgesetz „Ley 31/1990 de los Presupuestos Generales“ für das Jahr 1991 verwaltungsrechtliche Sanktionen für den Schutz nationaler Subventionen ein.

Auf Beschluss des Ministerrates vom 4. August 1993 wurde die „Unidad Especial para el Estudio y Propuesta de Medidas para la prevención y Corrección del Fraude“ („Spezial-Einheit für die Untersuchung und zur Erstellung von Vorschlägen für Maßnahmen zur Verhinderung von Betrug“) gegründet, der man zur Aufgabe machte, die Schäden, die der Finanzverwaltung und der

---

36 unter der EU-Präsidentschaft Spaniens; Amtsblatt Nr. C 313 vom 23. Oktober 1996, erstes Protokoll, unterzeichnet am 27. September 1996

37 Amtsblatt Nr. C 221 vom 19. Juli 1997, zweites Protokoll unterzeichnet am 19. Juni 1997.

38 vom 29. November 1996, Amtsblatt Nr. C 151 vom 20. Mai 1997

39 Siehe Boletín Ofical de Estado Número 286 vom 27. November 2009, Sección I, Seite 100512

Sozialversicherung durch betrügerische Handlungen entstanden, zu analysieren und Vorschläge zu machen, wie sowohl die Einnahmen- als auch die Ausgabenseite dieser Behörden geschützt werden könnten.

Am 26. Oktober 1993 nahm diese Einheit ihre Arbeit auf und untersuchte während der folgenden acht Monate den Steuer-, Subventions- und Sozialbetrug in Spanien. Sie wurde gebildet jeweils von zwei Vertretern jeder Abteilung des Wirtschafts- und Finanzministeriums, Arbeits- und Sozialministerium, Verbraucherschutz- und Gesundheitsministerium sowie Vertretern der öffentlichen Verwaltung. Den Vorsitzenden bestimmte das Finanz- und Wirtschaftsministerium. Im Juli 1994 legte diese „Unidad Especial" ein Gutachten und ihren Bericht vor.[40]

Der Bericht zeigte an, dass es nach Auffassung der Einheit dringend erforderlich sei, einen eigenen Bericht und eine eigene Kontroll- und Untersuchungseinheit nur für den Betrug an Subventionen zu schaffen, weil das Ausmaß wegen der Vielzahl der Subventionen, die von den unterschiedlichsten öffentlichen Einheiten vergeben werden, unabsehbar sei und es dermaßen viele Subventionsempfänger gebe, dass eine stärkere Kontrolle dringend angeraten sei. So wurden alleine im verarbeitenden Sektor im Jahre 1994 1.700 Betriebe durch Subventionen gefördert, und in der Landwirtschaft erhielten um die 900.000 Landwirte in Spanien Subventionen der Europäischen Gemeinschaft.[41] Die Unidad regte an, systematisch die Subventionen zu katalogisieren und aufzulisten, weil darüber kein Überblick herrsche.

Der Bericht wies auf das Ausmaß von Betrugshandlungen an Subventionen hin und merkte an, dass ein großes Hindernis der Bekämpfung des Betruges die Verwaltungseinheiten selbst seien, die für die Verwaltung der Gelder verantwortlich sind. Die Verwaltung vertrete oftmals die Auffassung, dass nur sie selbst in direktem Kontakt zu den jeweils betroffenen Bereichen und Antragstellern stehe und deren Probleme kenne. Demzufolge verhalte sie sich gegenüber Kontrollen, die von den unmittelbar tätigen Verwaltungseinheiten oftmals als übertrieben genau und formal in Unkenntnis der Realität angesehen würden, abweisend.

Gerade diese Nähe der eigentlich der Kontrolle dienenden Organe, die die Mittel vergeben, zu den Antragstellern kann zu einer gewissen Nachsicht bei der

40 Unidad Especial para el Estudio y Propuesta de Medidas para la prevención y Corrección del Fraude, Informe sobre el Fraude en España, Instituto de Estudios Fiscales, Madrid 1994.

41 Informe sobre el Fraude en España, Seite 278.

Durchführung der Kontrolle führen, und dies vor allem, je weiter entfernt derjenige ist, der die Mittel gewährt hat[42].

Adán Nieto Martin[43] vertritt die Ansicht, dass unzweifelhaft ein Desinteresse der staatlichen Stellen an der Kontrolle und Aufdeckung von Betrugshandlungen an der Europäischen Europäische Union besteht. Er begründet dies damit, dass die offiziellen Stellen dem Bürger nicht die negative Seite der wirtschaftlichen Integration aufzeigen möchten. Der Erhalt von Subventionen würde als politischer Erfolg verkauft, da diese ansonsten in die Hände von ausländischen Wettbewerbern gefallen wären und daher deren Marktposition gestärkt hätten, auch wenn niemand diese nationalistischen Tendenzen, die im Kontrast zu den Erklärungen der Staatsmänner und Politiker stehen, zugeben will.

Daraus ergebe sich das Untätigsein der Verwaltung, sowohl bei der Verhängung von Verwaltungsstrafen, die auf Generalklauseln gestützt werden können, als auch im Hinblick darauf, Gerichte anzurufen bei Verdacht des Vorliegens eines Straftatbestandes.

aa) Ley General Presupuestaria[44]

Das Ley General Presupuestaria 11/1997, vom 4. Januar 1997, das allgemeine Haushaltsgesetz, definierte in seinem mittlerweile außer Kraft gesetzten und durch die Bestimmungen des Ley General de Subvenciones 38/2003, welches umfassend auf verwaltungsrechtlicher Ebene die Subventionen regelt, ersetzten Artikel 81.2 den Begriff der Subvention und öffentlichen Unterstützungen in einem engen Sinne - erster Absatz - wie auch in einem weiten Sinne - zweiter Absatz.

In Übereinstimmung mit diesem Artikel versteht man daher unter einer „Subvention“ und „Unterstützung“:

a) „jede kostenfreie Verfügung von Mitteln, die durch den Staat oder seine selbständigen Organe zugunsten von natürlichen Personen oder juristischen oder natürlichen juristischen Personen vorgenommen wird, um eine Aktivität von allgemeinem Interesse zu fördern oder von sozialem Interesse oder um einen öffentlichen Zweck zu fördern“

42 Adela Asúa Batarrita, Incongruencias del sistema dual de incriminacion del fraude de subvenciones en el Código Penal Español de 1995, Seite 944.

43 Nieto Martin, Adán Fraudes Comunitarios, Derecho Penal Económico Europeo, Seite 20.

44 Ley General Presupuestaria, texto refundido por el Real Decreto Legislativo 1091/1988, de 23 de septiembre, die Artikel sind mittlerweile außer Kraft.

b) „jede Art von Unterstützung, die gewährt wird zu Lasten des Haushaltes des Staates oder eines seiner selbständigen Organe oder der Subventionen oder Finanzhilfen, die gesamt oder teilweise durch Mittel der Europäischen Gemeinschaft finanziert werden"

Festgeschrieben wurde, dass die Prinzipien der Öffentlichkeit, des Wettbewerbes und der Objektivität gewahrt werden müssen, damit Subventionen gleichberechtigt vergeben werden, und es wird ausdrücklich erwähnt, dass die Europäische Gemeinschaft Subventionen, Hilfen oder Unterstützungen gewähren kann.

Das Gesetz bestimmte weiter die für die Verwaltung und Kontrolle zuständigen Organe und legte die notwendige Koordinierung zwischen der (zentral-) staatlichen Verwaltung und den übrigen Verwaltungseinheiten im Hinblick auf von diesen verwaltete Subventionen fest, wobei die Bildung von besonderen Organen für diese Aufgaben vorgesehen ist.[45]

bb) Real Decreto 2225/1993 vom 17. Dezember 1993

Der Begriff der Subvention wurde auch analog definiert im ebenfalls mittlerweile durch das Ley General de Subvenciones aufgehobenen Artikel 1.2. des Real Decreto 2225/1993 vom 17. Dezember 1993, Reglamento de Procedimiento para la Concesión de las Subvenciones Públicas, der festlegt, dass die Verordnung Anwendung findet auf

> „jede Verfügung ohne Gegenleistung von öffentlichen Mitteln zugunsten von öffentlichen oder privaten Personen oder Einrichtungen, um Aktivitäten von allgemeiner Nützlichkeit oder sozialem Interesse oder eines öffentlichen Zweckes zu unterstützen, wie auch jede Art von Zuschüssen, die zu Lasten des öffentlichen Haushaltes oder zu Lasten von Körperschaften öffentlichen Rechtes, die mit der öffentlichen Verwaltung verbunden sind oder von dieser abhängen, gewährt werden".[46]

cc) Ley General de Subvenciones 38 /2003 vom 17. November 2003[47]

Die Verordnung EG, Euratom, Nr. 2988/95 des Rates vom 18. Dezember 1995 über den Schutz der finanziellen Interessen der Europäischen Gemeinschaften[48] soll einen Rahmen für einheitliche Kontrollen, für Sanktionen und für Maßnahmen des Verwaltungsrechts bilden. Die Verordnung schreibt fest, verwaltungsrechtliche Maßnahmen und Sanktionen einzuführen, die wirksam,

---

45 Dies jetzt zusammengefasst im Ley General de Subvenciones

46 Diese Verordnung ist abgelöst durch das Ley General de Subvenciones.

47 Boletín Oficial del Estado BOE 148 de noviembre 2003, núm. 276.

48 Amtsblatt Nr. L 312 vom 23. Dezember 1995.

verhältnismäßig und abschreckend sein müssen, um einen angemessenen Schutz der finanziellen Interessen der Gemeinschaften zu gewährleisten, und verlangt eine Verjährungsfrist von vier Jahren für die Verfolgung, die auch kürzer sein könne, jedoch mindestens drei Jahre betragen sollte.

Die Mitgliedstaaten werden angewiesen, gemäß den innerstaatlichen Rechts- und Verwaltungsvorschriften die erforderlichen Maßnahmen zu ergreifen, um sich zu vergewissern, dass die Transaktionen, die die finanziellen Interessen der Gemeinschaften tangieren, rechtmäßig seien und effektiv durchgeführt würden.

Spanien ist dieser Verpflichtung durch Verabschiedung des Ley General de Subvenciones vom 17. November 2003 nachgekommen (in Kraft getreten am 18. Februar 2004). Der spanische Gesetzgeber fasste die Materie der Subventionen aus verwaltungsrechtlicher Sicht in einem Gesetz zusammen, wobei dieses Gesetz die im allgemeinen Haushaltsgesetz enthaltenen Definitionen ersetzt.

In der „Exposición de Motivos", der Begründung des Gesetzentwurfes[49], wird auf die Beziehungen finanzieller Art zwischen Spanien und der Europäischen Union verwiesen. Das Ley General de Subvenciones hat ausdrücklich ergänzenden Charakter zu den Bestimmungen der Europäischen Union, jedoch wird erstaunlicherweise nicht auf die Verordnung 2988/95 des Rates Bezug genommen, obwohl das Ley General de Subvenciones die Anforderungen der EG-Verordnung umfassend behandelt.

Auch das allgemeine Haushaltsgesetz – Ley General Presupuestaria 47/2003 – verweist im Artikel 84 auf das Ley General de Subvenciones, welches eine eventuelle Rückzahlung der Gelder regelt, die aus der Europäischen Union herrühren und von dem spanischen Staat verwaltet werden.[50]

Das Gesetz definiert die Subventionen in seinem Artikel 2:

> „... jede geldliche Verfügung, die von irgendeinem der in Artikel 3 des Gesetzes definierten Personen oder Träger unternommen wird, zugunsten von öffentlichen oder privaten Personen, und wenn die folgenden Bedingungen erfüllt werden
>
> a) dass sich die Gewährung ohne direkte Gegenleistung der Begünstigten vollzieht
> b) dass die Gewährung unter der Bedingung der Erfüllung eines bestimmten Zweckes, der Ausführung eines Projektes, der Realisierung einer Aktivität, des Durchführens eines bestimmten Verhaltens, ... oder des Vorliegens einer bestimmten Situation

49 In Spanien wird neuen Gesetzentwürfen immer die Begründung vorangestellt, die zur Vorlage und zum Erlass eines Gesetzes geführt hat.

50 Enthalten im Titel III, „Über die finanziellen Beziehungen zu anderen Verwaltungen" – Kapitel I – „Finanzielle Operationen mit der Europäischen Union", Artikel 82, 83 und 84 LGP.

oder Sachverhaltes steht, wobei der Begünstigte bestimmte materielle und formale Verpflichtungen erfüllen muss, so wie diese festgelegt sind

c) dass das Projekt, die Handlung, das Verhalten oder der finanzierte Sachverhalt die Förderung einer Aktivität von öffentlichem Nutzen, eines sozialen Interesses oder eines allgemeinen Zweckes zum Gegenstand hat …"

Begünstigter kann sowohl eine Privatperson als auch die öffentliche Hand sein.

Der Artikel 7 des Gesetzes regelt die finanztechnischen Verantwortlichkeiten bei der Verwaltung von Geldern, die aus der Europäischen Union kommen.

Demnach übernimmt die spanische nationale Verwaltung, die die Gelder aus den Fonds der Europäischen Union verwaltet und verteilt, die Verantwortung, die sich aus der Gewährung der Gelder ergibt, und muss auch die Kontrolle übernehmen. Koordiniert wird dies vom Rechnungshof, Artikel 45 des Gesetzes und auch Artikel 141 Ley General Presupuestaria[51].

Das Gesetz legt ferner in seinem Titel IV die Möglichkeit der Auferlegung von Nebenstrafen fest wie den Verlust, öffentliche Mittel für einen Zeitraum von bis zu fünf Jahren zu bekommen, oder das allgemeine Verbot, für einen Zeitraum von bis zu fünf Jahren mit der öffentlichen Verwaltung Verträge zu schließen, Artikel 59 Absatz 3.

Handelt es sich um Mittel der Europäischen Union, ist diese Möglichkeit aber nicht vorgesehen. Solche Nebenstrafen sowie die Möglichkeit eines Entzuges von Rechten übersteigen die Befugnisse der nationalen Verwaltung und greifen in die Bereiche der Subventionsgewährung ein. Dies steht jedoch ausschließlich den Gemeinschafts-Organen zu und liegt nur in deren Sphäre.[52]

Die Verhängung von Verwaltungsstrafen der Europäischen Union wird nur ergänzt durch die Sanktionen, die jeweils in der nationalen Rechtsordnung vorgesehen sind.

Im spanischen Verwaltungsrecht werden die finanziellen Interessen der Europäischen Union insoweit geschützt, als sie gleich behandelt werden wie die spanischen, ungeachtet eines eventuell gegebenen Vorranges des Unionsrechtes. Insbesondere wird in dem Gesetz[53] bei der Einteilung in leichte, schwere und sehr schwere Verstöße in den Artikeln 56, 57 und 58 als verletzende Handlung immer auch im letzten Absatz der jeweiligen Artikel auf die sonstigen Handlungen, die als Verletzung gemäß den Bestimmungen der Europäischen Gemeinschaft im

---

51 Ley 47/2003 vom 26. November, das spanische Haushaltsgesetz.

52 Mario Garcés Sanagustín, El Fraude de Subvenciones Públicas, Seite 7.

53 38/2003, del 18 de noviembre, Ley General de Subvenciones.

Bereich der Subventionen angesehen werden, Bezug genommen und diese werden auch als Verstoß im nationalen Recht klassifiziert.

Gemäß Artikel 20 des Ley General de Subvenciones soll eine Datenbank angelegt werden, in der Informationen über die vergebenen Subventionen zentral gesammelt werden, wobei diese Sammlung auch dem Kampf gegen den Betrug bei der Vergabe von Subventionen aus Mitteln der Europäischen Union dienen soll.

Der Artikel 45 des Ley General de Subvenciones regelt die Finanzkontrolle der Mittel und Subventionen, die ganz oder teilweise zu Lasten von Fonds der Europäischen Union gewährt wurden. Demnach ist der Rechnungshof das zuständige Organ, die Kontrollen zu koordinieren und zu diesem Zweck die notwendigen Beziehungen mit den entsprechenden Organen der Europäischen Kommission, der Gebietskörperschaften und der allgemeinen Staatsverwaltung aufrechtzuerhalten.[54]

Bei Mitteln aus dem Europäischen Ausrichtungs- und Garantiefonds für die Landwirtschaft werden die Kontrollen durch die Finanzverwaltung – „la agencia estatal de administracion tributaria" – und durch die internen Kontroll-Organe der Verwaltung der autonomen Regionen durchgeführt.[55]

Der Artikel 55 Ley General de Subvenciones regelt das diesbezügliche Verhältnis des Verwaltungsrechts zum Strafrecht.

Liegen Anzeichen vor, dass ein Deliktstatbestand erfüllt ist, gibt die Verwaltung den Vorgang an die zuständigen Organe der Judikative ab und stellt das Verwaltungsverfahren bis zu einer rechtskräftigen Entscheidung, der endgültigen Einstellung des Verfahrens oder der Rückgabe des Vorganges von der Staatsanwaltschaft an die Verwaltung ein.

Die von der Rechtsprechung auferlegte Strafe schließt dabei die Verhängung von verwaltungsrechtlichen Strafen aus, Absatz II.

Ist das Gerichtsverfahren abgeschlossen, ohne dass das Vorhandensein eines Deliktes vorliegt, so beginnt die Verwaltung das Verfahren erneut bzw. führt das Verfahren auf der Grundlage der Tatsachen, die die Gerichte als erwiesen angesehen haben, fort, Absatz III.[56]

---

54 Artikel 45, Absatz 1 Ley General de Subvenciones.

55 Artikel 45, Absatz 2 Ley General de Subvenciones.

56 Siehe dazu auch weiter unten zum Artikel 308 VII. Artikel 308, 4) Kritik.

dd) Agencia para el Aceite de Oliva

Durch Gesetz Ley 28/1987 vom 11. Dezember 1987 wurde die „Agencia para el Aceite de Oliva“ – die „Agentur für Olivenöl“ – geschaffen in Anwendung der Verordnung des Rates 2262/1984 vom 17. Juli 1984 in Anbetracht der ungenügenden Verwaltungsstrukturen der Mitgliedstaaten zur Überwachung der EU-Mittel.

Das Real Decreto – königliche Verordnung – 257/1999 vom 12. Februar 1999 konkretisierte die Aufgaben und Kompetenzen dieser Agentur beziehungsweise Verwaltungseinheit.

Im Artikel 2 b) und c) ist festgelegt, dass diese die Funktion hat, die Angaben zu überprüfen, die in den Erklärungen über den Anbau und in den Anträgen auf Subventionen aufgeführt sind, unbeschadet der Kontrollen, die durch den Zahler selbst in Anwendung des Artikels 14 der EWG-Verordnung 2261/1984 durchgeführt werden. Ebenso hat diese Agentur die Aufgabe, die Ölmühlen und Verarbeitungsbetriebe der Oliven insbesondere im Hinblick auf die Angaben, die für die Gewährung von Mitteln für die Produktion von Olivenöl und für die zum Verzehr bestimmten Oliven gemacht wurden, zu kontrollieren.

Ab dem 1. Januar 2014 sind die Befugnisse und Kompetenzen der „Agencia de Aceite de Oliva“ von der durch das Gesetz neu geschaffenen „Agencia de Información y Control Alimentarios“, der staatlichen Stelle für die Lebensmittelkontrolle, vollständig übernommen worden.[57]

ee) Comisión para el Análisis y Prevención del Fraude en los sectores Agroalimentario y Pesquero

Die Kommission für die Untersuchung und die Verhinderung von Betrug in der Ernährungswirtschaft und der Fischerei – „Comisión para el Análisis y Prevención del Fraude en los sectores Agroalimentario y Pesquero“- wurde durch das Real Decreto Nummer 259/1999 vom 12. Februar 1999 gebildet.

In der Präambel zu dieser Verordnung werden die Gründe für die Schaffung dieser Kommission festgehalten:

---

57 Disposional Adicional Primera, La Agencia de Información y Control Alimentarios, Ley 12/2013 del 2 de Agosto de medidas para el funcionamiento de la cadena alimentaria. Mit Wirkung dieses Gesetzes am 1. Januar 2014 ist das Ley 28/1987 außer Kraft gesetzt

„Der Kampf gegen den Betrug ist von vorrangigem Interesse für den Staat und befindet sich im Rahmen der Koordinierung der allgemeinen Wirtschaftsplanung, welche gemäß Artikel 149.1.13 der Verfassung[58] in der (zentral-) staatlichen Kompetenz liegt, und daher muss es der Staat sein, der die generellen Handlungsrichtlinien aufstellt und koordiniert, mit der Unterstützung und Zusammenarbeit der gesamten öffentlichen Verwaltung, und insbesondere der Comunidades Autónomas[59]. Dies rechtfertigt die Bildung einer Kommission für die Verhinderung von Betrug als geeignetes Mittel zum Anreiz und zur Koordinierung dieser Handlungen."

Diese Kommission

„ist ein Organ, zugeordnet der allgemeinen Verwaltung des Zentral-Staates, unter Beteiligung von verschiedenen leitenden Organen des Ministeriums für Landwirtschaft, Fischerei und Ernährung, des Ministeriums für Wirtschaft und Finanzen, des Ministeriums für Justiz und des Finanzamtes[60], mit dem Zweck, einen koordinierten und wirksamen Kampf gegen alle die betrügerischen Handlungen im Bereich der Landwirtschaft, der Fischerei und der Ernährung voranzutreiben, um eine Optimierung der Verwendung der Haushaltsmittel, die den Wirtschaftsteilnehmern in Anwendung der gemeinsamen Landwirtschafts-politik gewährt werden, zu erreichen."

In der Präambel des Real Decreto wird ausdrücklich auf die Europäische Union und darauf hingewiesen, dass zum einen die aus der Union stammenden Gelder angemessen verwaltet werden müssen, und zum anderen, dass diese Mittel wegen der Knappheit nur in Übereinstimmung mit den Direktiven der gemeinsamen Agrarpolitik verwendet werden dürfen.

Im Zuge der Bemühungen des spanischen Staates, die Verwaltung zu modernisieren und schlanker zu gestalten, wurde diese Kommission mittels Real Decreto 776/2011 vom 3. Juni[61] wieder abgeschafft.

---

58 Articulo 149.1.13. der spanischen Verfassung: „Der Staat hat die ausschließliche Kompetenz über die folgenden Materien: ... Grundlagen und Koordinierung der allgemeinen Planung der wirtschaftlichen Aktivität ..."

59 Autonome Regionen, Gebiete Spanien mit politischer Autonomie, vergleichbar den deutschen Bundesländern.

60 Staatliche Steuerverwaltungsbehörde.

61 Real Decreto 776/2011 vom 3. Juni, por el que se suprimen determinados órganos colegiados y se establecen criterios para la normalización en la creación de órganos colegiados en laAdministración General del Estado y sus Organismos Públicos – Königliche Verordnung 776/2011 vom 3. Juni 2011, womit bestimmte Kollegial-Organe gelöscht werden und Kriterien festgelegt werden für die Standardisierung bei der Gründung von Kollegial-Organen der allgemeinen Staatsverwaltung und seiner öffentlichen Organe.

ff) Zusammenfassung

Obwohl das Verwaltungsrecht nicht Gegenstand der vorliegenden Arbeit ist, so ist doch zu sagen, dass Spanien den Anforderungen der Europäischen Union in diesem Bereich nachgekommen ist. Allerdings darf man nicht davon ausgehen, dass eine Zunahme der Kontrollorgane gleichzusetzen sei mit einer Verbesserung der Kontrolle, sondern eine Vielzahl und Heterogenität solcher Kontrollorgane kann gerade das Gegenteil bewirken.[62]

Die Einschaltung diverser Verwaltungsorgane, sei es auf sektorialer Ebene – Ministerien, Selbstverwaltungskörperschaften und autonome öffentliche Einrichtungen – wie auch auf territorialer Ebene – Europäische Union, Verwaltung des Zentralstaates, die Comunidades Autónomas wie auch die Gemeinden–, erschwert die Koordinierung sowohl bei der Vergabe konkurrierender Mittel, die demselben Zweck dienen, wie auch bei einer Kontrolle nach Vergabe über die Verwendung.[63]

b) Die Geschichte und Entwicklung auf der Ebene des Strafrechts

Der Betrug an Subventionen ist erst seit relativ kurzer Zeit, erst mit dem Eintritt Spaniens in die damalige Europäische Wirtschafts-Gemeinschaft im Jahre 1986, als Deliktstatbestand im spanischen Strafrecht eingeführt. Bis zum Jahre 1985 gab es keinen spezifischen Deliktstatbestand für den Subventionsbetrug. Trotzdem erstaunt es, dass der im Jahre 1985 eingeführte Deliktstatbestand in Anbetracht des bevorstehenden Beitritts keinen Bezug auf die Gemeinschaft nimmt.

Der Tatbestand der Steuerhinterziehung zu Lasten der nationalen Finanzverwaltung wurde erst im Jahre 1977 durch das Gesetz Ley 50/1977 vom 14. November 1977 „de Medidas urgentes para la reforma fiscal" – „Gesetz über dringende Maßnahmen über eine Steuerreform"- eingeführt. Das Gesetz ersetzte den historischen Tatbestand des „betrügerischen Verbergens von Vermögensgegenständen", der bereits im Jahre 1870 in den Código Penal eingeführt wurde und über einhundert Jahre, bis zum Jahre 1977, unverändert blieb, mit Ausnahme seiner systematischen Einordnung in den Código Penal:

> „Derjenige, der auf Anforderung des zuständigen Verwaltungsbeamten die Gesamtheit oder Teile seines Vermögens … oder des Geschäftes, das er ausübt, verbirgt, um die Zahlung von Steuern, die er zahlen müsste, zu verhindern …"

---

62 Juan Maria Terradillos Basoco, Fraude de Subvenciones Comunitarias, Seite 34.

63 Unidad Especial para el Estudio y Propuesta de Medidas para la prevención y Corrección del Fraude, Informe sobre el Fraude en España, Instituto de Estudios Fiscales, Madrid 1994.

Dieser – historische – Tatbestand wurde so gut wie nie angewandt, beziehungsweise es gibt kaum Urteile, die einen spanischen Bürger während der Geltung dieses Tatbestandes unter Anwendung desselben verurteilen[64]. Dies mag auch damit zusammenhängen, dass die öffentliche Meinung in Spanien einen Steuerbetrüger nicht als Verbrecher ansieht.[65] Auch der im Jahre 1977 eingeführte Tatbestand[66] führte fast nie zu Verurteilungen. Insgesamt übermittelten die Steuerbehörden während der Gültigkeit dieses Tatbestandes 639 Fälle an die Staatsanwaltschaft. Diese nahm das Verfahren nur in 311 Fällen an und ermittelte. Bis zum Jahre 1985 wurden nur vierzehn Urteile unter Anwendung des Tatbestandes gefällt, wobei es zu neun Freisprüchen und nur zu fünf Verurteilungen kam.[67]

Der Betrug an Subventionen wurde unter dem allgemeinen Tatbestand der „estafa", des Betruges, subsumiert, weil auf den ersten Blick der Betrug an Subventionen die beiden charakteristischen Elemente eines Betruges, Täuschung und Vermögensschaden, erfüllt. Die Täuschung vollzieht sich dabei an den staatlichen Organen, die die Subvention gewährt haben, beziehungsweise nach dem Beitritt Spaniens an den Institutionen der Europäischen Gemeinschaft, und zu Lasten dieser Stellen ist ein Vermögensschaden eingetreten. Der Täter begeht eine Täuschung, indem er die für die Gewährung der Subventionen nötigen Dokumente fälscht oder den Zweck ändert, für den diese Subventionen gewährt wurden, um so einen wirtschaftlichen Vorteil zu erlangen. Das geschützte Vermögen war dabei das der Finanzverwaltung.

Darüber hinaus wurde der Betrug an Subventionen unter den Tatbestand der Veruntreuung („malversación") subsumiert. Die Dogmatik kritisierte die technischen Unzulänglichkeiten, den Betrug an Subventionen unter diese beiden Tatbestände zu subsumieren[68]. Infolgedessen wurde im Jahre 1985 durch das Ley Orgánica 2/1985 der Artikel 350 in das spanische Gesetzbuch eingeführt.

64 Der Tribunal Supremo hat nur zwei Urteile zu diesem Tatbestand erlassen, beide aus dem vorvorletzten Jahrhundert, vom 5. Februar 1898 und vom 16. Juni 1899.

65 Vergleiche J. Albero Sanz, Derecho a no autoinculparse, Seite 12; Fernando Peréz Royo, La represión del fraude tributario, Seite 321.

66 Durch Ley 50/1977, vom 14. November.

67 Sentencia del Tribunal Supremo vom 29. Juni 1985, mit dem ein Urteil der Audiencia de la Coruña vom 2. Mai 1980 bestätigt wurde. Memoria de la Administración Tributaria, Ministero de Hacienda, Madrid 1985; José Manuel Castillo Lope, El Fraude Fiscal en España, Seite 147.

68 Ignacio Berdugo Gomez, Juan Carlos Ferré Olivé, Todo sobre el fraude tribuario, Seite 132.

Artikel 350 Código Penal 1985:

> „Wer eine Subvention oder eine öffentliche Steuererleichterung von mehr als 2.500.000 Peseten erhält und die erforderlichen Bedingungen für deren Gewährung fälscht oder die verbirgt, die die Gewährung verhindert hätten, wird mit leichter Gefängnisstrafe oder mit Geldstrafe in Höhe des sechsfachen bestraft ..."

Dieser Artikel schützte die Subventionen umfassend, weil er sowohl den betrügerischen Erhalt von Subventionen oder Steuererleichterungen schützte als auch das Nichterfüllen von Vergabebedingungen, sodass auch der Zweck, den die Subventionen erreichen sollten, geschützt wurde.

Zwar führte der spanische Gesetzgeber einen Tatbestand ein, der die Subventionen strafrechtlich schützte, allerdings fehlte eine Bestimmung im Verwaltungsrecht, die die Subventionen schützte. Erst im Jahre 1990 wurden durch das Gesetz 31/1990, das allgemeine Haushaltsgesetz, in den Artikeln 80 und 81 verwaltungsrechtliche Strafen eingeführt. Die Dogmatik begrüßte dies ausdrücklich, zumal generell eine Kontrolle seitens der Verwaltung, wie die Subventionen gewährt werden und ob diese korrekt verwendet werden, den besten Schutz der Subventionen bedeutet, und dies vor dem Einsatz des Strafrechtes.[69]

Der Artikel 350 des alten Código Penal wurde auch für den Schutz der Subventionen, die von der Europäischen Gemeinschaft herrührten, angewandt, zumal der Artikel 81 Absatz 2b) des Gesetzes 31/1990, des allgemeinen Haushaltsgesetzes, ausdrücklich die Anwendung auf Subventionen, die ganz oder zum Teil mit Mitteln der Europäischen Gemeinschaft finanziert sind, festlegt. Auch wenn dies technisch nicht vollkommen korrekt ist, so wurde diese Definition der Subventionen auch auf den Begriff der Subvention im Strafrecht angewandt. Der Artikel 350 des alten Código Penal fand zudem nur Anwendung, wenn der Begünstigte eine Privatperson war, weil in diesem Falle der übertragene Vermögensgegenstand aufhört, öffentlich zu sein. Ist der Begünstigte die öffentliche Verwaltung, so bleibt das Vermögen weiter öffentlich, sodass in diesem Falle nur das Delikt der Veruntreuung öffentlicher Gelder Anwendung finden konnte[70].

Letztlich hatte der Tatbestand in der spanischen Wirklichkeit so gut wie keine Bedeutung. In den ersten sechs Jahren nach Einführung wurden nur ganze zehn Vorgänge von der Staatsanwaltschaft bearbeitet.[71] Es scheint, dass jemand, der

---

69 Ferré Olivé/ Goméz de la Torre, Todo sobre el Fraude Tributario, Seite 132.

70 Luis Arroyoz Zapatero, Delitos contra la haciende pública en materia de subvenciones, Seite 23.

71 Jose Manuel Castillo Lopez, El fraude fiscal en España, Seite 149, und Secretaría de Estado de Hacienda, Madrid 1987–1992.

Steuern oder Subventionen hinterzieht, von der spanischen Gesellschaft nicht in der gleichen Art und Weise zurückgewiesen wird wie ein Straftäter, der eines der „klassischen" Delikte begangen hat, zumal oftmals ein Subventions- oder Steuerbetrüger jemand ist, der in der Gesellschaft über ein gewisses Ansehen und Prestige verfügt.

Gegenstand von Diskussionen war jedoch, dass der Begriff „ayudas", „Hilfen", nicht ausdrücklich im Tatbestand erwähnt wurde, bis das Gesetz 31/1990, vom 27. Dezember 1990, das Ley General Presupuestaria, das allgemeine Haushaltsgesetz, den Begriff der „ayudas" als jede kostenfreie Übertragung von öffentlichen Mitteln, die vom Staat oder seinen Organen zugunsten von juristischen oder natürlichen Personen des privaten oder öffentlichen Rechts gewährt werden, um eine Aktivität öffentlichen Interesses zu fördern, definierte.

Diese Diskussion hat sich heute erübrigt, weil in den jetzigen Tatbeständen des Código Penal der Begriff der „ayudas" ausdrücklich erwähnt ist.

Die Europäische Kommission erkannte die Notwendigkeit, sowohl betrügerische Handlungen aufzudecken als auch die Handlungen zu definieren, die den Haushalt der Gemeinschaft schädigen, und schlug vor, jeweils auf nationaler Ebene für den Bereich des Strafrechts eine Ordnung zu definieren. Grund dafür war, dass die Gründungsverträge der Europäischen Union keine Kompetenz im Bereich des Strafrechtes zuweisen, diese Kompetenz steht den einzelnen Mitgliedstaaten zu. In der Folge wurde, wie bereits oben erwähnt, das Übereinkommen zum Schutz der finanziellen Interessen der Europäischen Gemeinschaft vom 26. Juli 1995 geschlossen.[72]

Als das Übereinkommen zum Schutze der finanziellen Interessen der damaligen Europäischen Gemeinschaft erlassen wurde, befand sich der „Código Penal" gerade im Reformprozess und in der Phase der politischen Abstimmung.

Das Projekt eines neuen Código Penals wurde im September 1994 dem Parlament vorgelegt und enthielt keine Veränderungen der Deliktstatbestände zum Schutz der finanziellen Interessen des öffentlichen Haushaltes im Vergleich zum bestehenden Código Penal. Die „Hacienda Comunitaria", also die Finanzverwaltung der Gemeinschaft, war gleichberechtigt neben der nationalen Finanzverwaltung geschützt, und so wurde anschließend der Código Penal durch den

72 Übereinkommen aufgrund von Artikel K.3 des Vertrages über die Europäische Union, heute Art. 37 EUV, über den Schutz der finanziellen Interessen der Europäischen Gemeinschaften, Amtsblatt Nr. C 316 vm 27.11.1996, Seite 0049 – 0057.

Congreso de Diputados im März 1995 genehmigt[73] und an den Senat[74] übermittelt.

Dieser Entwurf enthielt keinen separaten Betrugstatbestand zu Lasten der damaligen Europäischen Gemeinschaft, die europäische Finanzverwaltung war als Betroffene neben den nationalen Finanzverwaltungen, sei es auf zentralstaatlicher, autonomer oder lokaler Ebene, nur mit erwähnt.

Nach Erlass des Übereinkommens, welcher vor der Ratifizierung des Reformentwurfes des Código Penal durch das spanische Parlament erfolgte und während sich der Reformentwurf in der politischen Diskussion befand, verlängerte der Senat die Frist für die Einbringung von Abänderungsanträgen.[75]

Um die Verpflichtungen des Übereinkommens zu erfüllen, brachte die sozialistische Fraktion im September 1995 mittels eines Abänderungsantrages[76] die Artikel 305 Absatz III, 306 und 309 und somit den Betrug zu Lasten der seinerzeitigen Europäischen Gemeinschaft gleich dreimal in den Gesetzentwurf des Código Penal ein.

In einem weiteren Abänderungsantrag wurden die Vergehenstatbestände der Artikel 627 und 628 eingebracht.[77]

Diese Abänderungsanträge wurden im Bericht des Senats-Ausschusses aufgenommen[78] und anschließend vom Abgeordnetenhaus in der Sitzung vom 8. November 1995 genehmigt.[79]

Der neue Código Penal, der nunmehr Deliktstatbestände, die den Betrug zu Lasten der Europäischen Gemeinschaft ahndet, enthält, wurde per Gesetz Ley

---

73 Boletín Oficial de las Cortes Generales, Congreso de los Diputados, Nummer 82–10, Serie A, vom 25. März 1995.

74 Boletín Oficial de las Cortes Generales, Senado, Serie II, Nummer 75 (A), vom 31. März 1995.

75 Boletin Oficial de las Cortes Generales, Senado, Serie II, Nummer 87 (b), vom 8. September 1995.

76 Abänderungsantrag Enmienda Número 363/95.

77 Wobei allerdings Vergehenstatbestände bei Vergehen zu Lasten der nationalen Finanzverwaltung nicht aufgenommen wurden, vgl. Rogelio Gómez Guillamón in: José Moyna Ménguez u.a. „Código Penal – Comentarios y Jurisprudencia"; Seite 911, Kommentierung zum Artikel 306.

78 Dictamen de la Comisión, Boletin Oficial de las Cortes Generales, Senado, Serie II, Nummer 87 vom 23. Oktober 1995.

79 Siehe Proyecto de Ley Orgánica de Código Penal. Trabjos Parlamentarios, Cortes Generales, Madrid 1996; tomo/Band II, Seiten 1783 ff.; Boletin Oficial de las Cortes Generales, Congreso de los Diputados, serie A, Nummer 77–15 vom 15. November 1995.

Orgánica 10/1995, vom 23. November 1995, im Boletín Oficial del Estado am 24. November 1995 veröffentlicht[80].

Die V. Legislaturperiode endete im Januar 1996, das Parlament wurde am 8. Januar 1996 aufgelöst[81], und es scheint, dass man ohne erneute politische Diskussion den reformierten Código Penal noch vor dem Ende der Legislaturperiode verabschieden wollte und daher die Betrugstatbestände zu Lasten der Europäischen Gemeinschaft überstürzt in den Gesetzentwurf eingebracht hat. Diese Eile kann einige technische Ungereimtheiten des Entwurfes, die weiter unten erläutert werden sollen, erklären.

Zwar hätte man zum Zeitpunkt des Einbringens des Gesetzentwurfes, mit dem der Código Penal an die Anforderungen des „Übereinkommens zum Schutze der finanziellen Interessen der Europäischen Gemeinschaften" angepasst werden sollte, auch die Deliktstatbestände, die die nationalen Interessen schützen sollten, anpassen bzw. wieder abstimmen können, dies hätte aber die Möglichkeit einer erneuten politischen Diskussion eröffnet mit der Möglichkeit, dass letztlich die gesamte Reform des Strafgesetzbuches nicht vor der Auflösung des Parlamentes bzw. dem Ende der Legislaturperiode verabschiedet worden wäre.

Um dies zu verhindern, zog man es vor, zu diesem Zeitpunkt eigene Deliktstatbestände zum Schutze der finanziellen Interessen der Europäischen Gemeinschaft einzuführen, um das politische Ziel der Verabschiedung des neuen Código Penal nicht zu gefährden[82], und die bereits im Gesetzentwurf vorhandenen Deliktstatbestände zum Schutze der nationalen Interessen so zu belassen.

Der spanische Gesetzgeber entschied sich, die Interessen der Europäischen Union nicht als geschütztes Rechtsgut im Tatbestand des „nationalen" Subventionsbetruges zu erfassen, sondern eigene Tatbestände zu schaffen. Dies gibt Raum für Ungleichbehandlungen, da beide Tatbestände, wie weiter unten untersucht wird, nicht in derselben Art und Weise gestaltet sind.

So wurde die Veruntreuung bzw. Unterschlagung in einem anderen Tatbestand - Artikel 306 - erfasst als der unrechtmäßige Erhalt - Artikel 309 - von Mitteln aus dem EG-Haushalt.

---

80 In Kraft getreten sechs Monate nach seiner Veröffentlichung, also am 24. Mai 1996.

81 Das Parlament wurde durch Real Decreto 1/1996, vom 8. Januar, aufgelöst, veröffentlicht im BOE Nummer 8 vom 9. Januar 1996.

82 Vgl. Adela Asúa Batarrita, Incongruencias del sistema dual de incriminación del fraude de subvenciones en el Código Penal Español de 1995, Seite 952.

Der Código Penal aus dem Jahre 1995 – gültig bis zum 17. Januar 2013 – unterscheidet zwischen vier verschiedenen Begehungsweisen zum Nachteil des Finanzhaushaltes der Europäischen Union:

1. der Steuerbetrug zum Nachteil gegenüber dem Finanzwesen der Europäischen Union, Artikel 305 Absatz III, bzw. das Vergehen bei kleineren Beträgen, Artikel 627
2. die Unterlassung der Zahlung von Beträgen, die eingezahlt werden müssten, Artikel 306, erster Teil, bzw. das Vergehen bei kleineren Beträgen, Artikel 628
3. die Zuführung der aus dem Haushalt der Europäischen Union erhaltenen Gelder zu einer nicht bestimmungsgemäßen Verwendung, Artikel 306, zweiter Teil, bzw. das Vergehen bei kleineren Beträgen, Artikel 628
4. die betrügerische Mittelverwendung, Artikel 309, bzw. das Vergehen bei kleineren Beträgen, Artikel 628

Durch das Organgesetz 7/2012 vom 27. Dezember 2012 wurden die Artikel im spanischen Gesetzbuch, welche den Steuerbetrug und den Betrug an Sozialversicherungsleistungen zum Gegenstand haben, umfassend verändert.[83] Die Bestimmungen traten am 17. Januar 2013 in Kraft.

Wie in der Gesetzesbegründung erklärt, sollen die Gesetze gegen den Betrug an den nationalen und europäischen Einnahmen und Ausgaben verschärft werden, und in Anbetracht der europäischen und spanischen Wirtschaftskrise sollen bessere Kontrollmechanismen eingeführt werden.

Daher war im strafrechtlichen Bereich eine umfassende Reform der Artikel des Kapitel XIV, Straftaten gegen das Finanzwesen und gegen die Sozialversicherung, nötig. Der Zentralstaat, die Länder und die Gemeinden müssen Leistungen erbringen, wofür Gelder benötigt werden, ohne die diese Leistungen nicht erbracht werden können. Steuerdelikte begründen sich aus der Notwendigkeit, das Zusammenleben der Bürger in einer Gemeinschaft zu schützen.[84]

---

83 Ley Orgánica 7/2012, de 27 de diciembre, por la que se modifica la Ley Orgánica 10/1995, de 23 de noviembre, del Código Penal en materia de transparencia y lucha contra el fraude fiscal y en la Seguridad Social. Veröffentlicht im Boletín Oficial de Estado – Gesetzesblatt – Nummer 312 am 28. Dezember 2012.

84 Vgl. Francisco Javier Muñoz Conde, La reforma del delito fiscal operada por LO 7/2012, de 27 de diciembre, Seite 2.

III. Verbrechen und Vergehen im spanischen Strafgesetzbuch

Der Código Penal unterscheidet zwischen Verbrechen und Vergehen und erwähnt daher in den Artikeln 2[85] und 10[86] „delitos" und „faltas", „Verbrechen" und „Vergehen". Beide Begriffe können unter den Begriff „infracción penal", „strafbare Handlung", gefasst werden, der auch im Código Penal benutzt wird und sich sowohl auf ein Delikt als auch auf ein Verbrechen bezieht.[87]

Die Unterscheidung zwischen Verbrechen und Vergehen dient dazu, die strafbaren Handlungen gemäß ihrer Schwere und den damit verbundenen Rechtsfolgen zu klassifizieren.

Der Artikel 13 des Código Penal unterscheidet nach den Rechtsfolgen:

„1. Schwere Taten sind die Handlungen, die das Gesetz mit schwerer Strafe bedroht.
2. Weniger schwere Straftaten sind die Handlungen, die das Gesetz mit einer weniger schweren Strafe bedroht.
3. Vergehen sind die Taten, die das Gesetz mit leichter Strafe bedroht …"

Die Unterscheidung hängt also abstrakt von dem Strafrahmen ab, den das Gesetz jeweils der betreffenden Handlung zugewiesen hat. Um festzustellen, was eine schwere, weniger schwere und leichte Strafe ist, muss auf den Artikel 33 zurückgegriffen werden, der die Strafen nach ihrer Art und Dauer klassifiziert. Der Artikel 13 unterscheidet die Straftaten dreifach beziehungsweise teilt die Taten hinsichtlich der Rechtsfolgen dreifach auf, wobei davon auch die Verjährung abhängt[88] und unterschiedliche Verfahren hinsichtlich der Vollstreckung.

Um festzustellen, ob ein Verbrechen oder Vergehen vorliegt, muss man also darauf abstellen, welche Rechtsfolge der entsprechende Tatbestand hat und ob diese Rechtsfolge gemäß Artikel 33 als leichte, schwere oder weniger schwere Rechtsfolge eingestuft ist, wobei es sich um eine rein quantitative Unterscheidung handelt. Ein Diebstahl zum Beispiel kann je nach Wert der gestohlenen Sache als Verbrechen oder Vergehen eingestuft werden.[89] Ein Raub kann als schwerer oder weniger schwerer Tatbestand eingestuft werden, wenn ein erschwerender

---

85 Art. 2, Absatz 1: „Kein Verbrechen und kein Vergehen wird mit einer Strafe geahndet, die nicht im Gesetz vor deren Begehung vorgesehen war …".

86 Artikel 10: „Es sind Verbrechen oder Vergehen vorsätzliche oder fahrlässige Handlungen und Unterlassungen, die per Gesetz mit Strafe bedroht sind."

87 So z.B. in den Artikeln 456 und 457 Código Penal.

88 Gemäß Artikel 131 Código Penal.

89 Vergleiche Artikel 234 und 623 Absatz 1.

Umstand vorliegt.[90] Sollte die Strafe wegen ihrer Dauer gleichzeitig als schwere oder weniger schwere eingestuft werden können, so ist die Straftat stets als schwer und somit als Verbrechen einzustufen, Artikel 13 Absatz 4 Código Penal.

Normalerweise haben Vergehen den gleichen Tatbestand wie Verbrechen[91], obwohl manchmal die Tatbestände eher als verwaltungsrechtliche Verstöße angesehen werden können und auch über das Verwaltungsrecht geahndet werden könnten, wohl aber aus historischen Gründen im Código Penal erwähnt werden. Kann das Verhalten sowohl mittels Verwaltungsrecht als auch mittels der Bestimmungen des Código Penal geahndet werden, so hat die strafrechtliche Norm den Vorrang und absorbiert die verwaltungsrechtliche Sanktion[92], in der Praxis werden solche Fälle oftmals den Strafgerichten aber leider nicht vorgelegt.

---

90 Vergleiche Artikel 240 und 241.

91 Vergleiche. Art 147 und 617; 234 und 623.1.

92 Francisco Muñoz Conde/ Mercedes García Arán, Derecho Penal, Parte General, Seite 206.

B. Regelungen im Codigo Penal

I. Artikel 305 Absatz III

1. Artikel 305

„1. Wer eine Hinterziehung durch eine Handlung oder Unterlassung gegenüber dem Finanzwesen des Staates, einer Autonomen Gemeinschaft, einer Foralgemeinschaft[93] oder Gemeinde begeht, wer die Zahlung von Steuern, Geldern, die einbehalten wurden oder hätten einbehalten werden müssen, oder Akontozahlungen von Einkünften in bar umgeht und dadurch unrechtmäßig Rückzahlungen erhält oder in den Genuss von Steuervorteilen kommt, sofern der hinterzogene Steuerbeitrag, der nicht eingezahlte Betrag an (einbehaltenen) Geldern oder Akontozahlungen oder die unrechtmäßig erlangten oder genutzten Steuerrückzahlungen oder -vorteile den Betrag von 120.000,- Euro übersteigt, der wird mit Gefängnis von einem Jahr bis zu vier Jahren und Geldstrafe in Höhe des genannten Betrages bis zu dessen sechsfacher Höhe bestraft, es sei denn, er hätte seine steuerliche Situation gemäß den Bestimmungen des Absatzes vier des vorliegenden Paragraphen reguliert.
Das bloße Einreichen von Erklärungen oder eigener Abrechnungen schließt einen Betrug nicht aus, wenn dieser durch andere Tatsachen nachgewiesen ist.
Zusätzlich zu den angedrohten Strafen ist dem Verantwortlichen der Verlust der Möglichkeit, Subventionen oder öffentliche Zuschüsse zu erhalten, und des Rechts, Steuer- oder Sozialversicherungsvorteile oder -anreize zu bekommen, für die Dauer von drei bis zu sechs Jahren aufzuerlegen.
2. a) Zur Bestimmung des im vorhergehenden Absatzes genannten Betrages ist, wenn es sich um regelmäßige oder auf regelmäßiger Erklärung basierende Steuern, einbehaltene Gelder, Akontozahlungen oder Rückzahlungen handelt, das in jedem Steuer- oder Erklärungszeitraum Hinterzogene maßgebend, und wenn dieses kürzer als zwölf Monate ist, ist der Betrag des Hinterzogenen auf das Kalenderjahr zu beziehen. Dessen ungeachtet, in den Fällen, in denen die Hinterziehung mittels einer kriminellen Gruppe oder Organisation vollzogen wird oder von Personen oder Einheiten, die unter

93 In Spanien gibt es in bestimmten Gebieten eigene Gesetze, die sogenannten Foral-Rechte. Diese sind historisch begründet und beziehen sich im Wesentlichen auf Familien- und Erbrecht und manchmal auf Besitz- und Eigentumsrechte bei Ländereien, weniger auf Vertragsrecht, welches als „derecho común", als gemeinspanisches Recht, durch den Código Civil in ganz Spanien gilt. In Artikel 13.2. des Código Civil ist festgehalten, dass das Zivilgesetzbuch unter voller Beachtung der Sonder- oder Foralrechte der Provinzen oder Territorien, in denen sie gültig sind, gilt. Foralrechte gibt es noch in Aragon, Cataluña, Galizien, Navarra, in der Estremadura, im Baskenland und auf den Balearen, wobei jeweils die einzelnen Inseln Besonderheiten haben.

dem Anschein einer tatsächlichen wirtschaftlichen Aktivität stehen, ohne diese tatsächlich auszuüben, ist das Delikt ab dem Moment verfolgbar, ab dem die in Absatz I festgelegte Summe erreicht wird.
b) In den übrigen Fällen gilt die Summe als auf jeden einzelnen der verschiedenen Regelungsbereiche bezogen, aufgrund derer eine besteuerbare Tatsache zu berechnen ist.
3. Dieselben Strafen werden verhängt, wenn die im ersten Absatz dieses Artikels beschriebenen Verhaltensweisen gegen das Finanzwesen der Europäischen Union ausgeübt werden, sofern die hinterzogene Summe 50.000,- Euro in einem Kalenderjahr übersteigt. Dessen ungeachtet, in den Fällen, wenn der Betrug von einer kriminellen Gruppe oder Organisation durchgeführt wird, oder durch Personen oder Einheiten, die unter dem Anschein arbeiten, eine tatsächliche wirtschaftliche Aktivität auszuüben, ohne dies aber effektiv zu betreiben, wird das Delikt ab dem Moment verfolgt, in welchem der in diesem Absatz beschriebene Betrag erreicht wird.
Wenn der hinterzogene Betrag nicht 50.000,- € übersteigt, jedoch 4.000,- €, wird eine Gefängnisstrafe von drei Monaten bis zu einem Jahr oder eine Geldstrafe bis zur dreifachen Höhe des erwähnten Betrages festgelegt sowie der Verlust der Möglichkeit, Subventionen oder öffentliche Hilfen zu bekommen, ebenso wie die Möglichkeit, Vorteile oder steuerliche Anreize oder Erleichterungen der Sozialversicherung für einen Zeitraum von sechs Monaten bis zu zwei Jahren zu bekommen.
4. Man geht davon aus, dass die steuerliche Situation bereinigt ist, wenn seitens des Steuerpflichtigen die Steuerschuld vollkommen anerkannt und bezahlt wurde, bevor diesem seitens der Finanzverwaltung der Beginn von Überprüfungen oder Nachforschungen im Hinblick auf die Steuer-Schulden, die Gegenstand der Regulierung sind, nachweisbar mitgeteilt wurden, oder in dem Falle, dass solche Handlungen nicht stattgefunden haben, bevor die Staatsanwaltschaft, der rechtliche Vertreter des Staates oder der prozessuale Vertreter der autonomen Verwaltung, der foralen oder örtlichen Verwaltung, um die es jeweils geht, eine Strafanzeige oder Anzeige gegen ihn eingelegt haben, oder bevor die Staatsanwaltschaft oder der Ermittlungsrichter solche Handlungen vornehmen, die dem Steuerpflichtigen es ermöglichen, formale Kenntnis des Erlassens von Verfügungen zu haben.
Ebenso werden die im vorstehenden Absatz erwähnten Regelungen angewandt, wenn Steuerschulden bezahlt werden, nachdem das Recht der Verwaltung verjährt ist, diese im Verwaltungsweg festzusetzen.
Die Regulierung des Steuerpflichtigen seiner Steuersituation verhindert, dass er wegen möglicher buchhalterischer Unregelmäßigkeiten oder anderer Fälschungen verfolgt wird, die er möglicherweise selbst, ausschließlich in Bezug auf die Steuerschuld, die Gegenstand der Regulierung bildet, vor der Regulierung seiner steuerlichen Situation begangen haben könnte.
5. Wenn die Finanzverwaltung meint, dass Anzeichen vorliegen, dass ein Steuerdelikt begangen sein könnte, kann sie getrennt Steuererhebungen erlassen, einerseits für die Konzepte und Beträge, die keinen Bezug zum möglichen Delikt haben, und andererseits die, die einen Bezug zum möglicherweise gegebenen Steuerdelikt haben.

Die im vorstehenden Absatz als erste beschriebene Erhebung geht ihren gewöhnlichen Weg und unterliegt den entsprechenden Bestimmungen über Einsprüche wie bei jeder Steuererhebung. Und die Abrechnung, die sich ggf. ergibt wegen der Beträge und Konzepte, die mit einem möglichen Delikt gegen die Finanzverwaltung zusammenhängen, geht ihren Weg, so wie es für diesen Zweck die Steuergesetze bestimmen, ungeachtet dessen, was letztlich aufgrund der Entscheidung in einem Strafprozess angepasst wird. Das Vorliegen eines Strafverfahrens wegen eines Steuerdeliktes stoppt nicht die Beitreibungsmöglichkeiten der Steuerschuld. Seitens der Finanzverwaltung können Handlungen eingeleitet werden, die zur Zahlung führen sollen, es sei denn, dass der Richter von Amts wegen oder auf Antrag einer Partei anordnet, dass, nachdem Garantien gestellt wurden, Vollstreckungsmaßnahmen ausgesetzt werden sollen.
Wenn ganz oder teilweise keine Garantien gestellt werden können, kann der Richter ausnahmsweise die Unterbrechung verfügen, ohne dass ganz oder teilweise Garantien gestellt werden müssen, wenn er es so würdigt, dass eine Vollstreckung dauerhafte Schäden oder solche Schäden, die nur sehr schwierig wieder behoben werden können, verursachen könnte.

6. Die Richter oder die Gerichte können gegen den Steuerpflichtigen oder den Täter eine um ein oder zwei Grade geringere Strafe verhängen, wenn dieser, bevor zwei Monate, seitdem er als Beschuldigter gerichtlich geladen wurde, die Steuerschuld zahlt und vor dem Gericht die Tatsachen zugibt. Das vorstehende wird gleichfalls angewandt für andere Beteiligte, die weder Täter noch Steuerpflichtiger sind, wenn diese aktiv bei der Beibringung von entscheidenden Beweisen mitarbeiten, die zur Identifizierung oder zur Festnahme weiterer Verantwortlicher führen, zur vollständigen Aufklärung des Sachverhaltes oder für die Erforschung des Vermögens des Steuerpflichtigen oder anderer Verantwortlicher des Deliktes führen.

7. Bei den in diesem Paragraphen behandelten Verfahren fordern die Gerichte zur Vollstreckung der Geldstrafe und zivilrechtlicher Ansprüche einschließlich der Verzugszinsen die Hilfe der Finanzverwaltung an, die diese im Vollstreckungsverfahren gemäß der allgemeinen Abgabenordnung eintreiben wird. Dies umfasst auch den Betrag der Schuld, den die Finanzverwaltung aufgrund der Bestimmungen des Gesetzes 58 vom 17. Dezember 2003 – der allgemeinen Abgabenordnung – aufgrund Verjährung oder anderer Gründe nicht kassieren konnte.

Im Folgenden soll nunmehr der Aufbau des Artikels untersucht werden.

2. Geschütztes Rechtsgut

Geschütztes Rechtsgut des Artikels 305 Absatz III ist die „Hacienda de la Comunidad Europea", welches man mit „Finanzwesen der Europäischen Union" oder „öffentliche Haushalte der Europäischen Union" übersetzen kann.

Der Artikel 305 Absatz III verweist auf die Verhaltensweisen des Artikels Absatz I.

Es handelt sich um ein „Ley Penal en blanco“, eine Blankettnorm, da sich der Tatbestand nur im Zusammenhang und unter Berücksichtigung der Normen des Verfahrensrechtes der öffentlichen Finanzverwaltung bzw. der Vergabebestimmungen der Europäischen Union erschließt, der Tatbestand alleine keine ausreichende Definition hergibt[94] und sich die Pflichten und Verpflichtungen des Einzelnen aus außergerichtlichen Normen ergeben.[95]

Der Schutzbereich erstreckt sich nicht nur auf den Haushalt der Union, also auf die operationellen Einnahmen und Ausgaben, sondern auch auf andere Haushaltsposten, die von der Europäischen Union verwaltet werden, wie z.B. die Fonds der Europäischen Investitionsbank, des europäischen Entwicklungsfonds usw.[96]

3. Täter

a) Rechtsprechung

Die Rechtsprechung urteilte, dass die Hinterziehung der Steuern ein Sonderdelikt sei und Täter mithin nur der Schuldner der hinterzogenen Steuern selbst sein kann.[97] Demnach ist nur derjenige Täter, der der Steuerpflichtige oder der Gläubiger der Steuern ist, bzw. derjenige, der die erhaltene Steuervergünstigung missbraucht, aber niemals eine dritte Person.[98]

Handelt es sich um ein Sonderdelikt, bei dem also der Täter der Schuldner sein muss, so bedarf es der Bestimmung des Artikels 31 Código Penal:

> „1. Wer tatsächlich oder von Rechts wegen als Verwalter einer juristischen Person oder im Namen, in gesetzlicher oder gewillkürter Vertretung eines anderen handelt, ist persönlich verantwortlich, selbst wenn bei ihm die Bedingungen, Eigenschaften oder Beziehungen nicht vorliegen, welche der jeweilige Straftat- oder Übertretungstatbestand für

94 Vergleiche auch José Manuel Díaz-Arias in: El Delito fiscal, Gaceta Fiscal 2000, Seite 8; Enrique Bacigalupo Zapater, El Delito Fiscal, Seite 294, in del Rosal Blasco, Estudios sobre el nuevo Código Penal.

95 Vergleiche auch José Antonio Choclán Montalvo, Ultimas Tendencias Jurisprudenciales sobre el delito Fiscal, in: „El Delito fiscal“, Gaceta Fiscal 2000, Seite 35; Candido Conde-Pumpido Ferreiro, Código Penal Comentado, Seite 919.Sentencias Tribunal Constitucional 24/2004 vom 24. Februar (RTC 2004, 24) und 283/2006 vom 9. Oktober.

96 Bajo / Bacigalupo, Delitos contra la Hacienda Pública, Seite 198.

97 Sentencia del Tribunal Supremo vom 29. Juni 1985, Sentenca Tribunal Supremo 14. Juli 2003.

98 Sentencia del Tribunal Supremo vom 25. September 1990; Sentencia del Tribunal Supremo vom 21. Dezember 1999 und vom 28. 3. 2001.

die Täterschaft verlangt, sofern diese Umstände bei dem Unternehmen oder der Person vorliegen, in dessen Namen oder Vertretung er tätig ist[99].

b) Lehre

Die Lehre ist dahingehend nicht einheitlich, ob es sich bei dem Delikt des Artikels 305 um ein Sonderdelikt handelt oder nicht.

aa) Kein Sonderdelikt

Gemäß de La Peña Velasco[100] kann Täter derjenige sein, der den Tatbestand der Norm erfüllt[101], und da im Tatbestand nicht erwähnt wird, dass man seine eigenen Steuern nicht zahlt, sondern nur allgemein von „Steuern" gesprochen wird, kann es folglich um die Vermeidung der Zahlung irgendwelcher Steuern gehen.

Gleicher Auffassung ist Perez Royo[102], da die Norm nicht, wie sonst bei Sonderdelikten, Hinweise auf den Täter gibt und insofern derjenige Täter sein kann, der legitimiert und verpflichtet zur Zahlung ist, sei es in seinem eigenen oder im fremden Namen.

Dafür spricht auch, dass im Falle von juristischen Personen die Verantwortung der Vertreter allgemein über den Artikel 31 Código Penal erfolgt, ohne dass im Tatbestand des Artikels 305 diese Form der Haftung für den Vertretenen besonders erwähnt wird, so dass es keinen Grund gibt, nicht auch die Haftung auf die Fälle zu erstrecken, in welchen im Namen einer anderen natürlichen Person gehandelt wird[103]. Es ist unlogisch, dass eine Vertreter-Haftung für eine juristische Person möglich sein soll, aber grundsätzlich die Haftung als Vertreter für eine natürliche Person ausgeschlossen sein soll.

Unbegrenzt solle jedoch der Täterkreis nicht ausgedehnt werden. Da die Hinterziehung die Verletzung eines subjektiven vermögensrechtlichen Anspruches unter Strafe stellt, muss es sich folglich beim Täter um jemanden handeln, der irgendeine Pflicht oder Schuld eingegangen ist – nicht zwingend eine steuerliche Verpflichtung im technischen oder engen Sinne –, womit zu dem Personenkreis

---

99 Übersetzung des ersten Absatzes nach Markus Hoffmann, Das spanische Strafgesetzbuch.

100 Gaspar de la Peña Velasco, Algunas Consideraciones sobre el delito fiscal, Seite 58.

101 Damals Art. 319 Código Penal 1977.

102 Pérez Royo, Los delitos y las infracciones en materia tributaria, Seite 81.

103 Antonio Aparicio Perez, La regulación de los delitos contra la Hacienda Pública y la Seguridad Social en el nuevo Código Penal, Seite 36.

gehört, wer von den Subventionen oder auf irgendeine Weise von deren Erfüllung oder freiwilliger Begleichung betroffen ist.

Der Täter muss daher zumindest über eine solche Position verfügen, die ihm eine Einwirkungsmöglichkeit eröffnet, wobei dies auch eine vertragliche Verpflichtung sein kann.[104]

Konsequenterweise ist dies demzufolge nicht nur der Steuerpflichtige und sein Vertreter gemäß Artikel 35 und 36 Ley General Tributaria[105], sondern auch deren Rechtsnachfolger, Erbe oder Erwerber von Gütern, die auch für Verbindlichkeiten haften.[106]

bb) Sonderdelikt

Ein anderer Teil der Lehre geht davon aus, dass für den Tatbestand das Vorhandensein einer bestimmten juristischen Beziehung erforderlich sei, aus der sich der aktive und passive Täter des Deliktes ergibt. Es handelt sich demzufolge um ein Sonderdelikt[107], bei dem es zwar Teilnehmer wie Anstifter und notwendige Teilnehmer usw. der Personen geben kann, die an der Tat mitgewirkt haben, dies kann aber keine Täter- oder Mittäterschaft begründen[108]. Täter könne nur derjenige sein, der unmittelbar Schuldner der Zahlung ist[109].

Begründet werden kann dies aus dem Wortlaut des Artikels, der nach der Reform des Código Penal 1995 ausdrücklich auch die Begehung durch Unterlassen zuließ. Dies bedeutet, dass sich der Betrug des Täters auf seine eigenen Verpflichtungen beziehen muss, die materielle Gleichstellung der aktiven Begehung mit der Unterlassung bedeutet im Falle des Unterlassens die Nichterfüllung eigener juristisch-steuerlicher Interessen im Hinblick auf eigene Verpflichtungen. Der Täter muss eigene, persönliche und unübertragbare Verpflichtungen, die außerhalb des Strafrechtes liegen und die sich aus den Bestimmungen des Abgabenrechtes ergeben, nicht erfüllt haben.[110]

---

104 Vgl. Eugenio Simón Acosta, El delito de defraudación tributaria, S. 38.

105 Ley 58/2003, vom 17. Dezember.

106 Antonio Aparicio Pérez, La regulación de los delitos contra la Hacienda Pública y la Seguridad Social en el nuevo Código Penal, Seite 36.

107 Carlos Martínez-Buján Pérez, Derecho Penal Económico, Seite 397; Miguel Bajo / Silvana Bacigalupo, Delitos contra la Hacienda Pública, Seite 81.

108 Francisco Muñoz Conde, Derecho Penal, Parte Especial, Seite 1033, Bajo / Bacigalupo, Delitos contra la Hacienda Pública, Seite 83.

109 Esteban Mestre Delgado, Derecho Penal, Parte Especial, Seite 398.

110 Fermín Morales Prats in: Quintero Olivares / Morales Prats, Comentarios a la Parte Especial del Derecho Penal, Seite 949.

cc) *Ergebnis*

Nach meiner Auffassung handelt es sich bei dem Artikel 305 Absatz III um ein Sonderdelikt. Täter kann nur sein, wer tatsächlich für die Zahlung der Steuern verantwortlich ist. Dies ergibt sich schon aus dem Wortlaut, weil im Tatbestand durch die Erwähnung von steuertechnischen Begriffen wie „cantidades retenidas" („einzubehaltenden Beträgen"), „elusión de pago de tributos" („Hinterziehung von zu zahlenden Steuern") und „obtención de devoluciónes" („Erreichen von Steuerrückzahlungen") auf eine rechtliche Beziehung geschlossen werden muss, die den Tatbestand des Deliktes bestimmt. Unterlassungshandlungen können nur von dem Steuerpflichtigen begangen werden und nicht von einem Dritten. Im Übrigen bestimmt der Absatz 4, dass von einer strafrechtlichen Verantwortung derjenige ausgeschlossen ist, der seine steuerliche Situation reguliert, sodass dies nur der zur Zahlung Verpflichtete selbst sein kann.

Dafür spricht auch, dass der Código Penal in seinem Artikel 31 nach der Reform im Jahre 2003 die Haftung für die Zahlung der Geldstrafe solidarisch auf die Unternehmen ausgedehnt hat. Diese Haftung der juristischen Person wurde erneut durch das Organgesetz 5/2010 vom 22. Juni 2010 erweitert[111].

Letztlich ist in der Praxis die Frage ohne Bedeutung gewesen, da die Rechtsprechung immer dahin tendierte, die Haftung der Geschäftsführer von Gesellschaften zuzulassen. Leitet ein Gesellschafter - und nicht der Geschäftsführer - tatsächlich ein Unternehmen, so stellt die Rechtsprechung die Haftung des Gesellschafters einer Geschäftsführerhaftung gleich.[112]

4. Höhe

Der hinterzogene Betrag im Artikel 305 Absatz III muss mindestens 50.000,- Euro betragen.[113]

Unterschieden werden muss zwischen der „cuota tributaria" und der „deuda tributaria".

Wie ausgeführt, verweist der Absatz 3 des Artikels 305 auf den Absatz 1. Dieser wiederum definiert die Mindest-Höhe, ab der ein Straftatbestand vorliegt, mit 120.000,- Euro bei der „cuota tributaria".

---

111 Boletín Oficial del Estado vom 23. Juni 2010; Nummer 152, Sektion I, Seite 54811; siehe dazu weiter unten unter XII.

112 Theorie des „levantar el velo", des „ Schleier-Lüftens", vgl. Sentencia Tribunal Supremo 20 de mayo de 1996.

113 Der Betrag wurde von ECU auf Euro geändert durch das Ley Orgánica 15/2003 de 25 de noviembre, in Kraft getreten ab dem 1. Oktober 2004.

Dieser Begriff wird in Artikel 56 des Ley General Tributaria[114] definiert. Artikel 56 Ley General Tributaria:

„1. Der Steuerbetrag wird gebildet durch:
a) die Anwendung des Steuersatzes auf die Bemessungsgrundlage
b) gemäß einem festen Betrag, der zu diesem Zweck bestimmt wird …“

Die „deuda tributaria“ wiederum wird in Artikel 58, Nummer 1 Ley General Tributaria definiert.

Artikel 58 Ley General Tributaria:

„1. Die Steuerschuld ist die zu zahlende Quote oder der Betrag, der sich aus der Hauptsteuerverbindlichkeit ergibt oder aus der Verpflichtung, Anzahlungen auf die Schuld zu leisten.
2. Außerdem besteht die Steuerschuld gegebenenfalls aus
a) Verzugszinsen
b) aus den Zuschlägen für die nicht fristgemäße Abgabe
c) den Zuschlägen für den Zeitraum der Vollstreckungsfrist
d) Den gesetzlich zulässigen Zuschlägen auf die Steuerbemessungsgrundlage oder auf die Steuerquote, jeweils zugunsten des Fiskus oder anderer öffentlicher Körperschaften…“

Die „deuda“, die Steuerschuld, ist demnach oftmals höher, da hierzu auch Säumniszuschläge, Verzugs- und Verzögerungszinsen, Strafen und Vollstreckungszuschläge gerechnet werden.

Der in Absatz 3 genannte Betrag für den Betrug zu Lasten der Europäischen Union kann sich demzufolge nur auf den zu zahlenden Steuerbetrag ohne eventuelle Zuschläge beziehen.[115]

Die im Artikel 58 Ley General Tributaria Nummer 2 b), c) und d) genannten Zuschläge, Verzugszinsen, Stundungs-Zuschläge, Pfändungs- und Vollstreckungszuschläge und Geldstrafen fallen nicht unter die „cuota tributaria“, da es sich um andere Verpflichtungen handelt und diese Beträge keine Folge des Betruges, sondern anderer Umstände sind.[116]

Problematisch ist, wer bzw. welches Organ für die Bestimmung der Höhe zuständig ist, das heißt, ob dies die Finanzverwaltung feststellt, sei es die der Europäischen Union oder die nationale Finanzverwaltung, oder ob dieses eine

114 Ley 58/2003 vom 17. Dezember.

115 Carlos Martínez-Bújan Perez, Derecho Penal Económico, Delitos contra la Hacienda, Seite 386.

116 Sentencia Audiencia Provincial de Barcelona vom 2. Juni 1998.

eigene Materie darstellt, die im Strafverfahren nur durch die Organe der Strafrechtspflege festgestellt werden muss.

Für die Auffassung, dass alleine die Finanzverwaltung für die Bestimmung der Höhe des hinterzogenen Betrages zuständig ist, spricht, dass diese einzig über die nötige Sachkompetenz und Mittel in dieser Materie verfügt.

Dagegen spricht, dass die vorverfahrensrechtliche Frage und die entsprechende Bindung der Strafjustiz an die festgestellte Höhe durch die Verwaltung in der Praxis einen Verzicht auf die richterliche Kontrolle im Hinblick auf diesen Bereich bedeuten und demzufolge gegen den Artikel 106.1. der Spanischen Verfassung[117] verstoßen würde, welcher besagt, dass die Gerichte die Rechtmäßigkeit des Handelns der Verwaltung kontrollieren.[118]

Die Rechtsprechung hat sich mittlerweile dafür ausgesprochen, dass die Bestimmung der Höhe einzig den Gerichten zusteht, welche die Höhe des hinterzogenen Betrages durch die Anwendung der Steuergesetze festzulegen haben[119] in Übereinstimmung mit dem Artikel 741 des „Ley de Enjuicamiento Criminal", der Strafprozessordnung, welcher dem Gericht „freies Ermessen" – libre arbitrio – für die Qualifizierung des Tatbestandes oder für die Auferlegung von Strafen gemäß dem Código Penal zumisst.[120]

Dafür spricht auch die Regelung des Artikels 55 des Ley General de Subvenciones, der in seinem ersten Absatz festlegt, dass die Verwaltung den Vorgang an die zuständigen Gerichte abgibt, falls der Vorgang einen Deliktstatbestand darstellen könnte, und dann so lange den Vorgang ruhen lässt, bis entweder ein rechtskräftiges Urteil ergeht oder die Ermittlungen eingestellt werden und der Vorgang wieder abgegeben wird.

Umstritten ist aber, ob die Höhe des hinterzogenen Betrages Tatbestandsmerkmal oder objektive Bedingung der Strafbarkeit ist.

117 Art. 106.1 der spanischen Verfassung: „Die Gerichte kontrollieren die Satzungsgewalt und die Rechtmäßigkeit des Verwaltungshandelns wie auch deren Zweckmäßigkeit."

118 Jesús Santos Alonso, El Contenido del Delito Fiscal, las Penas y la Responsabilidad Penal, Seite 74.

119 Sentencia del Tribunal Supremo Superior del 27 de diciembre de 1990; Tribunal Supremo sentencia del 25. Februar 1998; Eugenio Simón Acosta, El Delito de Defraudación Tributaria, Seite 80.

120 So auch Candido Conde-Pumpido Tourón in Pumpido Ferreiro, Código Penal Comentado, Seite 927.

a) *Objektive Bedingung der Strafbarkeit*

Ein Teil der Lehre[121] und der Rechtsprechung[122] vertritt die Auffassung, dass die Höhe des hinterzogenen Betrages objektive Bedingung der Strafbarkeit ist. Sie gehen davon aus, dass betrügerische Handlungen unter dieser Höhe eine tatbestandsmäßige, rechtswidrige und schuldhafte Handlung darstellen, die aber nicht strafbar ist, falls die objektive Bedingung der Strafbarkeit nicht erfüllt ist. Dies wird damit begründet, dass der Gesetzgeber aus kriminalpolitischen Erwägungen eine Bestrafung nur für Fälle einer besonderen Schwere vorgesehen hat. Wäre die Betragshöhe objektive Bedingung der Strafbarkeit, so würde, wenn alle Tatbestandsmerkmale gegeben sind, ein Delikt vorliegen, dies jedoch straffrei bleiben bzw. nicht sanktioniert werden, wenn die Betragshöhe nicht erreicht wird.

Die Betragshöhe müsste ferner nicht vom Vorsatz umfasst sein, ein Irrtum über die Höhe wäre irrelevant, und die Bewertung, ob eine unvollendete Ausführung oder ein Versuch vorliegt, wäre problematisch.

Die Politiker, sprich die Legislative, wären es, die aus rein politischen, zweckmäßigen Gründen die eine oder andere Betragshöhe festlegen könnten, um einen Straftatbestand von einer bloßen – verwaltungsrechtlichen – Ordnungswidrigkeit zu unterscheiden.[123]

Tatbestandsmerkmale sind solche, die zu einer Verletzung der Norm führen. Die Norm, die verletzt wird, ist die, die festlegt, wann Steuern hinterzogen werden, wobei eine Verpflichtung zur Leistung von Steuern nicht erst dann beginnt, wenn ein Betrag von 50.000,- Euro nicht gezahlt wird, sondern bereits dann, wenn die Steuerschuld anfällt. Wer auch nur einen Euro hinterzieht, verstößt gegen die Norm, wenngleich auch keine Rechtsfolgen eintreten.

b) *Tatbestandsmerkmal*

Die herrschende Meinung[124] und ein Teil der Rechtsprechung[125] sprechen sich dafür aus, dass die Betragshöhe Tatbestandsmerkmal ist, weil die Steuerdelikte

---

121 Enrique Bacigalupo Zapater, El delito fiscal, Seite 300, in Rosal Blasco: Estudios sobre el nuevo Código Penal de 1995.

122 Sentencia Tribunal Supremo 27 de diciembre de 1990; Audiencia Provincial de Valencia de 29 de marzo de 1999, Audiencia Provincial de Baleares 13 de enero de 2000.

123 Francisco Muñoz Conde, Derecho Penal Parte Especial 2004, Seite 1041.

124 Aparicio Pérez, El delito fiscal a través de la jurisprudencia, Seite 204; Eugenio Simón Acosta, Delitos contra la Hacienda Pública, Seite 732; Maria Asunción Rancaño Martín, El delito de defraudación tributaria, Seite 81.

125 Sentencia Tribunal Supremo 2 de marzo de 1988; Audiencia Provincial de Sevilla de 27 de julio de 1993; Audiencia Provincial de Barcelona de 24 de enero de 2000; Sentencia del Tribunal Supremo del 9 de marzo de 1993.

Erfolgsdelikte seien[126]. Der Vermögensnachteil oder der hinterzogene Betrag ist der Schaden und das notwendige Ergebnis, der konsequenterweise ein Tatbestandsmerkmal bildet.[127]

Für die Bewertung als Tatbestandmerkmal spricht, dass das Delikt so aufgebaut ist, dass es tatsächlich einen eingetretenen Vermögensnachteil zu Lasten der Europäischen Union erfordert.

Auch wird der Mindestbetrag – zumindest im Hinblick auf die Straftaten gegen die nationale Verwaltung – in dem Absatz genannt, in welchem der Tatbestand aufgeführt ist, wobei die Rechtsfolgen und die Strafen in einem eigenen Absatz aufgeführt sind.

Das Erreichen eines Mindestbetrages ist auch nicht als vollständig fernab vom Willen des Täters anzusehen, sondern dieser hat zumindest die Möglichkeit, zu erkennen, dass ein Betrag infolge seines Handelns überschritten wird.[128]

Bei der Höhe handelt es sich nicht um ein unsicheres, zukünftiges Element, welches vom Tatbestand abgekoppelt ist. Der Vorsatz des Täters muss jedoch keine genaue und absolut exakte Kenntnis der Höhe umfassen, es genügt, wenn der Täter weiß, dass sein Verhalten sicher zu einem Vermögensnachteil der öffentlichen Hand führt.[129]

Die Mindestsumme ist ein Merkmal des Ergebnisses, welches aus der Tathandlung resultiert und von der Schuld des Täters umfasst sein muss. Daher kann es keine objektive Bedingung der Strafbarkeit sein, weil es sich bei den objektiven Bedingungen der Strafbarkeit um Umstände handelt, die nicht von der Schuld des Täters umfasst sein müssen, somit dieser dafür nicht verantwortlich sei. Die Betragshöhe ist aber Tatbestandsmerkmal und objektive Bedingung der Strafbarkeit und muss daher vom Vorsatz des Täters umfasst sein.[130]

---

126 Morales Prats in Quintero Olivares, Gonzalo / Morales Prats, Fermín, Comentarios a la Parte Especial del Derecho Penal, Seite 962; Javier Boix Reig / Javier Mira Benavent; Los Delitos Contra la Hacienda Pública y la Seguridad Social, Seite 72.

127 Maria del Pilar Ruiz Rescalvo, La prescripción tributaria y el delito fiscal, Seite 71.

128 Antonio Aparicio Perez, La regulación de los delitos contra la hacienda pública y la Seguridad Social, Seite 45, so auch José Luis Seoane Spiegelberg, El delito de defraudación tributaria, Seite 94.

129 Morales Prats in Quintero Olivares, Gonzalo / Morales Prats, Fermín, Comentarios a la Parte Especial del Derecho Penal, Seite 962; Carlos Martínez-Bujan Peréz, Derecho Penal Económico, Seite 385.

130 Antonio Morillo Méndez,Infracciones, Sanciones Tributarios y Delitos contra la Hacienda Pública, Seite 293; Sentencia Tribunal Supremo de 2 de marzo de 1988.

c) Zusammenfassung

Es erscheint mir nicht schlüssig anzunehmen, dass man es mit einem Erfolgsdelikt zu tun hat, welches einen Vermögensnachteil zu Lasten der öffentlichen Hand erfordert, und dann weiter davon auszugehen, dass der Betrag objektive Bedingung der Strafbarkeit sein soll. Diese Annahme passt sich nicht der gesetzgeberischen Technik an, denn die Handlung ist unrechtmäßig, egal um welchen Betrag es sich handelt, wenn sich auch diese Unrechtmäßigkeit erst ab einem bestimmten Betrag in eine strafrechtlich relevante Unrechtmäßigkeit verwandelt. Der Betrag stellt nicht eine objektive Bedingung der Strafbarkeit dar, sondern den Grad des Unrechts, um die Handlungen in strafrechtlich relevantes Unrecht zu verwandeln.

In Betracht gezogen werden muss auch, ob die Handlung durch andere Normen, die außerhalb des Strafrechtes stehen, geboten oder verboten war. Die Unrechtmäßigkeit ist also im Blick aller Bestimmungen der Rechtsordnung zu betrachten, in denen festgelegt wird, was objektiv betrachtet rechtmäßig ist oder nicht.

So bestimmt z.B. der Artikel 64 Ley General Tributario, die spanische Abgabenordnung, dass steuerrechtliche Verpflichtungen, die den Tatbestand bilden, in vier Jahren verjähren. Technisch gesehen kann die steuerrechtliche Verjährung nicht die Strafbarkeit beeinträchtigen, sondern die Rechtswidrigkeit. Mit dem Ablauf von vier Jahren erlischt die Steuerschuld, die den Unrechtstatbestand bildet, und wenn nicht eine bestimmte Betragshöhe gegeben ist, liegt keine Unrechtmäßigkeit und kein Delikt vor.[131]

Das Übereinkommen zum Schutze der finanziellen Interessen der Europäischen Gemeinschaften bestimmt im Artikel 2, dass die Mitgliedstaaten die erforderlichen Maßnahmen ergreifen müssen, damit auch der Versuch der in Artikel 1 definierten Handlungen bestraft werden kann. Lässt man auch eine Versuchsstrafbarkeit zu, so geht man davon aus, dass der geforderte Mindestbetrag für ein strafrechtliches Einschreiten ein Tatbestandsmerkmal und nicht nur objektive Bedingung der Strafbarkeit ist.

d) Zeitraum

Problematisch ist, innerhalb welchen Zeitraumes ein solcher Mindestbetrag vorliegen muss. Dieses war bis zur Reform des Organgesetzes 7/2012 vom 27. Dezember 2012 für den Betrug am Haushalt der Europäischen Union nicht

131 Maria del Pilar Ruiz Rescalvo, La prescripción tributaria y el delito fiscal, Seite 73, 74.

eindeutig definiert, weil es keine diesbezügliche Regelung gab. Der Absatz 3 verwies auf den Absatz 1 des Artikels 305, der sich auf den Betrug zu Lasten der nationalen Finanzverwaltung bezieht. Die Verpflichtungen des Steuerbürgers zugunsten der nationalen Finanzverwaltung belaufen sich auf Steuern und Steuereinbehalte (Quellen- und Abzugssteuern). Auch der Artikel 305 schreibt für den Betrug zu Lasten der nationalen Finanzverwaltung Mindestbeträge vor. Zur Bestimmung des Betrages ist, wenn es sich um regelmäßige Steuern handelt, das im jeweiligen Steuer- oder Erklärungszeitraum Hinterzogene maßgebend, ist dieser Zeitraum kürzer als zwölf Monate, so muss sich der Betrag des Hinterzogenen auf das Kalenderjahr beziehen. Ansonsten bezieht sich der Mindestbetrag, sollte es sich nicht um regelmäßige oder auf einer regelmäßigen Erklärung basierende Steuern handeln, sondern um einmalige Steuern, jeweils auf den einzelnen Steuertatbestand, der hätte abgerechnet und gezahlt werden sollen.[132]

Nach der Reform des Codigo Penal durch das oben angesprochene Organgesetz ist nun auch für den Betrug zu Lasten des Haushaltes der Europäischen Union klargestellt, dass für die Bestimmung des Betrages auf das Kalenderjahr abgestellt wird und geschaut wird, welcher Betrag im Kalenderjahr – „año natural" – hinterzogen wurde.

Der Consejo de Poder Judicial, welches der oberste Rat für den Richterstand, die Richterwahl und den Richterdisziplinarausschuss ist[133], begrüßte eine solche Gesetzesänderung.[134] War es bis dahin unklar, ob mehrere Betrugshandlungen, die den Betrag von 50.000,- € nicht erreichten, zusammengefasst werden konnten, um zu bestimmen, ob schließlich eine Betrugshandlung mit einem Betrag über 50.000,- € vorlag, wird nunmehr, unabhängig davon, wann die Steuer fällig wird, bei Delikten gegenüber dem Finanzhaushalt der Europäischen Union als Spezialregel auf das Kalenderjahr abgestellt. Es sei eine kriminalpolitische Entscheidung, um Interpretationen vorzubeugen, die nur dann die Betragshöhe als Tatbestandsmerkmal erfüllt ansehen, wenn die einzelnen Handlungen, individuell betrachtet, 50.000,- € übersteigen.

132 Vergleiche Miguel Zurita, Los Delitos contra las haciendas publicas, Seite 396.

133 Artikel 107 ff Ley Organica Poer Judicial, Organgesetz 6/1985 vom 1. Juli.

134 Informe Consejo General del Poder Judicial al Anteproyecto de la Ley Orgánica por la que se modifica la Ley Orgánica 10/1995, de 23 de noviembre, ausgegeben von Celso Rodriguéz Padrón, Generalsekretär des Richterrates, Madrid, 28. Juni 2012. Seite 22 und 23.

Allerdings gibt es hier eine Einschränkung, Artikel 305 Absatz III, Satz 2:

> „...dessen ungeachtet, in den Fällen, wenn der Betrug von einer kriminellen Gruppe oder Organisation durchgeführt wird, oder durch Personen oder Einheiten, die unter dem Anschein arbeiten, eine tatsächliche wirtschaftliche Aktivität auszuüben, ohne dies aber effektiv zu betreiben, wird das Delikt ab dem Moment verfolgt, in welchem der in diesem Absatz beschriebene Betrag erreicht wird...".

Diese soll die Strafverfolgung sichern, wenn Unternehmen bzw. juristische Personen eingeschaltet werden, zum Beispiel bei grenzüberschreitenden Umsatzsteuer-Betrugshandlungen.

Das Organgesetz 5/2010 hat bei den Titel XXII des zweiten Buches des Strafgesetzbuches „Delikte gegen die öffentliche Ordnung" ein neues Kapitel unter der Überschrift „Über die kriminellen Gruppen und Organisationen" eingeführt.

Im Artikel 570 bis Absatz I, zweiter Teil werden die kriminellen Organisationen definiert:

Artikel 570 bis Codigo Penal:

> „I. Wer eine kriminelle Organisation fördert, gründet, organisiert, koordiniert oder leitet, wird mit einer Gefängnis-Strafe von vier bis acht Jahren bestraft, wenn die kriminelle Organisation zum Gegenstand oder zum Zweck das Begehen von schweren Delikten hat, und mit einer Gefängnisstrafe von drei bis sechs Jahren in den übrigen Fällen, und wer aktiv an der Organisation teilnimmt, Bestandteil derselben ist, wirtschaftlich mit ihr zusammenarbeitet, oder in irgendeiner anderen Form mit ihr kooperiert, wird mit einer Gefängnisstrafe von zwei bis fünf Jahren bestraft, wenn der Zweck in der Begehung von schwerwiegenden Delikten liegt, und mit einer Gefängnisstrafe von einem bis drei Jahren in den übrigen Fällen.
> Zu Zwecken dieses Buches versteht man unter einer kriminellen Organisation eine Vereinigung, die von mehr als zwei Personen gebildet wird, mit dauerhaftem Charakter oder auf unbestimmte Zeit, die in einer abgestimmten und koordinierten Weise unter sich bestimmte Bereiche und Funktionen aufteilen, mit dem Zweck, Straftaten zu begehen, wie auch das wiederholte Begehen von Vergehen..."

Eine kriminelle Gruppe wird in Artikel 570 ter Codigo Penal definiert:

> „...im Sinne dieses Strafgesetzbuches versteht man unter einer kriminellen Gruppe die Verbindung von mehr als zwei Personen, ohne eine oder einige der im vorstehenden Artikel zu einer kriminellen Organisation bestimmten Eigenschaften in sich zu vereinen, und die den Zweck oder das Ziel haben, vereinbarte Straftaten oder Vergehen zu begehen..."

Vergleicht man beide Definitionen, kommt man zum Schluss, dass eine kriminelle Organisation einen stabilen, auf unbestimmte Zeit angelegten Charakter hat und eine präzise Aufteilung der Arbeitsbereiche, während eine kriminelle Gruppe einen eher spontanen, vorübergehenden Charakter hat. Demzufolge sind auch die Rechtsfolgen für die Gründung, die Finanzierung oder Teilnahme an einer kriminellen Organisation größer als bei einer kriminellen Gruppe.

Es ist trotzdem schwierig, den erschwerten Tatbestand des Artikels 305 bis 1 b) und die Definitionen des Artikels 570 bis y 570 ter abzugrenzen.

Die Definitionen einer kriminellen Gruppe und Organisation gemäß der Artikel 570 beziehen sich auf sämtliche Delikte des spanischen Strafgesetzbuches, so dass man für eine Definition, wie eine Gruppe und Organisation im Sinne des Artikels 305 bis Absatz I zu definieren ist, auf die Artikel 570 bis und ter zurückgreifen muss.

Dies würde bedeuten, dass beim Steuerdelikt immer dann, wenn mehr als zwei Personen daran beteiligt sind, sich dies automatisch in einer der erschwerenden Verhaltensweisen des Artikels 305 bis verwandeln würde, was unverhältnismäßig erscheint.[135]

Darüber hinaus sind in den Artikeln 570 bis und 570 ter die Rechtsfolgen im Hinblick auf kriminelle Organisationen schwerwiegender als bei kriminellen Gruppen, während diese im Artikel 305 Absatz I b) gleichgestellt sind, und die Rechtsfolgen sind geringer als im Artikel 570 bis und 570ter. Es. Es besteht zwischen beiden Normen-Konkurrenz, wobei gemäß der Regel des Artikels 8 Nummer 1 Código Penal die besondere Bestimmung der allgemeinen vorgeht, und insofern der Artikel 305 bis 1 b) Anwendung findet, wobei diese Widersprüche im Strafgesetzbuch Anlass für Interpretationen durch die Gerichte geben.

Die Einschaltung einer kriminellen Gruppe oder Organisation oder das Einschalten einer gesellschaftsrechtlichen Struktur, indem man Unternehmen benutzt, die den Anschein einer wirtschaftlichen Aktivität haben, ist gemäß dem ebenfalls erst durch das Organgesetz 7/2012 eingeführten Artikel 305 bis bei der Begehung eines Betruges an nationalen Interessen ein erschwerender Tatbestand.

Der Gesetzgeber wollte verhindern, dass, wenn bei der Begehung juristische Personen eingeschaltet werden, man durch den Hinweis, dass man bei der Bestimmung des Betrages auf das natürliche Jahr abstellen muss, diese Unternehmen vor Ablauf des Jahres wieder gelöscht werden oder nicht mehr auffindbar sind.

Dies richtet sich zum Beispiel gegen Täter, die in einem Quartal Umsatzsteuer hinterziehen, dieses aber in einer nachfolgenden Erklärung korrigieren können. Die Strafverfolgungsbehörden müssen nun also nicht mehr abwarten, wie hoch der hinterzogene Betrag in einem Kalenderjahr ist, sondern können, wenn auch

135 Vgl Jaime Alonso Gallo, El delito fiscal tras la Ley Orgánica 7/2012; Seite 31.

nur in einem Quartal eines laufenden Jahres der Mindestbetrag von 50.000,- € für einen Betrug zum Nachteil der Interessen an der Europäischen Union erfüllt ist, mit der Verfolgung beginnen.

e) Höhe über 4.000, €, aber unter 50.000,- €

aa) Vergehenstatbestand Artikel 627 Codigo Penal bis 13. Januar 2013

Bis zum 13. Januar 2013 wurden betrügerische Handlungen in dieser Betragsgröße in einem eigenen Deliktstatbestand, dem Artikel 627, als Vergehen behandelt.

Artikel 627 Código Penal alte Fassung:

> „Wer gegenüber dem Finanzwesen der Gemeinschaften durch eine der in Artikel 305 beschriebenen Vorgehensweisen eine Hinterziehung von mehr als 4.000,- Euro begeht, wird mit Geldstrafe von einem bis zu zwei Monaten bestraft."[136]

Der Artikel behandelt die Fälle, in denen zwar eine der in Artikel 305 beschriebenen Verhaltensweisen vorliegt, aber der darin geforderte Mindestbetrag nicht erreicht wird.

Der Versuch eines Vergehens[137] kann durch Artikel 15 Absatz II Código Penal:

> „Vergehen werden nur bestraft, wenn sie vollendet wurden, mit Ausnahme versuchter Übertretungen gegen Personen oder das Vermögen"

in Verbindung mit Artikel 627 geahndet werden.

Auch wenn dies nicht ausdrücklich im Tatbestand des Artikels 627 vorgesehen war, so musste der strafbefreiende Rücktritt durch freiwillige Zahlung, so wie im Artikel 305 Absatz IV vorgesehen, auch Anwendung auf das Vergehen finden.

Der Grund lag zum einen darin, dass der Wortlaut selbst allgemein auf den Artikel 305 Bezug nimmt, zum anderen erscheint es nicht logisch, dass bei einem Straftatbestand, bei dem von einem größeren Unrecht auszugehen ist, der Täter strafbefreiend zurücktreten kann, dies aber bei dem „leichteren" Vergehenstatbestand nicht gegeben sein sollte.[138]

---

136 Übersetzung nach Markus Hoffmann, Das spanische Strafgesetzbuch.
137 Verpflichtung der Mitgliedstaaten gem. Artikel I, Absatz III des Übereinkommens.
138 Miguel Colmenero Menéndez in: Conde-Pumpido/López Barja, Comentarios al Código Penal, Seite 3939 zu Artikel 627.

bb) Situation ab dem 13. Januar 2013

Durch die Reform des Strafgesetzbuches durch das Organgesetz 7/2012 wurde in den Artikel 305 Absatz III ein weiterer Absatz eingefügt, der nunmehr die Betragshöhe von 4.000,- bis 50.000,- € behandelt.

Diese bilden nun nicht mehr einen eigenen Vergehenstatbestand, sondern stellen wegen der möglichen Rechtsfolgen – Gefängnisstrafe von drei Monaten bis zu einem Jahr bzw. Geldstrafe bis zum dreifachen Betrag – nicht mehr ein Vergehen, sondern Verbrechen dar, in Anwendung von Artikel 13 Absatz III in Verbindung mit Artikel 33 Absatz III Código Penal.

Für diese Fälle gibt das Gesetz nun die Möglichkeit, Nebenstrafen zu verhängen, wie den Verlust der Möglichkeit, Subventionen oder öffentliche Hilfen zu bekommen, und der Verlust des Rechtes, Steuervorteile oder Anreize, auch der Sozialversicherung, für einen Zeitraum von sechs Monaten bis zwei Jahre zu bekommen.

Während das Steuerdelikt an nationalen Steuern und Abgaben des ersten Absatzes des Artikels 305 bei Nicht-Erreichen der Mindest-Größe von 120.000,- € sich auf das „Ley General Tributaria", die allgemeine Abgabenordnung, oder das „Ley General de Subvenciones" zurückziehen muss und nur verwaltungsrechtliche Sanktionen verhängt werden können, kann, wenn gegen die Interessen der Europäischen Union verstoßen wird, bereits bei einer viel geringeren Betragshöhe Strafrecht angewandt werden und es obliegt den Richtern, nicht der Verwaltung, diese Verstöße zu ahnden.

Aus den Abkommen, die Spanien zum Schutze der finanziellen Interessen der Europäischen Gemeinschaften unterzeichnet hat, ergibt sich kein Grund für diese Ungleichbehandlung.[139]

5. Erschwerte Straftatbestände

a) Situation bis zum 13. Januar 2013

Der Artikel 305 Absatz I führte drei Qualifikationstatbestände auf, die in das spanische Strafgesetzbuch durch die Reform vom 19. Juni 1995 eingeführt wurden.

Die Vorschrift behandelt drei erschwerte Untertatbestände:

---

139 Nach Meinung von Miguel Bajo / Silvina Bacigalupo, Delitos contra la Hacienda Publica, Seite 197, beklagenswert für ein Gesetz, das als beispielhaft für ein neues Gesetz, wie der Código Penal, gelten sollte.

- die Verwendung von einer oder mehreren Mittelspersonen in der Art und Weise, dass die Identität des tatsächlichen Steuerpflichtigen verborgen bleibt
- wenn der hinterzogene Betrag von besonderer Bedeutung und Schwere ist
- das Bestehen einer Organisationsstruktur von besonderer Bedeutung und Schwere, die eine Mehrzahl von Steuerpflichtigen betrifft oder betreffen kann

aa) Artikel 305 Absatz III in Verbindung mit Artikel 305 Absatz 1 a), die Verwendung von Mittelspersonen

Der Qualifikationstatbestand im Hinblick auf die Verwendung von Mittelspersonen stützt sich auf den erhöhten Unrechtsgehalt der Handlung, weil mit Hilfe von Strohmännern die wahre Identität des Eigentümers von Geldern verschleiert wird. Diese Zwischenschaltung von Personen muss vom Vorsatz des Täters umfasst sein.[140]

Auch die Einschaltung von juristischen Personen fällt darunter, weil im Tatbestand nicht ausdrücklich natürliche Personen erwähnt werden.

bb) Artikel 305 Absatz III in Verbindung mit Artikel 305 Absatz I b), die besondere Höhe des Betrages

Dieser erschwerende Tatbestand stützt sich auf den hinterzogenen Betrag, also auf eine Erhöhung des Unwertes des Ergebnisses, wobei dies eine „ex post"-Betrachtung des Unwertes ist, im Gegensatz zur „ex ante"-Betrachtung der Gefährlichkeit der Einschaltung von Mittelspersonen.[141] Das Problem bei diesem Merkmal ist, dass es sich um eine Klausel handelt, die Anlass zu Wertungen gibt, da der Tatbestand nur von einer „besonderen Bedeutung und Schwere" des Betrages spricht, ohne einen konkreten Betrag zu nennen. Nach meiner Auffassung verstößt diese Klausel gegen das Gebot der Tatbestandsbestimmtheit, weil sie dem Richter einen nicht klar definierten und zu großen Raum für Wertungen gibt.

---

140 Morales Prats in Quintero Olivares, Gonzalo / Morales Prats, Fermín, Comentarios a la Parte Especial del Derecho Penal, Seite 965.

141 Morales Prats in Quintero Olivares, Gonzalo / Morales Prats, Fermín, Comentarios a la Parte Especial del Derecho Penal, Seite 967.

cc) *Artikel 305 Absatz III in Verbindung mit Artikel 305 Absatz I b), das Vorhandensein einer Organisationsstruktur, die eine Vielzahl von Steuerpflichtigen trifft oder treffen kann*

Nach dem Wortlaut des Artikels muss nicht nur eine Organisationsstruktur vorliegen, die eine Vielzahl von Steuerpflichtigen treffen kann, sondern diese muss auch von besonderer Bedeutung und Schwere sein. Dieses Element muss unabhängig vorliegen und auch unabhängig vom Richter bewertet werden.[142]

b) *Situation ab dem 13. Januar 2013*

Infolge des am 13. Januar 2013 in Kraft getretenen Organgesetz 7/2012 sind die erschwerten Tatbestände aus dem Artikel 305 Código Penal gestrichen worden und es ist ein neuer Tatbestand, der Artikel 305 bis, eingefügt worden.

Ausweislich des Absatzes II finden die Bestimmungen dieses Artikels auf alle Bestimmungen des Artikels 305 Anwendung, insofern auch auf die Bestimmungen, die die Europäischen Interessen schützen sollen.

Der Artikel 305 bis ist ein erschwerender Tatbestand hinsichtlich der Rechtsfolgen, auf den weiter unten eingegangen wird.[143]

Der Gesetzgeber hat beim Artikel 305 Absatz III, der den Betrug an den Interessen der Europäischen Union schützt, aufgenommen:

> „…dessen ungeachtet, in den Fällen, wenn der Betrug von einer kriminellen Gruppe oder Organisation durchgeführt wird, oder durch Personen oder Einheiten, die unter dem Anschein arbeiten, eine tatsächliche wirtschaftliche Aktivität auszuüben, ohne dies aber effektiv zu betreiben, wird das Delikt ab dem Moment verfolgt, in welchem der in diesem Absatz beschriebene Betrag erreicht wird…“.

Diese Gesetzesänderung hängt mit den Besonderheiten des spanischen Steuersystems zusammen. Es werden quartalsweise Erklärungen abgegeben und zusammenfassende Jahreserklärungen. Gerade bei der Umsatzsteuer könnten Zahlungen in den quartalsweisen Erklärungen nicht korrekt deklariert werden, um dann eine nicht korrekte Erklärung in einem folgenden Quartal zu korrigieren oder die gesamte Situation erst mit der Erklärung des vierten Quartales oder der Jahresmeldung korrigieren zu können. Sind Anzeichen ersichtlich, dass dies von einer kriminellen Vereinigung gezielt ausgenutzt wird, um im Verlaufe eines Jahres Beträge nicht korrekt zu deklarieren und um dann vor Ablauf des Jahres nicht mehr auffindbar zu sein, so können nun die Strafverfolgungsbehörden

---

142 Carlos Martínez-Buján Peréz, Derecho Penal Económico, Seite 393.
143 IV. Artikel 305,9) a).

bereits ab dem Quartal, in welchem die Betragshöhe erreicht wird, sichernde Maßnahmen einleiten, ohne dazu verpflichtet zu sein, auf den Ablauf des Kalenderjahres zu warten.

6. Subjektiver Tatbestand

Der Artikel 349 des alten Código Penal bestimmte

> „... wer durch absichtliche Begehung oder Unterlassung die Finanzverwaltung betrügt ...".

Der Begriff „absichtlich" fehlt in der Fassung des Artikels 305 des aktuellen Código Penal. Dies ist insofern auch überflüssig, als der Artikel 12 des Código Penal festlegt, dass fahrlässige Handlungen und Unterlassungen nur bestraft werden, wenn es das Gesetz ausdrücklich festlegt:

Artikel 12:

> „Fahrlässige Handlungen und Unterlassungen werden nur dann bestraft, wenn es das Gesetz ausdrücklich festlegt".

Da der Artikel 305 im Hinblick auf den „dolo" nichts festlegt, ist das Delikt nur vorsätzlich begehbar. Fahrlässige Begehung ist tatbestandsmäßig nicht erfasst.

Umstritten ist, was vom Vorsatz umfasst sein muss.

Ein Teil des Schrifttums geht davon aus, dass der Vorsatz die Kenntnis und den Willen umfassen muss, dass mittels eines Betruges der öffentlichen Hand ein Schaden zugefügt wird[144], während ein anderer davon ausgeht, dass der Vorsatz die Kenntnis der Erfüllung von Pflichten gegenüber der öffentlichen Hand umfasst, deren Nichtbeachtung zu einem Betrug an derselben führen könnte.[145]

Nach meiner Auffassung müsste der Vorsatz alleine die Kenntnis und den Willen der Nichterfüllung einer konkreten Zahlungsverpflichtung umfassen, wenngleich auch dies in einer konkreten Verletzung von Normen manifestiert wird, die der Täter zu erfüllen hat.

Eventual-Vorsatz ist ausreichend, der direkte Vorsatz des Täters braucht sich nicht auf die Schädigung der finanziellen Interessen der Europäischen Union zu richten, sondern es reicht aus, dass er weiß, dass sein Verhalten zu einer Schädigung führt, wie z.B. die von Aktionären oder Gläubigern einer Gesellschaft.[146]

---

144 Carlos Martínez-Buján Pérez, El delito fiscal, Seite 219; Ignacio Berdugo Gómez de la Torre/ Juan Carlos Ferré Olivé, Todo sobre el fraude tributario, Seite 61.

145 Carlos Lamarca Pérez, Observaciones sobre los nuevos delitos contra la Hacienda Pública, Seite 776; F. Perez Royo, Los delitos y las infracciones en materia tributaria, Seite 115.

146 Vgl. Jose Aparicio Pérez, El delito fiscal a través de la jurisprudencia, Seite 281.

Das subjektive Tatbestandselement verlangt Kenntnis der steuerlichen Pflichten und den „animo de defraudar", die Absicht, zu betrügen[147], wobei es umstritten ist, ob sich die Absicht und die Kenntnis auch auf die Höhe des hinterzogenen Betrages beziehen muss.[148] Der dolo muss sich zumindest darauf beziehen, dass eine juristisch-steuerliche Beziehung zu der öffentlichen Finanzverwaltung besteht, aus der Steuer-Pflichten entstehen.[149]

7. Irrtum

Artikel 14.3 Código Penal legt fest:

> „... der unvermeidbare Irrtum über die Rechtswidrigkeit der Tat, die eine strafbare Handlung darstellt, schließt die strafrechtliche Verantwortlichkeit aus. War der Irrtum vermeidbar, ist die um einen Grad oder zwei Grade niedrigere Strafe anzuwenden."[150]

Ein vermeidbarer Verbotsirrtum wie fahrlässige Unkenntnis der Gründe, aus denen sich eine Zahlungsverpflichtung ergibt, oder eine gewisse Sorglosigkeit, sich entsprechend zu informieren, entschuldigt also nicht.

Schwierig ist, die Grenzen zwischen einem Tatbestands- und einem Verbotsirrtum zu ziehen.

Der Begriff „indebidamente", „unrecht" des Artikels 305 I Código Penal begrenzt das tatbestandsmäßige Verhalten des Artikels 305, so dass ein Irrtum über die zu zahlende Schuld und andere Verpflichtungen als ein Tatbestandsirrtum angesehen werden muss, obwohl auch Raum für einen Verbotsirrtum wäre.[151] Wer irrtümlicherweise glaubt, dass er zu keiner Zahlung, sei es auch nur zu einer Rückzahlung, verpflichtet sei, handelt nicht nur tatbestandsmäßig, sondern hat darüber hinausgehend auch kein Bewusstsein über die Unrechtmäßigkeit seines Handelns.

Doch diese doppelte Bedeutung des Irrtums, als Tatbestands- und auch als Verbotsirrtum, verhindert nicht, dass der Irrtum als ein Tatbestandsirrtum im Sinne des Artikels 14.1. des Código Penal behandelt werden sollte:

> „Der unvermeidbare Irrtum über ein Tatbestandsmerkmal der strafbaren Handlung schließt die strafrechtliche Verantwortlichkeit aus. War der Irrtum unter

147 Sentencia Tribunal Supremo vom 28. Juni 1991.

148 Vergleiche Miguel Zurita, Los Delitos contra las Haciendas Publicas Seite 406, 407.

149 Sentencia de Tribunal Superior de Justicia de Extremadura vom 29. Januar 1998, número 2/1998.

150 Übersetzung nach Markus Hoffmann, Das Spanische Strafgesetzbuch.

151 Francisco Muñoz Conde, Derecho Penal, Parte Especial, Seite 1027.

> Berücksichtigung der Tatumstände und der persönlichen Umstände des Täters vermeidbar, ist die Straftat gegebenenfalls als fahrlässig zu bestrafen ..."[152]

Dies bedeutet, dass der Irrtum, war er unvermeidbar, die strafrechtliche Verantwortung ausschließt, bei einem vermeidbaren Irrtum ist die Tat gegebenenfalls als fahrlässige zu bestrafen. Da die fahrlässige Begehung aber im Deliktstatbestand des Artikels 305 nicht vorgesehen ist, würde also die tatbestandsmäßige strafrechtliche Relevanz nicht gegeben sein.

Ginge man davon aus, dass Irrtümer über Tatbestandsmerkmale als Verbotsirrtum zu behandeln wären, und wären diese vermeidbar, so würde dies gemäß Artikel 14 Absatz III Código Penal zur Folge haben, dass eine um einen oder zwei Grad niedrigere Strafe Anwendung finden würde.

Die herrschende Meinung geht aber davon aus, dass es sich bei Unkenntnis über die Zahlungsverpflichtung und der eigenen Nachlässigkeit, sich über Verpflichtungen zu informieren, um einen vermeidbaren Tatbestandsirrtum handelt, mit der oben aufgeführten Folge der Straflosigkeit.[153]

8. Vollendung

Es handelt sich um ein Erfolgsdelikt, welches bedeutet, dass der öffentliche Finanzhaushalt geschädigt sein muss, weil zum Beispiel Gelder zu Unrecht ausbezahlt wurden.[154]

Es gibt im Hinblick auf die Vollendung des Deliktes zum Nachteil der finanziellen Interessen der Europäischen Union keinerlei Stimmen in der spanischen Literatur oder in der Rechtsprechung.

Da sich aber die strafrechtliche Begutachtung nach den Regeln des Steuerdeliktes richtet, muss man sich auf Erwägungen zu diesen Tatbeständen beziehen. Obwohl die Rechtsprechung teilweise davon ausgeht, dass das Delikt vollendet sei, wenn es eine Abrechnung oder Aufstellung der Steuerschuld gebe[155],

---

152 Übersetzung nach Markus Hoffmann, Das Spanische Strafgesetzbuch.

153 Boix Reig / Mira Benavent, Los Delitos contra la Hacienda Pública y contra la Seguridad Social, Seite 76; Francisco Muñoz Conde, Derecho Penal, Parte Especial, Seite 1027.

154 So Antonio Moreno Cánoves, Francisco Ruiz Marvo, Delitos Socioeconómicos, Seite 437; anders Enrique Bacigalupo Zapater, El nuevo delito fiscal, Seite 889, der davon ausgeht, dass ein Vermögensschaden entbehrlich sei und das Delikt im Falle von Rückzahlungen mit dem bewilligenden Verwaltungsakt beendet sein solle.

155 Sentencia del Tribunal Supremo de 24 de febrero de 1993 RJ 1993/614.

entspricht dies nach meinem Dafürhalten nicht der Realität des Steuerwesens in Spanien.

In Spanien werden fast alle Steuern im Wege der Selbstveranlagung beglichen, und die Finanzverwaltung hat dann die Möglichkeit, innerhalb der Verjährungsfrist von grundsätzlich vier Jahren die Höhe der Steuern zu überprüfen und gegebenenfalls eine Neuveranlagung vorzunehmen. Ebenso kann für den Fall, dass der Steuerpflichtige keine Erklärung im Wege der Selbstveranlagung abgegeben und demzufolge keine Steuern gezahlt hat, die Finanzverwaltung innerhalb der Frist von vier Jahren, vor Eintreten der Verjährung, die Steuern festlegen und Zahlung verlangen. In diesem Falle, bei nicht freiwilliger Zahlung durch den Schuldner, fallen erhebliche Zuschläge an.

Meiner Auffassung nach kann daher für die Bestimmung des Zeitpunktes der Vollendung nicht darauf abgestellt werden, wann und ob die Steuern festgelegt werden bzw. wann eine Zahlung geleistet werden muss.

Richtiger ist vielmehr meines Erachtens, dass das Delikt vollendet ist, wenn der Zeitraum für eine freiwillige Zahlung abgelaufen ist, ab welchem auch die Verjährung beginnt.[156]

Dieser Zeitpunkt wird sich entweder nach den spezifischen Vergabebedingungen richten, oder im Falle der unrechtmäßigen Erlangung von Geldern ist auf den Zeitpunkt abzustellen, ab dem über die Gelder verfügt werden kann.

9. Versuch

Der Artikel I Absatz III des Übereinkommens verpflichtet die Mitgliedstaaten, auch Beteiligungshandlungen, Versuch oder Anstiftung unter Strafe zu stellen.

Der Versuch wird bestraft durch Artikel 15 I des Código Penal – „Strafbar sind die vollendete Straftat und der Versuch der Straftat" – in Verbindung mit den entsprechenden Tatbeständen, hier Artikel 305.

Zwar spricht der Artikel 15 Código Penal nur von Vergehen gegen Vermögen, so dass es fraglich ist, ob man unter diesen Vermögensbegriff auch den Vermögensschutz der Europäischen Union fassen kann. Der Artikel 15 schützt laut Wortlaut das „patrimonio", das „Vermögen", ohne diesen Begriff näher zu definieren, sodass man nach meiner Auffassung diesen Begriff weit auffassen und jede Form eines vermögensrechtlichen Deliktes darunter fassen sollte.

---

156 So auch Merino Jara / Serrano González, El Delito Fiscal, Seite 148, auch Sentencia Tribunal Supremo 20. Mai 1996; Sentencia Tribunal Supremo 1688/2000 vom 6. November 2000.

10. Rechtsfolgen

Die Rechtsfolgen sind Freiheitsentzug von einem bis zu fünf Jahren und Strafe bis zum Sechsfachen des hinterzogenen Betrages.

Gemäß dem Artikel 56 Código Penal können Nebenstrafen verhängt werden wie Suspendierung von öffentlicher Anstellung oder öffentlichem Amt, Verlust des passiven Wahlrechts während der Dauer der Strafe oder Verlust der Möglichkeit, überhaupt ein öffentliches Amt zu bekleiden. Es kann sogar ein dauerhaftes Berufsverbot bzw. Verbot der Ausübung öffentlicher Ämter verhängt werden, wenn das begangene Delikt direkt im Zusammenhang mit einer beruflichen Tätigkeit oder mit der Ausübung eines Amtes steht und dies vom Richter so auch ausdrücklich im Urteil festgehalten wird.[157]

a) Artikel 305 bis Código Penal

Artikel 305 bis Código Penal, eingefügt durch das Organgesetz 7/2012:

> „I. Das Delikt gegen das staatliche Finanzwesen wird mit einer Gefängnisstrafe von zwei bis sechs Jahren und Geldstrafe des doppelten bis sechsfachen des hinterzogenen Betrages bestraft, wenn die Hinterziehung unter Begehung eines der folgenden Umstände begangen wird:
> a. wenn der hinterzogene Betrag 600.000,- € übersteigt
> b. wenn der hinterzogene Betrag innerhalb einer kriminellen Gruppe oder Organisation begangen wurde
> c. wenn natürliche oder juristische Personen oder Einheiten ohne eigene Rechtspersönlichkeit zwischengeschaltet werden, oder treuhänderische Geschäfte oder Instrumente oder Steuerparadiese oder Gebiete mit keiner Besteuerung eingesetzt werden, so dass es erschwert oder unmöglich ist, die Bestimmung der Identität des Steuerpflichtigen oder des Verantwortlichen des Deliktes, die Bestimmung des hinterzogenen Betrages oder des Vermögens des Steuerpflichtigen oder des Verantwortlichen des Deliktes zu bestimmen.
>
> II. Auf die in diesem Artikel beschriebenen Sachverhalte findet das weitere in Artikel 305 vorgeschriebene Anwendung. In diesen Fällen wird zusätzlich zu den beschriebenen Strafen dem Verantwortlichen für einen Zeitraum von vier bis acht Jahren die Möglichkeit genommen, Subventionen oder öffentliche Zuwendungen zu erhalten, und er verliert das Recht, Steuervergünstigungen oder Vorteile bei der Berechnung der Sozialversicherungsbeiträge in Anspruch zu nehmen."

Diese Straferschwerung ist gemäß Gesetzestext auf das Delikt gegen die öffentliche Finanzverwaltung anzuwenden, wobei der Gesetzgeber nicht darauf eingeht, ob der Artikel 305 bis auch auf das Delikt gegen die Finanzen der Europäischen

157 § 56 I 3. Código Penal

Union anzuwenden ist. Da aber die Delikte gegen die Interessen der Europäischen Union den Delikten gegen nationale Interessen gleichgestellt sein sollen, sollte sich der Artikel 305 bis auch auf den Artikel 305 Absatz III beziehen.

b) Strafmilderung Artikel 305 Absatz VI

Bis zur Reform des Código Penal durch das Organgesetz 7/2012 gab es im Artikel 305 nur Straferschwerungsgründe, aber keine strafmildernden Gründe. Es konnten nur Strafmilderungsgründe des allgemeinen Teils des Código Penal, Artikel 21 ff, angewandt werden.

Der Tribunal Supremo, der oberste Gerichtshof Spaniens, hat als strafmildernden Umstand das Geständnis, so wie in Artikel 21 Absatz IV Código Penal vorgesehen:

> „... es sind als strafmildernde Umstände vorgesehen...: wenn der Schuldige, bevor er davon Kenntnis hat, dass sich ein gerichtliches Verfahren gegen ihn richtet, den Behörden den Verstoß gesteht..."

anerkannt, auch wenn weder eine korrekte Steuererklärung abgegeben wurde oder eine Zahlung erfolgte.

Das Tribunal Supremo ging in seinem Urteil vom 26. Dezember 2001[158] davon aus, dass schon ein Antrag auf Stundung durch den Beschuldigten, bevor dieser formale Kenntnis von strafrechtlichen Maßnahmen hatte, die strafrechtliche Verfolgung und Aufklärung des Sachverhaltes ermöglichte.

Die Gerichte erkennen als strafmildernden Umstand ebenso an
Artikel 21 Nummer 5:

> „...dass der Täter zu irgendeinem Zeitpunkt des Verfahrens und vor Durchführung der Hauptverhandlung den dem Opfer zugefügten Schaden wiedergutgemacht oder seine Auswirkungen gemindert hat ...",

was bei Delikten gegen die öffentliche Finanzverwaltung als ein materielles Element die Zahlung des hinterzogenen Betrages bedeutete, als ein zeitliches Element musste dies vor der Eröffnung der Hauptverhandlung erfolgen. Eine besondere Absicht auf Wiedergutmachung war nicht erforderlich.[159]

Die Strafe kann dann von den Richtern gemäß den Bestimmungen des Artikels 66 I Código Penal gemindert werden.

---

158 Sentencia Tribunal Suprema Sala de lo Penal número 2476/2001.

159 Tribunal Supremo Sentencia de 2 de Junio 2005; Sentencia 22 de Marzo de 2011.

11. Strafbefreiung durch freiwillige Rückzahlung

Der Artikel 305 Absatz IV gibt die Möglichkeit der Strafbefreiung durch freiwillige Rückzahlung der Subventionen.

Er lautete bis zum 13. Januar 2013:

> „Straflos bleibt, wer seine Steuersituation in Bezug auf die Schulden, auf die sich der erste Absatz dieses Artikels bezieht, bereinigt, bevor ihm von der Finanzverwaltung die Einleitung von Prüfungsmaßnahmen zur Festsetzung der Steuerschulden, die Gegenstand der Bereinigung sind, mitgeteilt wurde, oder für den Fall, dass diese Maßnahmen nicht stattgefunden haben, bevor die Staatsanwaltschaft, der Anwalt des Staates oder der Prozessvertreter der autonomen Gemeinschaft, der Foralgemeinschaft oder der Gemeinde gegen ihn Strafantrag gestellt oder Strafanzeige erstattet hat oder bevor die Staatsanwaltschaft oder der Untersuchungsrichter Maßnahmen ergreifen, die es erlauben, formelle Kenntnis von der Einleitung der Ermittlungen zu bekommen.
> Die im vorhergehenden Absatz behandelte Straflosigkeit wird dem genannten Täter ebenfalls wegen möglicher buchhalterischer Unregelmäßigkeiten oder anderer instrumenteller Urkundenfälschungen zuteil, die er vor Bereinigung seiner Steuersituation ausschließlich in Bezug auf die zu bereinigende Steuerschuld begangen hat.“[160]

Durch das Organgesetz 7/2012 wurde der Artikel 305 Absatz IV wie folgt verändert:

> „4. Man geht davon aus, dass die steuerliche Situation bereinigt ist, wenn seitens des Steuerpflichtigen die Steuerschuld vollkommen anerkannt und bezahlt wurde, bevor diesem seitens der Finanzverwaltung der Beginn von Überprüfungen oder Nachforschungen im Hinblick auf die Steuer-Schulden, die Gegenstand der Regulierung sind, nachweisbar mitgeteilt wurden, oder in dem Falle, dass solche Handlungen nicht stattgefunden haben, bevor die Staatsanwaltschaft, der rechtliche Vertreter des Staates oder der prozessuale Vertreter der autonomen Verwaltung, der foralen oder örtlichen Verwaltung, um die es jeweils geht, eine Strafanzeige oder Anzeige gegen ihn eingelegt haben, oder bevor die Staatsanwaltschaft oder der Ermittlungsrichter solche Handlungen vornehmen, die dem Steuerpflichtigen es ermöglichen, formale Kenntnis des Erlassens von Verfügungen zu haben.
>
> In gleicher Weise werden die im vorstehenden Absatz erwähnten Regelungen angewandt, wenn Steuerschulden bezahlt werden, nachdem das Recht der Verwaltung verjährt ist, diese im Verwaltungsweg festzusetzen.
>
> Die Regulierung des Steuerpflichtigen seiner Steuersituation verhindert, dass er wegen möglicher buchhalterischer Unregelmäßigkeiten oder anderer Fälschungen verfolgt wird, die er möglicherweise selbst, ausschließlich in Bezug auf die Steuerschuld, die Gegenstand der Regulierung bildet, vor der Regulierung seiner steuerlichen Situation begangen haben könnte.“

---

160 Übersetzung nach Markus Hoffmann, Das spanische Strafgesetzbuch.

Bis zum Erlass des Organgesetzes war also die strafbefreiende Rückzahlung ein absoluter Entschuldigungsgrund eines Deliktes, das bereits begangen und vollendet war. Die Finanzverwaltung und die Justiz sahen es als kritisch an, dass nunmehr Gerichtsverfahren, die eingeleitet wurden, aufgrund einer erfolgten Zahlung eingestellt werden mussten.[161]

Nunmehr ist die Strafbefreiung Bestandteil des Tatbestandes, so dass also nur noch der Tatbestand erfüllt ist, wenn die Hinterziehung begangen und nicht reguliert wurde. Dies ergibt sich aus dem Wortlaut des Absatzes I des Artikels 305:

> „… wer die öffentliche Finanzverwaltung betrügt …, es sei denn, er hat seine steuerliche Situation zu den Bedingungen des Absatzes IV des vorliegenden Artikels regularisiert …"

Da ein strafbefreiender Rücktritt vom Wortlaut des Artikels 305 Absatz III nicht bei den Delikten gegen die Europäische Union vorgesehen ist, ist fraglich, ob dieser angewandt werden kann, und ob es ein Entschuldigungsgrund oder Tatbestandsmerkmal ist.

a) Strafbefreiung nicht gegeben

Umstritten ist, ob diese Möglichkeit einer Strafbefreiung auch auf den Betrug zu Lasten der Europäischen Union, dargestellt in Artikel 305 Absatz 3, oder auf den Betrug zu Lasten der Europäischen Union, so wie im Artikel 306 definiert – siehe zu diesem Artikel unten –, Anwendung findet, da laut Gesetzestext die Möglichkeit der Strafbefreiung nicht ausdrücklich Anwendung findet.

Obwohl also der Gesetzgeber die Möglichkeit gehabt hätte, die Strafbefreiung auch ausdrücklich auf den Betrug zu Lasten der Europäischen Union auszudehnen, hat er dies gemäß Gesetzeswortlaut nicht getan, was also dagegen spricht, dass die Möglichkeit des strafbefreienden Rücktritts gemäß Artikel 305 Absatz IV auch auf die Delikte zu Lasten des Haushaltes der Europäischen Union angewendet werden kann.

Eine Ausweitung der Bestimmungen des Artikels 305 Absatz IV auf die Subventionen und den Rechtskreis der Europäischen Union sei nicht vertretbar, weil es keine Materie sei, die dem nationalen Recht unterliegen könne. Konsequenterweise, auch wenn es eine gewisse Vergleichbarkeit zwischen den Steuern geben sollte, fehle doch die Befugnis der staatlichen, nationalen Verwaltung,

---

161 Vergleiche Antonio Montero Domínguez, La proyectada reforma de la regulación del delito contra la Hacienda Pública, 1.1.

darüber zu verfügen und zu disponieren. Anderenfalls läge eine unbefugte Einmischung der Verwaltung in den Rechtskreis und in Materien der Europäischen Union vor[162], und der Gesetzgeber habe aus diesen Gründen die Anwendung auf den Betrug zu Lasten der nationalen Interessen beschränkt.[163]

Der Artikel 305 Absatz IV ist daher auf den Betrug zu Lasten der Europäischen Union nicht anwendbar.[164]

b) *Strafbefreiung gegeben*

Die Tatbestände im Código Penal, die den Betrug zu Lasten der nationalen Interessen regeln, wurden in das Gesetzgebungsverfahren mittels Ley Orgánica 6/1995, vom 29. Juni 1995, eingeführt, und anschließend erst, als sich der Reformentwurf des neuen spanischen Strafgesetzbuches bereits in der parlamentarischen Diskussion befand, hat der spanische Gesetzgeber aufgrund der Verpflichtung aus dem Übereinkommen zum Schutze der finanziellen Interessen der Europäischen Gemeinschaft vom 25. Juli 1995 mittels Ley Orgánica 10/1995, vom 23. November 1995, die Tatbestände zum Schutze der finanziellen Interessen der Europäischen Gemeinschaft aufgenommen.

Die Möglichkeit der Strafbefreiung durch freiwillige Zahlung bildete also schon einen Bestandteil des Artikels 305, bevor die Tatbestände zum Schutze der finanziellen Interessen der Europäischen Gemeinschaft Aufnahme in den Código Penal fanden, und daher kann gemäß der Auffassung von Pablo Sánchez-Ostiz Gutierrez[165] zumindest keine Absicht unterstellt werden, ausdrücklich die Möglichkeit der Strafbefreiung nicht auch auf die Handlungen zu Lasten der Europäischen Gemeinschaft anzuwenden.

Die fehlende Regelung eines strafbefreienden Rücktrittes, vergleichbar den Regelungen zu Lasten der internen Finanzverwaltung, wird in der Literatur kritisiert.[166]

Das Übereinkommen zum Schutze der finanziellen Interessen der Europäischen Gemeinschaften behandelt zwar nicht ausdrücklich die Möglichkeit der

162 Pablo Sánchez-Ostiz Gutiérrez, La Exención de Responsabilidad Penal por regularización Tributaria, Seite 79.

163 Adán Nieto Martín, Fraudes Comunitarios, Seite 392.

164 So Carlos Martinez Bujan Perez, Derecho Penal Económico, Delitos contra la Hacienda Pública, Seite 415.

165 Pablo Sánchez-Ostiz Gutiérrez, La Exención de Responsabilidad Penal por Regularización Tributaria, Seite 78.

166 Vgl. Fermín Morales Prats in Quintero Olivares / Morales Prats, Comentarios a la Parte Especial del Derecho Penal, Seite 980.

Regelung im jeweils internen Recht der Strafbefreiung durch Regularisierung der Situation, schließt diese aber auch nicht aus, sodass es im Belieben der einzelnen Mitgliedstaaten steht, hierauf zu reagieren und das interne Recht jeweils anzugleichen.

Es verstößt gegen das Prinzip der Verhältnismäßigkeit, wenn betrügerische Handlungen an hohen Beträgen zu Lasten einer nationalen Finanzverwaltung, sei es auf der Ebene der Kreise, der Länder oder des Zentralstaates,[167] durch die freiwillige Zahlung hinterzogener Beträge von der strafrechtlichen Verantwortung ausgeschlossen werden, betrügerische Handlungen einer viel geringeren Betragshöhe aber nicht diese Möglichkeit haben.[168]

Daher sollte der Artikel 305 Absatz IV analog angewandt werden.

Allerdings darf dabei nicht vergessen werden, dass gemäß dem Übereinkommen zum Schutze der finanziellen Interessen der Europäischen Gemeinschaft die Interessen der Gemeinschaft so geschützt werden wie die Interessen des nationalen Finanzwesens. Wenn daher die europäischen Interessen im gleichen Rahmen geschützt werden wie die nationalen Interessen, so müssen auch die gleichen strafrechtlichen Motive existieren, um gewisse Fälle straffrei zu belassen.[169]

Wegen der unterschiedlichen Abgaben- und Finanzpolitik einer nationalen und europäischen Verwaltung können aber unterschiedliche Anforderungen im nationalen und europäischen Bereich für eine Strafbefreiung gestellt werden.

c) Erfordernis der Zahlung

Der Artikel 305 Absatz IV lautete bis zum 13. Januar 2013 wie folgt:

> „Straflos bleibt, wer seine Steuersituation in Bezug auf die Schulden, auf die sich der erste Absatz dieses Artikels bezieht, bereinigt, bevor ihm von der Finanzverwaltung die Einleitung von Prüfungsmaßnahmen zur Festsetzung der Steuerschulden[170], die Gegenstand der Bereinigung sind, mitgeteilt wurde, oder für den Fall, dass diese Maßnahmen nicht stattgefunden haben, bevor die Staatsanwaltschaft, der Anwalt des Staates oder der Prozessvertreter der autonomen Gemeinschaft, der Foralgemeinschaft oder der Gemeinde gegen ihn Strafantrag gestellt oder Strafanzeige erstattet hat oder bevor die Staatsanwaltschaft oder der Untersuchungsrichter Maßnahmen ergreifen, die es erlauben, formelle Kenntnis von der Einleitung der Ermittlungen zu bekommen.

167 Administración Local, Comunidades Autónomas y Gobierno Central.

168 Vgl. Fermín Morales Prats in Quintero Olivares / Morales Prats, Comentarios a la Parte Especial del Derecho Penal, Seite 980.

169 Patricia Faraldo Cabana, Las Causas de Levantamiento de la Pena, Seite 229.

170 Cuota Tributaria.

> Die im vorhergehenden Absatz behandelte Straflosigkeit wird dem genannten Täter ebenfalls wegen möglicher buchhalterischer Unregelmäßigkeiten oder anderer instrumenteller Urkundenfälschungen zuteil, die er vor Bereinigung seiner Steuersituation ausschließlich in Bezug auf die zu bereinigende Steuerschuld begangen hat“[171]

Der Gesetzeswortlaut sprach von einer „Regularisierung“ der Situation, was so interpretiert werden konnte, dass für die Strafbefreiung keine Zahlung vorausgesetzt wird, sondern es genügt, dass die Verwaltung über eine nicht korrekte Steuer-Situation informiert beziehungsweise in Kenntnis gesetzt wird.[172]

Andererseits gab es Stimmen, die den Wortlaut „regularizar“ – „regularisieren“ – so interpretieren, dass tatsächlich der hinterzogene Betrag gezahlt werden muss und das Abgeben einer Erklärung, der nicht die entsprechende Zahlung des hinterzogenen Betrages folgt, für die Strafbefreiung im Sinne des Artikels 305 Absatz IV nicht ausreicht.[173] Wer gegen die Interessen der Europäischen Union verstößt, indem er Zahlungen, die er zu unternehmen hat, nicht leistet, trägt auch das Risiko, dass er zu einem späteren Zeitpunkt die ausstehenden Zahlungen zwar leisten möchte, aber aufgrund fehlender Liquidität dazu nicht in der Lage ist.[174]

In der durch das Organgesetz 7/2012 vom 27. Dezember 2012 nunmehr gültigen Fassung des Paragraphen 305 Absatz IV definiert der Gesetzgeber

171 Übersetzung nach Markus Hoffmann, Das spanische Strafgesetzbuch.

172 Wobei die Frage, ob für die Möglichkeit der Strafbefreiung nur eine Selbstanzeige, die Anzeige einer inkorrekten Steuersituation ohne genaue Angabe des Betrages oder Zahlung erforderlich ist, in Rechtsprechung und Literatur unterschiedlich behandelt wird. Letztlich zielt aber nach meiner Auffassung auch die Abgabe einer Steuererklärung auf ein späteres tatsächliches Zahlen des offenen Betrages ab.

173 Pablo Sánchez-Ostiz Gutiérrez, La Exención de Responsabilidad Penal por Regularización Tributaria, Seite 79; auch Antonio Moreno Cánoves / Francisco Ruiz Marco, Delitos Socioeconómicos, Seite 450, die die Auffassung vertreten, dass, wenn derjenige, der zur Rückzahlung verpflichtet ist, die Rückzahlung leistet, dann auch den kompletten Betrag zurückleisten muss, d.h., zahlt er nur einen Betrag ein, der unter der Grenze des Mindestbetrages liegt, der für eine Strafandrohung erforderlich ist, so reicht dies nicht, um eine Strafbefreiung im Sinne des Artikels 305.4 zu erlangen. Wer andererseits eine korrekte Erklärung abgibt, ohne die entsprechenden Zahlungen zu leisten, und somit seine Situation offenlegt, eröffnet den Behörden sämtliche Möglichkeiten der Beitreibung der zu zahlenden Beträge, sodass die Möglichkeit der Strafbefreiung Anwendung findet.

174 Merino Jara/ Serrano González de Murillo, El Delito Fiscal, Seite 145.

„Regularisieren der steuerlichen Situation“[175] dahingehend, dass durch den Steuerpflichtigen sowohl das vollständige Anerkennen der Steuer-Schuld als auch die vollständige Zahlung der Steuer-Schuld[176] erforderlich ist.

Dies bedeutet, dass erhebliche größere Anforderungen für das Vorliegen eines strafbefreienden Rücktritts gegeben sein müssen als in der vorherigen Gesetzesfassung.

Zum einen ist das vollständige Anerkennen, also das Eingeständnis, dass eine Steuer-Schuld besteht, erforderlich, und darüber hinaus auch die Zahlung der „deuda tributaria“[177], der Steuerschuld.

Eine bloße Selbstanzeige ohne Zahlung genügt also nicht, es muss nicht nur die „cuota tributaria“, die Steuerlast, wie in der alten Fassung des Gesetzes vorgesehen, gezahlt werden, sondern die „deuda tributaria“, die Steuerschuld. Dies bedeutet, dass zusätzlich zu der hinterzogenen Steuer auch Strafzuschläge und Verzugszinsen zu zahlen sind, damit Strafbefreiung gegeben ist.

Dies wird von der Literatur begrüßt, weil eine „Regularisierung“ – das „Wiederherstellen“ – des verletzten Rechtsgutes gefordert wird, und es nicht angebracht ist, dass dieses erfolgt sei, wenn nicht auch die Verzugszinsen und Versäumniszuschläge gezahlt werden müssen, da dies ein Steuerpflichtiger, der sich in keinem Strafverfahren befindet, auch zahlen müsse.

Es erscheint nicht logisch, dass das Strafrecht, welches solche Verhaltensweisen ahnden soll, die das geschützte Rechtsgut mit großer Intensität verletzen, denjenigen besser darstellt, der möglicherweise einen Straftatbestand gegenüber dem öffentlichen Finanzwesen begangen haben könnte, und von ihm nicht fordert, dass er vollständig das verletzte Rechtsgut wiederherstellt. Würde dies nicht so geregelt werden, käme es unter Umständen zu der Situation, dass der Täter eines Straftatbestandes gegenüber jemanden, der keinen Straftatbestand erfüllt hat, begünstigt wäre.[178]

Bedenken muss man auch die Gesetzesänderungen in der spanischen Abgabenordnung, Ley General Tributaria, durch das Real Decreto – Königliches Dekret Gesetz 12/2012 vom 30. März 2012 wodurch einige Maßnahmen erlassen wurden, die helfen sollten, das öffentliche Defizit zu verringern. So wurde in den Artikel 180 der spanischen Abgabenordnung ein neuer Absatz 2 eingefügt:

175 „se considerará regularizado la situación tributaria…“.

176 „deuda tributaria“.

177 Der Art 58 Ley General Tributaria definiert die „deuda tributaria“.

178 Vgl. Fernando Bertrán Girón, El proyecto de ley de reforma del art. 305 del Código Penal, 2.2.

„...wenn die Finanzverwaltung beurteilt, dass der Steuerpflichtige, bevor ihm der Beginn von Überprüfungs- oder Ermittlungshandlungen mitgeteilt wurde, seine steuerliche Situation mittels des vollständigen Anerkennens und der Zahlung der Steuerschuld regularisiert hat und somit die erfolgte Regularisierung ihn von der strafrechtlichen Verantwortung entbindet, obwohl die damals begangene Verletzung einen Straftatbestand eines Deliktes gegen das Finanzwesen darstellen könnte, kann die Verwaltung das Verwaltungsverfahren fortsetzen, ohne den Vorgang an die Justizbehörden oder die Staatsanwaltschaft abzugeben.

Die vorstehenden Regelungen können auch angewandt werden, wenn Steuerschulden beglichen werden, nachdem das Recht der Verwaltung, diese festzusetzen, verjährt ist.“

Ebenso wurde der Artikel 221 Absatz I c) der Abgabenordnung reformiert:

„...wenn Beträge für Steuerschulden oder –strafen eingezahlt werden, nachdem die Verjährung eingetreten ist. In keinem Fall werden die geleisteten Beträge, die dafür gedient haben, einen Ausschluss einer (strafrechtlichen) Verantwortung im Sinne des Absatze II des Artikels 180 dieses Gesetzes zu ermöglichen, zurückgezahlt.“

Dieser Artikel der allgemeinen Abgabenordnung bezieht sich auf die Möglichkeit, von der Finanzverwaltung Beträge zurückzufordern, die z.B. irrtümlich geleistet wurden, oder auf den Fall, dass es aufgrund neuer Rechtsansichten keinen Grund mehr gibt, die Beträge geleistet haben zu müssen.

Sollte also jemand trotz Verjährung Zahlungen an die Finanzverwaltung geleistet haben, so besteht kein Recht auf Rückzahlung, wenn damit eine evtl. gegebene strafrechtliche Verantwortung ausgesetzt wurde.

Die Anpassung des Código Penal steht also in einer logischen Folge der Anpassung der allgemeinen spanischen Abgabenordnung.

Der Consejo de Poder Judicial, der spanische oberste Richterrat, bestätigt in seinem Bericht zu der Gesetzesvorlage des Gesetzes über Steuerbetrug, dass für eine Regularisierung nicht nur das Anerkennen der Hinterziehung genüge. Wer also nur seine Steuerverbindlichkeiten anerkennt beziehungsweise zugibt, ohne tatsächlich auch gezahlt zu haben, reguliert damit nicht seine Situation.[179]

Darüber hinaus ist die Verwaltung auf Grundlage dieses Artikels berechtigt, die Akte mit einem Hinweis auf eine mögliche Begehung an die Gerichte bzw. die Staatsanwaltschaft abzugeben, wenn die Verwaltung davon ausgeht, dass die vom Steuerpflichtigen durchgeführte Regulierung seiner Situation nicht vollständig

179 Informe Consejo General del Poder Judicial al Anteproyecto de la Ley Orgánica por la que se modifica la Ley Orgánica 10/1995, de 23 de noviembre, ausgegeben von Celso Rodriguéz Padrón, Generalsekretär des Richterrates, Madrid, 28. Juni 2012. Seite 15. Auch Sentencia Tribunal Supremo 30.4.2003.

und exakt war. Der Gesetzgeber gestattet also, dass die Verwaltung begutachten kann, ob die freiwillig durchgeführte Regularisierung vollständig ist. Es ist also nicht nötig, eine Bewertung durchzuführen, ob infolge der Zahlung ein absoluter Entschuldigungsgrund vorliegt oder ein strafrechtliches Tatbestandsmerkmal erfüllt ist, weil es genügt, dass die Verwaltung die Zahlung bewertet. Sie muss keine Anzeige mehr erheben, auch wenn sie davon ausgeht, dass ein Straftatbestand erfüllt sein könnte. Daher kann, weil die strafrechtliche Verjährung fünf Jahre beträgt, noch nach Eintritt der verwaltungsrechtlichen Verjährung eine Zahlung geleistet werden, um in den Genuss zu kommen, strafrechtlich nicht belangt werden zu können, obwohl eigentlich der strafrechtliche Tatbestand des Steuerbetruges erfüllt wäre.[180]

d) Wertung

Versagt man einem Täter, der sein Verhalten offenlegt, ohne Zahlung zu leisten, die Möglichkeit der Strafbefreiung, so fehlt ihm auch der Anreiz zur Selbstanzeige, sodass die Auffassung, dass nur die Zahlung zur Strafbefreiung führen soll, aus einer kriminalpolitisch-präventiven Sicht abzulehnen ist.

Andererseits muss man an den Schutz der öffentlichen Hand denken, die effektiv nur geschützt werden kann, wenn die Verbindlichkeit auch tatsächlich gezahlt wird.

Nach meiner Meinung sollte die Möglichkeit der Strafbefreiung schon dann gegeben sein, wenn der Täter sein Verhalten offenlegt und Selbstanzeige tätigt, auch wenn er in diesem Moment noch keine Zahlungen leistet. Ein derartiges Verhalten zielt letztlich darauf ab, dass er die Schuld begleicht, auch wenn er in diesem Moment, aus welchen Gründen auch immer, nicht die Liquidität zur Zahlung hat, und letztlich auch einem Täter die Möglichkeit gegeben werden muss, Reue zu zeigen.

Es versteht sich aber, dass eine analoge Anwendung nicht dazu führen darf, dass ein Täter, der gegen die finanziellen Interessen der Europäischen Union verstößt, besser behandelt wird, als wenn er gegen nationale Interessen verstoßen würde. Wird gegen den Täter bereits ermittelt und er erhält Kenntnis davon, so kann eine Strafbefreiung zu diesem Zeitpunkt nicht mehr gegeben sein.

180 Vgl. Juan Calvo Vérgez, El delito fiscal tras la aprobación de la Ley Orgánica 7/2012, de 27 de diciembre; Seite 7.

e) Ergebnis

Es scheint, dass bei dem Schutz der finanziellen Interessen der Europäischen Union Kriterien wie eine allgemeine und besondere Vorbeugung zur Verhinderung von Straftaten über das Interesse an einer Steuererhebung gesetzt werden.

Bis zur Reform der Steuergesetze durch das Ley Organica 7/2012 bezog sich nach dem Wortlaut die Möglichkeit des strafbefreienden Rücktritts nur auf die im Absatz I des Artikels 305 beschriebenen Verhaltensweisen, also war die Möglichkeit eines strafbefreienden Rücktrittes nur bei Taten gegen die nationale Finanzverwaltung gegeben.

Die Absicht des Übereinkommens zum Schutze der finanziellen Interessen der Europäischen Gemeinschaft ist die Angleichung des Schutzes der europäischen an die nationalen Interessen. Damit wäre der Schutz der Interessen der Union weiter als der Schutz der nationalen Interessen gegangen, da es dort keinen strafbefreienden Rücktritt gegeben hätte.

Bis zur Reform der Delikte gegen das Finanzwesen durch das Organgesetz 7/2012 hätte es dann konsequenterweise auch keine Möglichkeit des strafbefreienden Rücktrittes bei reinen Vergehen gegeben, da diese in einem eigenen Paragraphen, dem damaligen Artikel 627 Código Penal, geregelt waren, und insofern der Artikel 305 Absatz IV keine Anwendung auf den Artikel 627 gehabt hätte. Ein strafbefreiender Rücktritt wäre jedoch bei betrügerischen Handlungen zu Lasten der nationalen Finanzverwaltung bei Handlungen, die sogar einen Deliktstatbestand erfüllen, gegeben.

Dieses Ergebnis wäre nur sehr schwer mit dem Verhältnismäßigkeitsgrundsatz vereinbar, sodass man daraus folgern musste, dass die Möglichkeit der Strafbefreiung durch freiwillige Erklärung auch auf die Delikte zu Lasten der Europäischen Union anwendbar gewesen sein musste.[181]

Der Gesetzgeber hat nunmehr im Artikel 305 Absatz IV die Einschränkung, dass sich eine „Regularisierung" nur auf den ersten Absatz des Artikels 305 und damit auf die nationalen Interessen bezieht, in der neuen Fassung des Artikels 305 aufgehoben.

Insofern muss man nunmehr davon ausgehen, dass auch bei einem Verstoß gegen die Interessen der Europäischen Union ein strafbefreiender Rücktritt möglich ist.

---

181 Und in Anwendung des Verhältnismäßigkeitsgrundsatzes auch auf die Artikel 306, 309, 627 und 628; Jose Luis Serrano Gonzalez de Murillo, Delitos contra la Hacienda pública, Leyes Tributarias Comentadas, Seite 136.

Darüber hinaus hat der Gesetzgeber den Deliktstatbestand des Artikels 627 Código Penal abgeschafft und den Betrug zu Lasten des Haushaltes der Europäischen Gemeinschaft von über 4.000,- € im Absatz III des Artikels 305 geregelt, so dass die strafbefreienden Rücktrittsregeln auch auf betrügerische Handlungen dieser Größenordnung Anwendung finden und es diesbezüglich keine Ungleichbehandlungen zu einem Betrug an der nationalen Finanzverwaltung gibt.

Allerdings gibt es eine Verschärfung dahingehend, dass tatsächlich der hinterzogene Betrag auch gezahlt sein muss.

Das Gesetz sprach nur von „regularizar", also seine steuerliche Situation zu regularisieren. Dazu genügte die Abgabe einer strafbefreienden Selbstanzeige, also das Abgeben einer Steuererklärung, in welchem man den hinterzogenen Betrag anerkannte, ohne diesen aber auch zu zahlen. Nunmehr muss der hinterzogene Betrag auch vollständig gezahlt werden. Problematisch ist, dass die „deuda tributaria", also die Steuerschuld zzgl. eventueller Versäumniszuschläge, Strafen und Zinsen gezahlt werden muss. Diese Zuschläge werden aber regelmäßig von der Finanzverwaltung selbst ausgerechnet, so dass ein vollständiges Begleichen der „deuda tributaria", ohne dass nicht die Finanzverwaltung selbst diese Berechnungen anstellt, sehr schwer ist.

Überflüssig ist es auch, in den Gesetzestext aufzunehmen, dass die steuerliche Situation „regularisiert" ist, wenn die Steuerschuld anerkannt und gezahlt ist.

Ein größeres Anerkenntnis der Schuld als eine Zahlung sollte es kaum geben, allerdings lässt ein Nicht-Anerkennen der Schuld einen Einspruch gegen die Zahllast zu. Ist die Schuld anerkannt und bezahlt, ist keine Möglichkeit eines verwaltungsrechtlichen Widerspruchsverfahrens möglich.

f) Tatbestandsmerkmal

Der Gesetzgeber hat darauf verzichtet, bei der Gesetzesreform durch das Organgesetz 7/2012 die Regulierung durch Zahlung in den Artikel 305 Absatz III aufzunehmen.

Er hätte ohne weiteres die Möglichkeit gehabt, sowohl die Anwendung des Rücktrittes klarzustellen, als auch die nun aufgekommene Frage, ob eine Regularisierung Tatbestandsmerkmal ist oder nicht. Da er dies nicht in den Text des Artikels 305 aufgenommen hat, muss man davon ausgehen, dass eine Zahlung des hinterzogenen Betrages bei Handlungen gegenüber den finanziellen Interessen der Europäischen Union Entschuldigungsgrund, aber kein Tatbestandsmerkmal ist.

12. Teilnahme

Hinsichtlich der Teilnahme am Delikt gibt es keine Besonderheiten bezüglich allgemeiner Teilnahmeregelungen, die im Código Penal in den Artikeln 27 bis 31 definiert werden.

Gemäß Urteil vom 15. Juli 2002 der zweiten Kammer des Tribunal Supremo[182], welches sich auf einen Steuerbetrug zu Lasten der nationalen, zentralen Finanzverwaltung bezog und sich insofern mit der Problematik des Artikels 305 befasste, legte die Kammer noch einmal fest, dass notwendige Teilnahme dann gegeben ist, wenn sich der geleistete Beitrag zur Strafhandlung als unabdingbar herausstellt, und zwar so, dass, würde man sich den Beitrag wegdenken, das Ergebnis nicht erreicht worden wäre.

Zwar kann Täter eines Steuerbetruges nur der Schuldner der Steuer sein und kein Dritter, doch wenn die Handlungen eines Gehilfen unabdingbar für eine Vermögensverschiebung war, so ist derjenige, der diese Handlungen erbracht hat, als Gehilfe zu bestrafen, wenn er sich über die Folgen, die aus seinen Handlungen herrühren, bewusst war. In Anbetracht dessen, dass der Gehilfe nicht Steuerschuldner ist, ist von einer milderen Strafe für ihn als für den Täter auszugehen. Hat er aber einen eigenen vermögensrechtlichen Vorteil, ist dies straferschwerend für ihn.

13. Verjährung

Gemäß Artikel 131 Absatz I in Verbindung mit Artikel 305 Absatz I Código Penal verjährt der Tatbestand des Subventionsbetruges – mit einer angedrohten Rechtsfolge von Gefängnis von einem bis zu fünf Jahren – in fünf Jahren.

Im Bereich des Verwaltungsrechts wurde durch Artikel 24 des Gesetzes Ley 1/98, vom 26. Februar 1998, „de Derechos y Garantías del Contribuyente", auch genannt „Estatuto del Contribuyente" – „über Rechte und Garantien des Steuerpflichtigen", die „Satzung" oder „Verfassung" des Steuerpflichtigen, – der jetzige Artikel 66 des „Ley General Tributaria" – Ley 230/63[183] dahin gehend geändert, dass die Finanzverwaltung das Recht hat, innerhalb von vier Jahren die entsprechende Steuerschuld festzulegen und Zwangsmaßnahmen zur Einforderung der Zahlung anzuordnen[184], d.h., dass eine eventuelle Verpflichtung zur Zahlung einer Steuerschuld bereits nach vier Jahren und nicht erst, wie vor dieser Reform,

182 Sentencia Tribunal Supremo 1336/2002 vom 15. Juli 2002.

183 Die spanische Abgabenordnung.

184 Wie auch andererseits das Recht des Steuerbürgers innerhalb von vier Jahren verjährt, Steuerrückerstattungen oder eventuelle Garantiekosten zurückzuverlangen.

nach fünf Jahren verjährt. Ebenso legt der Artikel 189.2. des Ley General Tributaria Gesetzes fest, dass der Zeitraum für die Verjährung zur Auferlegung von verwaltungsrechtlichen Sanktionen vier Jahre ist und ab dem Zeitpunkt beginnt, in dem ein entsprechender Verstoß begangen wurde.

Gemäß Artikel 39 Ley General de Subvenciones, Ley 38/2003 vom 17. November 2003, verjährt in vier Jahren das Recht der Verwaltung, die Rückzahlung von Subventionen zu verlangen.

Problematisch könnte also sein, ob infolge der Verjährung etwaiger Schulden gegenüber der Finanzverwaltung – Frist vier Jahre – auch der strafrechtliche Tatbestand der Steuerhinterziehung gemäß Artikel 305 Código Penal gegenstandslos ist.

a) Verjährung vier Jahre

Der Tatbestand des Artikels 305 ist ein offenes Delikt, eine Blankettnorm. Nicht nur zur Bestimmung der strafrechtlichen Handlung muss auf andere Rechtsnormen zurückgegriffen werden, sondern ebenso für alle Elemente der strafbaren Handlung und auch für das Institut der Verjährung. Auch die Bestimmungen des Verwaltungsrechtes müssen beachtet werden, sodass auch die Norm der vierjährigen Verjährung im Verwaltungsrecht Einfluss auf das Strafrecht hat.[185]

Nur die Finanzverwaltung verfügt über ausreichende Mittel, Personal und Unterlagen, die genaue Steuerschuld festzustellen, und deren genauer Betrag wird im Strafverfahren benötigt. Diejenigen Handlungen können nicht kriminalisiert werden, die außerhalb der Strafrechtsordnung ihre Bedeutung verloren haben, vor allem dann, wenn selbst die öffentliche Verwaltung mit den vielfältigen Möglichkeiten einer Zwangsbeitreibung nicht von ihrem Recht Gebrauch gemacht hat, diese Schuld festzusetzen oder einzufordern.

Unabhängig von dem unterschiedlichen Rechtsgut, welches durch das Strafrecht und das Verwaltungsrecht geschützt wird, muss das fehlende Interesse der öffentlichen Hand, den Sachverhalt zu verfolgen, auch die strafrechtlichen Verantwortungen erlöschen lassen.[186]

Das Bestehen der steuerlichen Verbindlichkeit muss Bedingung für das Ausüben etwaiger strafrechtlicher Schritte gegenüber einem eventuellen Täter

185 Jose Juan Ferreiro Lapatza, Politica Fiscal y Delitos contra la Hacienda Pública, Seite 15; Ramon Falcón y Tella, La prescripción en materia tributaria, Seite 268.

186 José Manuel Díaz-Arias, El delito fiscal, Gaceta Fiscal 2000, Seite 9, so auch José Antonio Chocán Montalvo, Problemas actuales del Delito Fiscal, Seite 82.

sein[187]. Das Strafrecht muss davon absehen, einzuschreiten, wenn der Staat die Schuld nicht mehr fordern kann.[188]

b) Verjährung fünf Jahre

Allerdings darf nicht übersehen werden, dass das Institut der Verjährung je nach Rechtsgebiet, in welchem es angewandt wird, verschiedene Zielrichtungen hat und im Zusammenhang mit diesen Zielen gesehen werden muss.

Im Strafrecht bedeutet das Institut der Verjährung eine Manifestierung des „ius puniendi", und zwar dergestalt, dass das Recht zur Rechtsetzung eingeschränkt wird. Die Verjährung muss daher im Bereich des Strafrechtes im Rahmen einer Kriminalpolitik gesehen werden, welche je nach Schwere der Delikte unterschiedliche Fristen aufstellt, wobei nach Ablauf derselben eine Strafverfolgung nicht mehr als nötig angesehen wird. Dieser Bereich der „ius puniendi" muss in den Händen des strafrechtlichen Gesetzgebers bleiben, anderenfalls hätte es zur Folge, dass für bestimmte Deliktsgruppen die Entscheidung, ob ein Delikt verjährt ist oder nicht, von der Gesetzgebung anderer juristischer Rechtsgebiete abhängt. Es bestünde somit die Gefahr, dass eine Kriminalpolitik, die die strafrechtlichen Bestimmungen und auch die Verjährungsregeln bestimmen sollte, nicht mehr korrekt ausgeübt werden könnte.[189]

Verwaltungsrechtliche Bestimmungen setzen nur Zeitlimits für das Handeln der Verwaltung, sodass diese keine Handlungen mehr zur Beitreibung der Schuld unternehmen kann, obwohl die Schuld beziehungsweise das Fehlverhalten des Täters weiterbesteht.

Geschütztes Rechtsgut der steuer- und finanztechnischen Normen ist ein anderes als das geschützte Rechtsgut der strafrechtlichen Normen.

Strafrechtliche Normen schützen nicht nur den Anspruch der Verwaltung, Steuern beizutreiben, sondern vor allem bedeutende Werte der Verfassung. Steuern haben zwar einen rein geldlichen Charakter, aber über das Prinzip der solidarischen Unterstützung schützen sie die öffentlichen Aufgaben des von der Verfassung proklamierten Sozialstaates. Geschütztes Rechtsgut ist das öffentliche Interesse daran, vergleiche Artikel 31 der spanischen Verfassung:

> „..Alle tragen zur Unterstützung der öffentlichen Ausgaben mittels eines gerechten Steuersystems in Übereinstimmung mit ihrem wirtschaftlichen Leistungsvermögen bei,

187 Acuerdo de la Sala de lo Penal de la Audiencia Nacional, de 10 de noviembre de 1999.
188 Sentencia de la segunda sala del Tribunal Supremo de 10 de octubre de 2001.
189 Vgl. Merino Jara / Serrano González, El delito fiscal, Seite 151.

welches nach den Prinzipien der Gleichheit und Progressivität aufgebaut ist und unter keinen Umständen eine konfiszierende Reichweite hat…"

Das verfassungsrechtlich gewollte Staatsmodell muss geschützt werden und mit ihm auch die Werte, die dies tragen. Schwere, diese Werte verletzende Handlungen müssen mittels der Drohungen des Strafrechts verhindert werden. Diese Androhungen des Strafrechts müssen beibehalten werden, wobei die strafrechtliche Verjährung eine andere als die verwaltungsrechtliche Verjährung ist.[190]

Dass im Strafrecht ein längerer Verjährungszeitraum besteht als im Verwaltungsrecht, begründet sich mit dem schwereren Fehlverhalten des Täters[191].

Ob der strafrechtliche Tatbestand erfüllt ist, kann nicht davon abhängen, dass nachträglich die Fähigkeit der öffentlichen Hand, Zahlungen zu verlangen, verjährt ist.

Im Verfahren „Kepro"[192], welches sich zwar nicht auf den Schutz der finanziellen Interessen der Europäischen Union, sondern auf Steuerverbindlichkeiten gegenüber der zentralen Finanzverwaltung infolge Veräußerungsgewinnen bei Grundstücksgeschäften bezog, argumentierten die beklagten Steuerschuldner, dass das Erreichen der verwaltungsrechtlichen Verjährung – von vier Jahren – gleichzusetzen sei mit einer freiwilligen Zahlung der Verbindlichkeiten, da das Verhalten der Verwaltung als ein Verzicht auf die Schutzmöglichkeiten, die die Rechtsordnung an sich gewährt, anzusehen und insofern der Artikel 305 Absatz IV Código Penal, der Straflosigkeit bei freiwilliger Zahlung vorsieht, analog anzuwenden sei.

Die Rechtsprechung verneinte jedoch eine analoge Anwendung und begründet dies mit dem Wortlaut, da die Anwendung des Artikels 305 Absatz IV eine aktive Handlung voraussetze, um wieder in die Recht- und Gesetzmäßigkeit zu gelangen, und dies nichts zu tun habe mit einem Täter, der hartnäckig in der Illegalität verharre. Insofern sei eine „verjährte" Verbindlichkeit keine „in Ordnung gebrachte" Verbindlichkeit. Das Regulieren der Situation geschehe aus Gründen, die außerhalb der Willens-Sphäre des Schuldners liegen, nämlich durch bloßen Zeitablauf[193]. Es fehle für die Anwendung des besagten absoluten Entschuldigungsgrundes des Artikels 305 Absatz IV die „Gleichheit im Grund",

190 Sentencia del Tribunal Supremo del 24 de febrero de 1993.

191 Audiencia Provincial de Barcelona 22 de enero de 1999; Tribunal Supremo 6 de noviembre de 2000.

192 Sentencia del Tribunal Supremo del 15 de julio de 2002; vgl. auch Tribunal Supremo sentencia 6 de noviembre de 2000 y 30 de octubre de 2001.

193 Tribunal Supremo 6 de noviembre de 2000.

da die Gründe für die absolute Entschuldigung, nämlich eine freiwillige Zahlung zu begünstigen und Anreize dafür zu geben, bei Zeitablauf nicht gegeben seien.

Darüber hinaus verbiete die Bestimmung des Artikels 4 Absatz I und II Código Civil, des spanischen bürgerlichen Gesetzbuches, eine analoge Anwendung:

> „Absatz I: Eine entsprechende Anwendung der Normen ist erlaubt, wenn diese einen bestimmten Sachverhalt nicht berücksichtigen, aber einen anderen, ähnlichen regeln und zwischen diesen beiden eine Gleichheit des Gesetzeszweckes vermutet werden muss.
>
> Absatz II: Strafgesetze, Ausnahmegesetze sowie solche mit einem befristeten Geltungsbereich wendet man nicht auf andere Sachverhalte oder Zeitpunkte an als die, die ausdrücklich in ihnen erfasst sind…“

c) Ergebnis

Nach meiner Auffassung darf die verwaltungsrechtliche Verjährungsfrist von vier Jahren keinen direkten Einfluss auf die strafrechtliche Verjährung des Artikels 305 Absatz III Código Penal haben.

Es sind unterschiedliche Rechtsgüter betroffen, zumal eine – nur – vierjährige Verjährung auch damit begründet wird, dass es eben „nur“ ein Steuerdelikt sei.

Das fehlende Abgeben einer Steuererklärung wird oftmals als ein „Kavaliersdelikt“ angesehen[194], der Unrechtsgehalt eines Subventionsbetruges zu Lasten der Europäischen Union ist aber ungleich größer und muss daher anders gewertet werden. Die Union verfügt darüber hinaus in Spanien nicht über die gleichen Zwangsmittel und die Möglichkeiten einer Beitreibung wie die nationale, spanische Finanzverwaltung, und muss sich also immer dieser zum Schutze ihrer Interessen bedienen.

Das spanische Steuersystem ist, wie bereits erwähnt, anders als das deutsche aufgebaut, es funktioniert über Selbstveranlagung. Zum überwiegenden Teil gibt der Steuerpflichtige seine Erklärung selbst ab, und anschließend kann die Finanzverwaltung diese Erklärung kontrollieren. Bescheide werden erst erlassen, wenn die Verwaltung nicht mit der von dem Steuerpflichtigen abgegebenen Erklärung übereinstimmt.

Auch im Strafrecht gibt es unterschiedliche Verjährungsfristen je nach Schwere der Tat[195], und der Unrechtsgehalt eines strafrechtlichen Vergehens ist

194 Vgl. José Manuel Díaz-Arias, El delito fiscal, Gaceta Fiscal, Seite 9.
195 Vgl. Artikel 131 Código Penal.

nun einmal größer als der einer „infracción administrativa“, eines verwaltungsrechtlichen Verstoßes.

Daher sollte die strafrechtliche Verjährung von fünf Jahren beibehalten werden, und die verwaltungsrechtliche Verjährung von vier Jahren hat darauf keinen Einfluss. Man würde sich damit im Übrigen auch gegen den Gesetzgeber wenden, der ja die Möglichkeit hätte, die Verjährungsfristen anzugleichen.

d) Verjährung bei erschwerten Tatbeständen, Artikel 305 bis

Der Artikel 305 bis gibt die Möglichkeit, in besonders schweren Fällen eine Gefängnisstrafe bis zu sechs Jahren zu verhängen.

Problematisch ist, dass in diesem Falle gemäß Artikel 131 Absatz I Satz 3 die strafrechtliche Verjährung erst nach zehn Jahren eintritt.

Die Verwaltung hat nunmehr die Möglichkeit, in einem erheblich längeren Zeitraum entsprechende Strafanzeigen oder -klage zu erheben, auch wenn sie verwaltungsrechtlich keinen Betrag mehr durchsetzen kann.

Für einen effektiven Rechtschutz ist dies sicherlich nur zu begrüßen, da gerade bei großen Summen oder bei Handlungen, bei denen kriminelle Strukturen eingesetzt werden, die Verwaltung Zeit benötigt, den Sachverhalt aufzubereiten.[196]

Allerdings gibt es nunmehr Schwierigkeiten, die der spanische Gesetzgeber lösen muss.

Zum einen beträgt die Aufbewahrungspflicht gemäß Artikel 30 I des Código Comercio, des spanischen Handelsgesetzbuches, nur sechs Jahre.

Strafrechtlich müssen, um ggf. nachweisen zu können, dass alle steuerrechtlichen Verpflichtungen erfüllt sind, die Dokumente zehn Jahre aufgehoben werden. Die Differenz bei einer strafrechtlichen Verjährung von zehn Jahren zu der verwaltungsrechtlichen Verjährung von vier Jahren ist immens, nach dem spanischen Handelsgesetzbuch müssen Dokumente nur sechs Jahre aufgehoben werden.

In der Praxis wird die Verwaltung immer dadurch, dass sie Überprüfungen angestellt hat, die zu dem Ergebnis gekommen sind, dass evtl. ein Straftatbestand vorliegen könnte, die Verjährungsfristen des Artikels 66 Ley General Tributaria unterbrochen haben und bereits sämtliche Unterlagen vom Steuerpflichtigen abgefragt haben.

Man muss auch den Artikel 70 Absatz III Ley General Tributario berücksichtigen:

---

196 So auch Antonio Montero Domínguez, La proyectada reforma de la regulación contra la Hacienda Pública,Seite 10.

> „… die Verpflichtung, die Herkunft von Daten zu belegen, die ihren Ursprung in Operationen haben, deren Zeiträume bereits verjährt sind, bleibt während der Verjährungsfrist bestehen, um die Steuerschuld, die aus der Operation herrührt, bestimmen zu können…“

Aus einer rein verwaltungsrechtlichen Sicht muss also der Steuerpflichtige Dokumente aus bereits verjährten Zeiträumen aufheben, die aber ggf. steuerliche Relevanz in noch nicht verjährten Zeiträumen haben könnten.

Im Steuerrecht kann dies Auswirkungen haben bei der Belegung negativer Verlustvorträge, die 18 Jahre betragen kann[197].

In einem solchen Fall kann der Steuerpflichtige nicht vorbringen, dass er keine Dokumente mehr aufheben muss für Zeiträume, die verwaltungsrechtlich bereits verjährt sind, aber noch nicht strafrechtlich, weil in einem solchen Falle die Steuergesetze selbst eine lange Aufbewahrungspflicht bestimmen.

In der Praxis stellt sich das Problem meist nicht, weil ohnehin die Verwaltung verjährungsunterbrechende Maßnahmen eingeleitet haben wird.

Die Verjährung wird von Amts wegen angewandt, Artikel 69 Absatz II Ley General Tributaria, weswegen also die Gerichte überprüfen und entscheiden müssen, ob die Finanzverwaltung korrekt gehandelt hat.

Artikel 257 Código Penal legt fest, dass die Rechtsfolgen bei strafbaren Insolvenzen, wodurch eine öffentliche Schuld oder Verbindlichkeit nicht beglichen werden kann, Gefängnisstrafe bis zu sechs Jahre betragen kann, und demzufolge diesbezüglich eine Verjährung auch erst nach zehn Jahren eintritt. Da meist gerade bei strafbaren Insolvenzen die Finanzverwaltung geschädigt ist, ist insofern eine Anpassung sowohl der Rechtsfolgen als auch der Verjährung beider Delikte nur folgerichtig.[198]

Wenn schon bis jetzt das Vorhandensein unterschiedlicher Verjährungsfristen im Strafrecht und im Steuerrecht zu Problemen führten, so werden erst recht Probleme auftauchen, wenn die Frist auf zehn Jahre verlängert wird.

Es besteht das Risiko, dass die Strafgerichte zur Beitreibung von Forderungen angerufen werden, die auf dem Verwaltungsrechtswege wegen Verjährung nicht mehr gefordert werden können. Ebenfalls kann eine derart lange Verjährungsfrist im steuerlichen Bereich, einem Bereich, der von ständigen und häufigen Gesetzesänderungen geprägt ist, unter Umständen die Verteidigungsmöglichkeiten

---

197 Artikel 25 Texto Refundido Ley de Impuesto Sobre Sociedades.

198 So auch Antonio Montero Domínguez, La proyectada Reforma de la regulación del delito contra la Hacienda Pública, Seite 10.

verringern, weil es nach so langen Jahren schwierig sein kann, für lang zurückliegende Zeiträume entlastende Beweise zu bekommen.

Es ist widersprüchlich, dass zwar die Verwaltung, wenn sie wegen einer Hinterziehung die Strafgerichte anruft, zehn Jahre lang die Möglichkeit hat, Forderungen einzutreiben, andererseits ein Zahlungspflichtiger, der eine Rückerstattung vom Finanzamt fordert, dies nur für die letzten vier Jahre fordern kann.

Darüber hinaus gibt es weitere Unstimmigkeiten.

Gemäß Artikel 122 Absatz I Ley General Tributaria, der allgemeinen Abgabenordnung,

> „…können die Steuerpflichtigen ergänzende Steuer-Erklärungen, oder ergänzende oder ersetzende Erklärungen innerhalb des für ihre Vorlage bestimmten Zeitraumes, oder nachdem der Zeitraum beendet ist, einreichen, immer dann, wenn das Recht der Verwaltung, die Steuerschuld festzusetzen, noch nicht verjährt ist. In diesem letztgenannten Falle werden die Erklärungen als verfristet angesehen."

Um diesen Widerspruch zu vermeiden, bestimmt Artikel 305 Absatz IV Satz 2 Código Penal, dass, bei Zahlungen von Geldern, auch wenn das Recht der Verwaltung verjährt ist, Forderungen beizutreiben, diese Zahlungen als „Regularisierung" mit der Folge einer Strafbefreiung angesehen werden.

Es stellt sich das Problem, dass durch das Beschreiten des Rechtsweges, und nachdem im Gerichtsverfahren festgestellt wurde, dass ein Delikt gegen das Finanzwesen vorliegt, sich die gesetzlich gegebene steuerrechtliche Verpflichtung in eine zivilrechtliche Forderung auf Schadensersatz umwandelt: der Richter spricht im Urteil aus, in welcher Höhe der Verurteilte den Schaden zu erstatten hat.

Dieser zivilrechtliche Anspruch gibt der Verwaltung einen neuen, anderen Titel, um ihre Forderung beitreiben zu können, und dies, obwohl das eigentliche Recht der Verwaltung bereits verjährt ist. Der Vollstreckungstitel ändert sich von einem verwaltungsrechtlichen Anspruch „ex lege" mit Hilfe des Strafweges in einen zivilrechtlichen Anspruch „ex damno", „Theorie der Verwandlung des Vollstreckungstitels".[199]

Es ist zu bedauern, dass der Gesetzgeber bei den Delikten gegen den öffentlichen Haushalt Gesetze erlassen hat, die einen zu großen Raum für Interpretationen geben und die nicht in Übereinstimmung mit anderen gesetzlichen Bestimmungen erlassen sind.

---

199 Sentencia Tribunal Supremo 1940/2000 vom 18. Dezember; Sentencia Tribunal Supremo 1337/2002 vom 26. Oktober.

e) *Regularisierung von Zeiträumen, die verwaltungsrechtlich, aber nicht strafrechtlich verjährt sind*

Bis zur Reform des Gesetzes war es nicht möglich, verwaltungsrechtlich eine Zahlung, also „Regularisierung" der steuerlichen Situation, zwischen dem vierten und fünften Jahr zu leisten, da das Recht der Verwaltung zur Forderung der Zahlung gemäß den Bestimmungen des Ley General Tributaria, der allgemeinen Abgabenordnung, verjährt war, und insofern der Steuerpflichtige nicht in den Genuss einer Strafbefreiung kommen konnte.

Durch den zweiten und dritten Satz des Absatz IV Artikels 305 ist nun klargestellt, dass

> „...in gleicher Weise werden die im vorstehenden Absatz erwähnten Regelungen angewandt, wenn Steuerschulden bezahlt werden, nachdem das Recht der Verwaltung verjährt ist, diese im Verwaltungsweg festzusetzen.
> Die Regulierung des Steuerpflichtigen seiner Steuersituation verhindert, dass er wegen möglicher buchhalterischer Unregelmäßigkeiten oder anderer Fälschungen verfolgt wird, die er möglicherweise selbst, ausschließlich in Bezug auf die Steuerschuld, die Gegenstand der Regulierung bildet, vor der Regulierung seiner steuerlichen Situation begangen haben könnte ..."

Dieser Artikel entspricht dem seit dem 31. März 2012 gültigen Artikel 180 Absatz II Ley General Tributaria, der spanischen allgemeinen Abgabenordnung, und zeigt das Bemühen des spanischen Gesetzgeber, die verwaltungs- und strafrechtlichen Normen in Einklang zu bringen.

f) *Beginn*

In Fällen der Autoliquidación – der Selbstveranlagung – beginnt die Verjährung ab dem Zeitpunkt zu laufen, an dem die Steuer hätte gezahlt werden müssen. Dieser Zeitpunkt für einen Verjährungsbeginn bleibt bestehen, auch wenn der Steuerpflichtige eine nicht korrekte Steuererklärung vor Ende der Frist für eine freiwillige Steuererklärung abgibt.

Der Grund liegt darin, dass noch eine „declaración complementaria", eine Korrektur- bzw. Ergänzungsmeldung, abgegeben werden kann innerhalb der Frist, die für die Abgabe korrekter Erklärungen oder Zahlungen vorgesehen ist. Insofern ist für den Verjährungsbeginn auf den Fristablauf der freiwilligen Zahlung abzustellen.[200]

---

200 Vgl. Sentencia Tribunal Supremo 6 de noviembre.

Meines Erachtens müssen diese Bestimmungen, die das Steuerdelikt zu Lasten der nationalen Finanzverwaltung betreffen, auch auf die Deliktstatbestände zu Lasten der Europäischen Union angewandt werden.

14. Artikel 305 Absatz V Satz 3

Der Artikel 305 Absatz V Satz 3 sieht nunmehr vor, dass

> „... das Vorliegen eines Strafverfahrens wegen eines Steuerdeliktes nicht die Beitreibungsmöglichkeiten der Steuerschuld hindert. Seitens der Finanzverwaltung können Handlungen eingeleitet werden, die zur Zahlung führen sollen, es sei denn, dass der Richter von Amts wegen oder auf Antrag einer Partei anordnet, dass, nachdem Garantien gestellt wurden, Vollstreckungsmaßnahmen ausgesetzt werden sollen.
> Wenn ganz oder teilweise keine Garantien gestellt werden können, kann der Richter ausnahmsweise die Unterbrechung verfügen, ohne dass ganz oder teilweise Garantien gegeben werden müssen, wenn er es so würdigt, dass eine Vollstreckung dauerhafte Schäden oder solche Schäden, die nur sehr schwierig wieder behoben werden können, verursachen könnte ..."

Dieser Absatz wurde durch das Organgesetz 7/2012 eingefügt, und gemäß der Gesetzesbegründung wollte man damit eine eventuelle Privilegierung eines Beschuldigten aufheben und ihn genauso stellen wie jeden anderen Steuerpflichtigen auch. Das eventuelle Vorliegen eines Straftatbestandes oder Ermittlungsverfahren wegen eines Straftatbestandes gegen die Finanzverwaltung hemmt nicht deren Möglichkeiten, die Forderung beizutreiben, es sei denn, der Richter unterbricht diese von Amts wegen oder auf Antrag einer Partei.

Diese Bestimmung steht allerdings nunmehr in einem Widerspruch zu dem Artikel 108 Absatz I Ley General Tributaria, der allgemeinen spanischen Abgabenordnung:

Artikel 180 Absatz I Ley General Tributaria:

> „Wenn die Steuerverwaltung es so würdigt, dass der Verstoß einen Straftatbestand gegen das öffentliche Finanzwesen darstellen könnte, gibt sie die Akte an das zuständige Gericht ab, oder sendet den Vorgang an die Staatsanwaltschaft, und sieht davon ab, das Verwaltungsverfahren weiter zu betreiben; dieses wird ausgesetzt solange die Gerichte kein rechtskräftiges Urteil gesprochen haben oder das Verfahren eingestellt wird, die Handlungen archiviert oder der Vorgang wieder von der Staatsanwaltschaft zurückgegeben wird.
> Eine Verurteilung durch das entsprechende Rechtsprechungsorgan verhindert die Auferlegung möglicher verwaltungsrechtlicher Strafen.
> Wenn es sich herausstellt, dass kein Delikt vorliegt, wird die Steuerverwaltung ihre Handlungen in Übereinstimmung mit den Tatsachen, die das Gericht als bewiesen ansieht, beginnen oder fortfahren, und die Verjährung läuft wieder ab dem Zeitpunkt,

> als der Vorgang unterbrochen wurde. Verwaltungsrechtliche Handlungen, die während der Unterbrechung begangen wurde, werden als nicht existierend angesehen."

Es ist klar, dass das Verwaltungsrecht angepasst werden muss, da nunmehr ein Widerspruch zwischen dem Strafrecht und dem Verwaltungsrecht besteht.

Der Artikel 305 Absatz V ermöglicht der Verwaltung eine größere Effizienz, ihre Forderungen beizutreiben, da sie nun separat die Konzepte und Beträge abrechnen und fordern kann, die nicht mit einem eventuellen Steuerdelikt in einem Zusammenhang stehen.

Problematisch ist allerdings, dass nunmehr die Finanzverwaltung eine eigenständige Bewertung durchführen kann und muss, welche Beträge einen Straftatbestand darstellen können und welche nicht. Sie muss quasi eine Vorab-Bewertung vornehmen, welche Beträge und Sachverhalte strafrechtliche Bedeutung haben, was in der Praxis zu Problemen führen kann, da dies eigentlich ausschließlich Kompetenz der Rechtsprechung sein sollte.[201]

II. Artikel 306 Código Penal

1. Einleitung

Durch das Organgesetz 7/2012 vom 27. Dezember 2012 wurde der Artikel 306 modifiziert.

Bis zum 13. Januar 2013 lautete der Artikel 306 Código Penal wie folgt:

> „Wer durch eine Handlung oder Unterlassung gegenüber den allgemeinen Haushalten der Europäischen Gemeinschaft oder anderen von ihnen verwalteten Mitteln eine Hinterziehung in Höhe von mehr als 50.000 Euros begeht, indem er die Zahlung von Beträgen umgeht, die zu entrichten sind, oder die erhaltenen Gelder einer anderen Verwendung zuführt als der, für die sie bestimmt sind, wird mit Gefängnis von einem Jahr bis zu fünf Jahren und Geldstrafe in Höhe der genannten Summe bis zu deren sechsfacher Höhe bestraft."[202]

Daneben gab es den Artikel 309, der ebenfalls die finanziellen Interessen der Europäischen Gemeinschaft schützen sollte.

Artikel 309, gültig bis 13. Januar 2013:

> „Wer unrechtmäßig Gelder in Höhe von mehr als 50.000,- Euro aus den allgemeinen Haushalten der Europäischen Gemeinschaften oder anderen von ihnen verwalteten Mitteln erhält, indem er die für die Gewährung erforderlichen Voraussetzungen fälscht

---

201 So auch Luis Aparicio Díaz, La nueva reforma del Código Penal en materia de transparencia y lucha contra el fraude fiscal y en la Seguridad Social, Seite 5.

202 Übersetzung nach Markus Hoffmann: Das spanische Strafgesetzbuch.

> oder diejenigen verheimlicht, die die Gewährung verhindert hätten, wird mit Gefängnis von einem Jahr bis zu fünf Jahren und Geldstrafe in Höhe des genannten Betrages bis zu dessen sechsfacher Höhe bestraft.“[203]

Durch das Organgesetz 7/2012, welches die Artikel des Steuerbetruges und des Sozialversicherungsbetruges reformierte, wurden die Artikel 306 und 309 in nur einem Artikel, dem 306, zusammengefasst und der Artikel 309 aufgehoben. Gemäß der Gesetzesbegründung will der Gesetzgeber die Unterschiede zum Tatbestand des Artikels 305 Absatz III genauer festlegen und der Übersichtlichkeit halber in nur einem Tatbestand und nicht mehr in zweien zusammenfassen.[204] Ohne einen logischen Grund gibt es durch diesen separaten Tatbestand eine Zerstückelung der Materie im Hinblick auf Hilfen der Europäischen Gemeinschaft.[205]

Bis dahin gab es außerdem eigene Vergehenstatbestände für betrügerische Handlungen am Haushalt der Europäischen Gemeinschaft, die einen Betrag von 4.000,- €, aber nicht 50.000,- € übersteigen. Diese Fälle wurden als ein Vergehen – spanisch „falta“ – behandelt und in den Artikeln 627 und 628 behandelt. Durch das Organgesetz 7/2012 wurden diese Vergehenstatbestände aufgehoben und nunmehr im Artikel 306 aufgenommen. Betrügerische Handlungen in dieser Größenordnung sind daher nun nicht mehr ein Vergehen, sondern Delikte, wenn auch mit unterschiedlichen Rechtsfolgen.

Der Artikel 306 lautet nunmehr:

> „Wer durch eine Handlung oder Unterlassung einen Betrug am allgemeinen Haushalt der Europäischen Union oder anderen von ihr verwalteten Mitteln in einem Betrag von mehr als 50.000 Euros begeht, indem er die Zahlung von Beträgen – anderer als die im Absatz III des Artikels 305 erwähnten Fälle – umgeht, die zu entrichten sind, oder die erhaltenen Gelder einer anderen Verwendung zuführt als der, für die sie bestimmt sind, oder ungerechtfertigt Gelder erhält, indem er die für den Erhalt erforderlichen Bedingungen fälscht oder die verheimlicht, die den Erhalt verhindert hätten, wird mit Gefängnis von einem Jahr bis zu fünf Jahren und Geldstrafe in Höhe der genannten Summe bis zu deren sechsfacher Höhe bestraft.
>
> Wenn der betrugsmäßig erhaltene Betrag oder der Betrag, der nicht rechtmäßig verwendet wird, die Summe von 50.000,- € nicht übersteigt, aber 4.000,- €, wird eine Gefängnisstrafe von drei Monaten bis zu einem Jahr verhängt, oder eine Geldstrafe

---

203 Übersetzung nach Markus Hoffmann, Das spanische Strafgesetzbuch.

204 BOE núm. 312 de 28 de diciembre de 2012; gültig ab dem 17. Januar 2013 Preámbulo III.

205 Vgl. Carlos Martinez Bujan Pérez, Derecho Penal Económico, Delitos contra la Hacienda Pública, Seite 498; Virginia Sánchez-López, El delito de fraude de subvenciones en el nuevo Código Penal, Seite 404.

bis zum dreifachen des Betrages, und der Verlust der Möglichkeit, Subventionen oder öffentliche Hilfen zu bekommen, und des Rechtes, Steuervorteile oder Anreize oder Vorteile der Sozialversicherung für einen Zeitraum von sechs Monaten bis zu zwei Jahren zu bekommen."

2. Artikel 306 erster Teil – Umgehung von zu entrichtenden Beträgen oder eine nicht bestimmungsgemäße Mittelverwendung

Das Übereinkommen zum Schutze der finanziellen Interessen der Europäischen Gemeinschaft aus dem Jahre 1995 versucht, betrügerische Verhaltensweisen weit zu definieren und neben dem unrechtmäßigen Erlangen von Gemeinschafts-Mitteln auch betrügerische Verschiebungen sowie eine unsachgemäße Verwendung zu erfassen.

Gemäß Artikel 1.1. des Übereinkommens fällt unter den Tatbestand des Betruges zum Nachteil der finanziellen Interessen der Europäischen Gemeinschaften das Verschweigen einer Information unter Verletzung einer spezifischen Pflicht mit der Folge, dass Mittel der Europäischen Gemeinschaften unrechtmäßig erlangt oder zurückbehalten werden, sowie die missbräuchliche Verwendung zu anderen Zwecken als denen, für die sie ursprünglich gewährt worden sind.

Daher müssen die Staaten gemäß Artikel 2 des Übereinkommens die erforderlichen und geeigneten Maßnahmen treffen, um sicherzustellen, dass die betrügerischen Handlungen oder die Beteiligungen daran durch wirksame, angemessene und abschreckende Strafen geahndet werden können, die zumindest in schweren Betrugsfällen auch Freiheitsstrafen umfassen, die zu einer Auslieferung führen können.

Ein schwerer Betrug ist gegeben, wenn die Betrugshandlung einen von jedem einzelnen Mitgliedstaat festgesetzten Betrag erreicht, ein Mindestbetrag von 50.000,- Euro darf aber nicht überschritten werden. Für leichte Betrugsfälle, d.h. die Fälle, die einen Betrag von unter 4.000,- Euro zum Gegenstand haben, sieht das Übereinkommen die Möglichkeit vor, Sanktionen anderer Art und keine Freiheitsstrafen zu verhängen.

Der Artikel 306 Código Penal regelt die Veruntreuung derjenigen Gelder, die zwar rechtmäßig erlangt wurden, aber nicht bestimmungsgemäß verwendet wurden, Artikel 306 Código Penal, zweiter Teil, wie auch die Umgehung von zu zahlenden Beträgen, Artikel 306 Código Penal, erster Teil.

Fraglich ist, ob dieser Artikel Verhaltensweisen im Hinblick auf den korrekten Ablauf von Ausgaben und Zahlungen von Geldern der Union oder den korrekten Ablauf der Einnahmen der Union erfasst.

Folgt man der ersten Auffassung, so würde der erste Teil des Artikels 306 Betrugshandlungen umfassen, die noch im Zeitraum des Verwaltungsverfahrens[206] beziehungsweise der Subventionsgewährung liegen, einem Zeitraum also, der vor dem liegt, auf den sich der zweite Teil des Artikels 306 bezieht.

Man erfasst zum Beispiel die Fälle, bei denen nach Gewährung einer Subvention die Bedingungen für deren Nutzung geändert werden, so dass sie mit einer entsprechenden Rückzahlungsverpflichtung widerrufen werden könnte, obwohl der eigentliche Zweck, für den die Subvention vergeben wurde, der gleiche geblieben ist.

Folgt man dieser Auffassung, hätte der strafrechtliche Schutz eine weite Bedeutung und würde den Zeitraum umfassen, der nach der Gewährung der Gelder liegt, in welchem der Subventionsempfänger die Gelder nutzt. Verstößt er in diesem Zeitraum gegen Vergabebedingungen, so würde dies von der Norm erfasst werden.

Gegen diese Auslegung und zugunsten der Auffassung, dass der Tatbestand des ersten Teiles des Artikels 306 Código Penal etwas anderes schützen muss, nämlich die Einnahmen der öffentlichen Finanzverwaltung, sprechen kriminalpolitische Erwägungen.

Würde man mit dieser Norm auch Unregelmäßigkeiten, die erst nach der Gewährung und Auszahlung einer Subvention entstehen, ohne aber den Zweck, für den die Gelder gewährt wurden, zu verändern, schützen wollen, so würde das Strafrecht etwas schützen, was eigentlich durch das Verwaltungsrecht geschützt werden muss: ein Verstoß gegen die Auflagen eines Verwaltungsaktes, der zu dessen materieller Rechtswidrigkeit führen könnte. Dies darf aber nicht Gegenstand der Auslegung eines strafrechtlichen Tatbestandes sein.

Wenn man davon ausgeht, dass die Tatbestände, die den Subventionsbetrug an der Europäischen Union zum Gegenstand haben, die von einer Subventionspolitik beabsichtigten Ziele schützen sollen und somit der Schutzbereich über den eines bloßen Vermögensschutzes hinausgeht, so bedeutet dies, dass dann, wenn man Umstände, die gemäß den Bestimmungen entscheidend für den Erlass des Verwaltungsaktes der Mittelzusage und das spätere Abrufen der Gelder waren, fälscht, die materielle Rechtmäßigkeit des Verwaltungsaktes verletzt wird. Für diesen Schutz muss man aber nicht auf das Strafrecht zurückgreifen, ansonsten gäbe man der Verwaltung die Möglichkeit, indirekt die Tragweite von strafrechtlichem Unrecht zu definieren. Dies ist mit dem Prinzip der Rechtsstaatlichkeit nicht vereinbar.[207]

---

206 Spanisch „gestión".

207 Vgl. Carmen Gómez Rivero, La malversación de fondos comunitarios, Salamanca 2002.

Um diese Verhaltensweisen zu ahnden, reichen effektive verwaltungsrechtliche Sanktionen unter Beachtung der Bestimmungen des Übereinkommens zum Schutze der finanziellen Interessen der Europäischen Union aus.

Die tatbestandlichen Handlungen des ersten Teiles des Artikels 306 Código Penal müssen grundsätzlich im Zusammenhang mit dem Artikel 1b) des Übereinkommens gesehen werden und schützen den dort erwähnten Betrug an den Einnahmen der Europäischen Union. Der im Artikel 1a) des Übereinkommens erwähnte Betrug an den Ausgaben der Union hingegen wird durch zweiten Teil des Artikels 306 Código Penal geschützt.

Der Artikel 1b) des Übereinkommens typisiert Handlungen und Unterlassungen im Hinblick auf die Einnahmen der Europäischen Union: die Verwendung oder Vorlage von falschen Erklärungen oder Dokumenten, die eine rechtswidrige Verminderung der Mittel der Union zur Folge haben. Diese Bestimmungen finden ihre Entsprechung im ersten Teil des Tatbestandes des Artikels 306 „... Hinterziehung von Beträgen, die zu entrichten sind ...".

Der Artikel 306 beschreibt betrügerische Handlungen oder Unterlassungen, die zu einer Hinterziehung von *50.000,- Euro führen; dies entspricht dem Text und Vorgaben „rechtswidrige Verminderung von Mitteln" des Übereinkommens.

Das Übereinkommen erwähnt nicht nur Mittel, die direkt von der Europäischen Union vergeben oder verwaltet werden, sondern auch die Mittel der Haushalte, die von der Europäischen Union oder in deren Auftrag verwaltet werden.

Erstaunlicherweise ist jedoch eine Schädigung der Haushalte, die im Auftrag der Europäischen Union verwaltet werden, also eine Schädigung der Haushaltsposten, die von den einzelnen Mitgliedstaaten auf Rechnung der Europäischen Union verwaltet werden, nicht im Artikel 306 erwähnt.[208]

Diese betrügerischen Handlungen zu Lasten der im Auftrag verwalteten Mittel werden durch den Artikel 305 Absatz I in Verbindung mit Artikel 305 Absatz III, der Betrug an dem Finanzwesen des Staates, einer Autonomen Gemeinschaft, einer Foralgemeinschaft oder Gemeinde regelt, erfasst.[209]

---

208 Vgl. José Luis de la Cuesta Arzamendi, El fraude en materia de ingresos de la Unión Europea, Seite 1208.

209 So Fermín Morales Prats in Quintero Olivares / Morales Prats, Comentarios a la Parte Especial del Derecho Penal, Seite 1000.

Unter den Artikel 306 muss die Nichtzahlung aller derjenigen Beträge, die hätten gezahlt werden müssen, die aber nicht unter den Artikel 305 fallen, subsumiert werden.[210]

Die im Übereinkommen Artikel I 1 b) 2. Spiegelstrich aufgeführte Begehungsform, „Informationen zu verschweigen unter Verletzung einer spezifischen Pflicht, sodass der Gesamthaushalt der Europäischen Gemeinschaft unrechtmäßig vermindert wird", hat der Gesetzgeber in den Código Penal, Artikel 306, mittels der Begehungsform „wer … durch Unterlassung … eine Hinterziehung … begeht" aufgenommen.

Das im Übereinkommen erwähnte Verbot – Artikel 1 Absatz I b) dritter Spiegelstrich – die missbräuchliche Verwendung eines rechtmäßig erlangten Vorteiles – ist in den Código Penal aufgenommen in der aktiven Begehungsform des Artikels 306 „…wer durch eine Handlung … eine Hinterziehung … begeht…" –, die darin besteht, dass die erhaltenen Gelder einer anderen als der bestimmungsgemäßen Verwendung zugeführt werden.

Der betrügerische Erhalt der Gelder wird im zweiten Teil des Artikels 309 behandelt.

Die im Artikel 1 b) des Übereinkommens beschriebenen Verhaltensweisen stellen nur die Mindestanforderungen dar, die die Straftatbestände der jeweiligen Rechtsordnung behandeln müssen, vgl. Art. 1 Absatz II und Art. 2 Absatz I des Übereinkommens.

Daher ist der Artikel 306 im Lichte des Artikels 1 b) des Übereinkommens zu interpretieren und zu betrachten.

Die Begehungsform „die erhaltenen Gelder einer anderen Verwendung zuzuführen als die, für die sie bestimmt sind" liegt z.B. vor, wenn an Werftbetriebe Subventionen für eine geplante Investition in Maschinen gewährt werden, um diesen Sektor moderner und wettbewerbsfähiger zu machen. Ist eine der Bedingungen für die Vergabe, dass das Unternehmen eine bestimmte Zahl von Arbeitnehmern unter dreißig Jahren einstellen muss und geschieht dies nicht, so müssen Teile der Subvention zurückgezahlt werden, obwohl das Unternehmen korrekt in Maschinen investierte.

Wäre in den Vergabebedingungen durch den Subventionsgeber festgelegt, dass der Hauptzweck der Subvention die Modernisierung des Schiffsbaues ist, so wäre der Tatbestand nicht erfüllt, weil nicht gegen diesen Hauptzweck verstoßen

---

210 Virginia Sánchez López, El delito de fraude de subvenciones en el nuevo Código Penal, Seite 406.

worden wäre. Die Einstellung der Arbeitnehmer ist nur Nebenverpflichtung, und der Zweck der Subvention wird nicht beeinträchtigt.

In den Vergabebedingungen der jeweiligen Subvention muss der Zweck, der mit der Subvention erreicht werden soll, eindeutig aufgeführt sein, um den Tatbestand zu erfüllen. Geht es bei der Subvention aber um keinen besonderen Zweck, sondern nur um Ausgleichszahlungen, ist der Artikel nicht anwendbar.[211]

a) Die Unterlassung der Zahlung von Beträgen, die zu entrichten sind, Artikel 306, erster Teil, erste Begehungsform

Man könnte davon ausgehen, dass der Tatbestand den Betrug an „tributos comunitarios“, also an gemeinschaftlichen Abgaben, umfasst.

Diese werden jedoch durch das „Ley de Contrabando“-, das Gesetz gegen den Schmuggel -, und durch den Artikel 305 Absatz III geschützt.

Der Artikel 306 Absatz I muss daher andere Verhaltensweisen und andere Einnahmen als die „tributos“ – „Abgaben“ – der Europäischen Union schützen. Dies können zum Beispiel die Nicht-Rückzahlung gewährter Gelder trotz Widerruf der Subventionen sein, oder dass Subventionen regelmäßig gezahlt und angenommen werden, obwohl nach Gewährung solche Umstände eingetreten sind, die keinen Anspruch auf eine Zahlung mehr bestehen lassen.[212]

Der erste Teil des Artikels 306 umfasst die Verhaltensweisen desjenigen Subventionsempfängers, der entweder durch eine Handlung (die Vorlage von falschen Dokumenten oder Erklärungen) oder durch Unterlassen (d.h. das Verletzen einer Pflicht, eine Erklärung abzugeben) dem Subventionsgeber nicht die Informationen zur Verfügung stellt, die notwendig sind, um die Mittel weiter zu bekommen, und die, wären sie bekannt, Grund für einen gesamten oder teilweisen Widerruf der Subvention oder Grund für eine Nichtverlängerung wären.

Der spanische Gesetzgeber hat es im Código Penal von 1995 im Bereich der Subventionen unterlassen, die finanziellen Interessen der Europäischen Union mittels der gesetzgeberischen Technik der Angleichung bzw. Gleichstellung[213] zu schützen, wie er es beispielsweise im Bereich des Artikels 305 durch Einfügung des Absatzes III getan hat.

Der Betrug an nationalen Subventionen wird im Código Penal im Artikel 308[214] behandelt, und der Gesetzgeber hätte eine vergleichbare Klausel zum

---

211 Enrique Bacigalupo Zapater, Código Penal, Doctrina y Jurisprudencia, S. 3127.

212 Adan Nieto Martín, Fraudes Comunitarios, Seite 383.

213 „Asimilación“.

214 Siehe dazu VII. Artikel 308.

Schutze der finanziellen Interessen der Europäischen Union in diesen Artikel, wie zum Beispiel einen weiteren Absatz, der die europäischen Interessen mit den nationalen Interessen gleichstellt, einfügen können.

Hat der Gesetzgeber also nicht im Bereich des Artikels 308 eine neue Vorschrift gleich dem Absatz III des Artikels 305 eingeführt, dann kann dies nur den Grund darin haben, dass das Übereinkommen die Anforderung stellte, eine Verhaltensweise zu bestrafen, die nicht in das Delikt des „fraude de subvenciones", des Subventionsbetruges des Artikels 308, eingeführt werden konnte. Diese Verhaltensweise kann daher nur das Nichterfüllen der ausdrücklichen Verpflichtung sein, Angaben zu machen, keine falschen Erklärungen abzugeben oder unrichtige Dokumente einzureichen, um somit unrechtmäßig eine bereits gewährte Subvention weiterhin behalten zu können.

Die Verhaltensweisen müssen daher unter den Artikel 306 und können nicht unter die erste Begehungsform des Artikels 308 subsumiert werden. Der Artikel 308 bezieht sich auf den Zeitpunkt der Subventionsgewährung, aber nicht auf nachfolgende Zeiträume der Subventionsgewährung, wie z.B. bei einer Erneuerung oder dem tatsächlichen Erhalt der Subventionen.

Die Verhaltensweisen können auch nicht unter die zweite Begehungsform des Artikels 308 subsumiert werden. Diese Begehungsform des Artikels 308 bezieht sich darauf, dass der Zweck, für den die Subvention gewährt wurde, nachträglich wesentlich verändert wird.

Es gibt Fälle, in denen der Artikel 308 – der den Betrug zu Lasten nationaler Subventionen behandelt – nicht angewandt werden kann:

- Wechsel oder Änderung der notwendigen Bedingungen, um die Subvention auszunützen (eine Veränderung nach Subventionsgewährung, die keine Änderung im hauptsächlichen Zweck der Subvention mit sich bringt, aber die, wenn die Verwaltung davon gewusst hätte, Grund für einen Widerruf der Subvention oder für den Widerruf der weiteren Nutzung gegeben hätte, mit der Folge der Rückzahlung für den Subventionsnehmer)
- die Fälle der laufenden, regelmäßigen oder laufend erneuerten Subventionszahlungen, bei denen unterstellt wird, dass die erforderlichen Bedingungen, so wie vom Subventionsgeber erklärt, so lange gegeben sind, bis der Subventionsnehmer das Gegenteil erklärt. Beachtet werden muss, dass der Artikel 308 sich nur auf Falschangaben im Moment der ersten Subventionsgewährung bezieht, aber nicht auf Handlungen zu einem späteren Zeitpunkt, wenn zum Beispiel die Subvention erneuert wird.

Sinnvoller wäre es gewesen, wenn der Gesetzgeber den Tatbestand des Artikels 308 so ausgestaltet hätte, dass die erwähnten Verhaltensweisen darunter hätten subsumiert werden können. Anschließend hätte er im Wege der Gleichstellung die Interessen der Europäischen Union schützen können, indem er einen ähnlichen Artikel wie den Artikel 305 Absatz III in den Tatbestand des Artikels 308 aufgenommen hätte.[215]

Da er dies aber nicht getan hat, muss dafür auf den Artikel 306, erster Teil, zurückgegriffen werden.

b) *Die Zuführung der aus dem Haushalt der Europäischen Gemeinschaft erhaltenen Gelder zu einer nicht bestimmungsgemäßen Verwendung, Artikel 306 erster Teil, zweite Begehungsform*

Der zweite Teil des Artikels 306 ist anwendbar, wenn zwar gegen keine verwaltungsrechtliche Bestimmung verstoßen wird, allerdings der Zweck, für den die Mittel gewährt wurden, nicht erreicht wird. Das typische Verhalten einer nicht bestimmungsgemäßen Zuwendung der erhaltenen Gelder schließt dabei das Erfassen von rein formalen Verstößen aus.

Dies ergibt sich aus einer Gegenüberstellung des Wortlautes des Artikels 306 mit dem Wortlaut des Artikels 308 Absatz II, welcher die nationalen Interessen schützt und festlegt, dass derjenige bestraft wird, der

Artikel 308 Absatz II:

> „…im Verlauf einer mit Geldern der öffentlichen Verwaltung subventionierten Tätigkeit … die festgelegten Bedingungen nicht erfüllt, indem er die Zwecke, zu denen die Subvention gewährt wurde, wesentlich ändert“.

Durch Anwendung des Artikels 306 können mögliche Strafbarkeitslücken des Artikels 308 Absatz II geschlossen werden, wenn zwar der Subventionszweck geändert wurde, dies aber nicht mit einer formalen Nichterfüllung der Subventionsbedingungen einhergeht. Der Artikel 306 beschränkt sich dabei auf das Wesentliche, nämlich die Verwendung der Subvention für andere Zwecke.[216] Der Betrug zu Lasten der nationalen Interessen, Artikel 308 Absatz II Código Penal, hingegen verlangt eine bedeutende Veränderung des Zweckes, für den die Subvention gewährt wurde, beim Artikel 306 reicht die Zuführung der Gelder für eine andere Verwendung als die, für die sie bestimmt sind.[217]

---

215 Vergleiche Adán Nieto Martín, Fraudes Comunitarios, Seite 382 ff; Carlos Martínez Bujan Pérez, Derecho Penal Económico, Delitos contra la Hacienda Pública, Seite 500.

216 Maria Carmen Gómez Rivero, El Fraude de Subvenciones, Seite 366; Adán Nieto Martin, Fraudes Comunitarios, Seite 384.

217 Mario Garcés Sanagustin, El Fraude de Subvenciones Públicas, Seite 13.

Der Schutzbereich dieser Norm ist weit gefasst und bezieht sich nicht nur auf „Fondos", „Gelder", die unmittelbar als Subventionen klassifiziert werden können, sondern es handelt sich auch um Mittel, die diese Qualifikation nicht haben, wie z.B. der Europäische Ausrichtungs- und Garantiefonds für die Landwirtschaft, der Europäische Fonds für regionale Entwicklungen oder Mittel der Europäischen Investitionsbank usw.[218]

3. Artikel 306 zweiter Teil, unrechtmäßiges Erhalten durch das Fälschen von Bedingungen oder das Verheimlichen von Bedingungen, die die Vergabe verhindert hätten

Die Tathandlungen des Artikels 306, zweiter Teil, sind weitgehend identisch mit der Beschreibung des Tatbestandes des Artikels 308 Absatz I des Código Penal, der die nationalen Interessen schützen soll. Der spanische Gesetzgeber hat also hier erneut versucht, so weit wie möglich die Elemente des Subventionsbetruges an nationalen Interessen in den Anwendungsbereich des Betruges zu Lasten der Europäischen Union zu übernehmen, unter gleichzeitiger Berücksichtigung der Mindestanforderungen, die im Übereinkommen zum Schutze der finanziellen Interessen der Europäischen Union - Artikel 1.a., 1.2. und 2.1. - aufgestellt werden.

a) Objektiver Tatbestand und geschütztes Rechtsgut

Das geschützte Rechtsgut ist die Realisierung von öffentlichen Ausgaben mittels der Gewährung von Subventionen der Europäischen Union, analog den Tatbeständen, die den Betrug an internen Mitteln ahnden.[219] Geschützt wird die Dynamik des Haushaltes der Europäischen Union im Hinblick auf die Ausgaben.[220] Es handelt sich um kein striktes Vermögensdelikt, sondern um ein „delito socio-económico", ein sozio-ökonomisches Delikt.

Geschützt wird der funktionelle Aspekt des Finanzhaushaltes der Europäischen Union, der über seine Mittel öffentliche Bedürfnisse befriedigt wie die Förderung weniger entwickelter Zonen und Wirtschafts-Sektoren.[221]

Werden die Gelder allerdings von einem Mitgliedstaat im Auftrag der Europäischen Union verwaltet, so ist der Artikel 306 Código Penal nicht anwendbar.

---

218 Bajo / Bacigalupo, La protección de los intereses financieros, Seite 198.

219 Francisco Muñoz Conde, Derecho Penal Parte Especial 2004, Seite 1048.

220 Virginia Sánchez López, El delito de fraude de subvenciones en el nuevo Código Penal, Seite 422.

221 Virginia Sánchez López, Obtención indebida de fondos comunitarios, Seite 297.

Der Betrug an Geldern, die im Auftrag der Europäischen Union verwaltet werden, muss unter Artikel 308 subsumiert werden.[222]

aa) eingeschränkter Schutzbereich

Gegen eine weite Fassung des Schutzbereiches des Artikels spricht sich Asúa Batarrita aus. Aus der Gegenüberstellung mit dem Wortlaut des Artikels 308, der von „ayudas de las Administraciones públicas" – „öffentlichen Hilfen" oder „öffentlichem Zuschuss"- spricht, ergibt sich, dass dies sowohl die direkten Subventionen als auch Darlehen zu Sonderkonditionen, andere indirekte Hilfen und auch die Stellung öffentlicher Bürgschaften sein können. Da der zweite Teil des Artikels 306 aber nur von dem tatsächlichen Erhalt von Geldern – „obtencion de fondos" – spricht, erscheint es schwierig, unter den Anwendungsbereich des Artikels 306 auch andere Formen indirekter Finanzierung zu subsumieren, wobei immer der Zweck, zu dem die Subventionen gewährt wurden, beachtet werden muss[223].

Daher sei der Schutzbereich des Artikels eng auszulegen.

bb) weiter Schutzbereich

Dagegen spricht, dass der Artikel gerade nicht von Subventionen, Steuererleichterungen oder Hilfen spricht, sondern von „fondos", was man mit „Mittel" oder „Gelder" übersetzen kann, es sich also um einen Oberbegriff handelt, der weitreichend jedwede Mittel aus dem Haushalt der Europäischen Union umfasst[224].

Darunter fallen also auch Hilfen aus Strukturfonds wie dem Agrarfonds, dem regionalen Entwicklungsfonds, dem Sozialfonds, Hilfen für die Kohle- und Stahlindustrie als auch Unterstützungen der Europäischen Investitionsbank und des Europäischen Entwicklungsfonds[225].

---

222 Fermín Morales Prats in Quintero Olivares/Morales Prats, Comentarios a la parte especial del Derecho Penal, Seite 1033. Vgl Artikel 1 a) erster Spiegelstrich, zweiter Halbsatz des Übereinkommens.

223 Adela Asúa Batarrita, Incongruencias del sistema dual de incriminación del fraude de subvenciones2001, Seite 959. Nach meiner Auflassung hat sich die Diskussion, ob günstige Darlehensbedingungen von dem Schutzbereich des Subventionsbetruges gegen nationale Interessen umfasst sind, bei den nationalen Interessen mit der Einführung des Wortes „ayuda" erübrigt, weil darunter weitestgehend alle Hilfen subsumiert werden können.

224 Virginia Sánchez López, El delito de fraude de subvenciones en el nuevo Código Penal, Seite 399.

225 Bajo / Bacigalupo, Delitos contra la Hacienda Pública, Seite 199.

cc) Ergebnis

Meiner Auffassung nach ist der Schutzbereich des zweiten Teiles des Artikels 306 weit zu fassen. Der Gesetzgeber hat bewusst einen weiten Begriff – „fondos“ – gewählt im Gegensatz zum Artikel 308, der einschränkend von Subventionen oder Zuschüssen spricht. Daher fallen unter den Artikel 306 alle Mittel, die von der Europäischen Union gewährt werden, sonst wäre es für den Gesetzgeber leicht gewesen, den Schutzbereich durch entsprechende Formulierung des Artikels einzuschränken.

Es kommt nicht darauf an, ob die Gelder direkt bei einem Organ der Europäischen Union beantragt und von diesem gewährt werden. In der Praxis würde dies bedeuten, dass der Artikel nur wenig Anwendung findet, da in den meisten Fällen zwar die Subventionen von einem nationalen Organ bearbeitet, gewährt und auch kontrolliert werden, die Gelder aber tatsächlich aus Mitteln der Union stammen.

Werden die Hilfen aus einem bestimmten nationalen Haushaltsposten gewährt, bedeutet dies nichts anderes, als dass aus buchhalterischen Gründen die Gelder und die Buchungen über einen nationalen Haushaltsposten abgewickelt werden, das Interesse an einem Schutz aber weiter demjenigen zusteht, der die Gelder auch tatsächlich zur Verfügung gestellt hat.[226]

b) Handlungen

Die Begehungsformen, die im Fälschen oder Verbergen von Bedingungen, die entscheidend für die Vergabe von Subventionen sind, bestehen, sind dieselben, welche auch im Artikel 308 aufgeführt sind, und diese Begehungsformen entsprechen den beiden ersten betrügerischen Begehungsformen, so wie es im Übereinkommen Artikel 1 Absatz a, erster und zweiter Spiegelstrich verlangt wird.

Die Handlungen spalten sich in zwei verschiedene auf, entweder die Bedingungen zu fälschen, die für die Gewährung erforderlich waren, oder diejenigen zu verbergen, die die Gewährung verhindert hätten.

Es ist unmöglich, eine abschließende Liste möglicher Tathandlungen aufzuführen, da es umfangreiche Subventionsbedingungen gibt, gegen die verstoßen werden kann oder die nicht eingehalten werden können. Auch der Artikel 306 zweiter Teil wird als eine „norma penal en blanco“, eine Blankettnorm[227],

---

226 Vergleiche auch Luis Ramón Ruiz Rodríguez, Las resoluciones judiciales sobre el delito de fraude, Seite 99.

227 Virginia Sánchez López, Obtención indebida de fondos comunitarios, Seite 298.

angesehen, da diese hinsichtlich ihres Verbotsinhaltes wegen der Unmöglichkeit einer vollständigen Aufzählung im Tatbestand zwar nicht ausdrücklich auf die Normen der Europäischen Union verweist, aber nur im Zusammenhang mit den von dieser aufgestellten Bedingungen gesehen werden kann und sich der Tatbestand nur aus der Verbindung mit diesen Normen erschließt.

Eine Fälschung kann vollzogen werden mittels der Behauptung von Tatsachen, des Vorbringens von unwahren Angaben, von falschen Voraussetzungen im Antrag oder mittels Vorlage von unrichtigen Dokumenten, die zusammen mit dem Antrag eingereicht werden.

Diese Fälschung muss sich dabei auf Bedingungen beziehen, die für die Gewährung der Subvention relevant sind, sei es, dass es sich um Bedingungen handelt, die an den Zweck der Bedingung geknüpft sind, oder sei es, dass es sich um rein formale Auszahlungsbedingungen handelt.

Geht es um das Verbergen von Daten, müssen dies solche sein, die, wären sie bekannt gewesen, einen ablehnenden Bescheid auf Mittelgewährung zur Folge gehabt hätten.

4. Höhe

a) über 50.000,- €

Die Mindesthöhe beläuft sich auf 50.000,- Euro, umfasst die gesamte Höhe der Subvention und ist Tatbestandsmerkmal.[228]

Aus der Abfassung der Norm geht hervor, dass sich der Mindestbetrag auf den hinterzogenen Betrag beziehen muss, was bedeutet, dass z.B. im Falle von Zuschüssen, die nur teilweise von einer öffentlichen Stelle gewährt werden, sich der Mindestbetrag auf den Teil beziehen muss, der aus Gemeinschaftsgeldern stammt, auch wenn der gesamte hinterzogene Betrag den Mindestbetrag übersteigt.

Die Summe bezieht sich ferner auf den tatsächlich hinterzogenen Betrag und nicht auf den Betrag, der gegebenenfalls fälschlicherweise per Verwaltungsakt gewährt wurde, ohne dass es jedoch zu einer tatsächlichen Auszahlung gekommen ist.[229]

---

228 Carlos Martínez Bujan Pérez, Derecho Penal Económico, Seite 497, vgl. auch Francisco Muñoz Conde, Derecho Penal Parte Especial, Seite 1024, 1050; Adán Nieto Martín, Fraudes Comunitarios, Seite 388.

229 Dies ist ein Unterschied zu Artikel 308, der die nationalen Interessen schützt, da beim Artikel 308 nicht auf den tatsächlich erhaltenen Betrag, sondern auf die Gewährung, den Verwaltungsakt, abgestellt wird; Mario Garcés Sanagustín, El Fraude de Subvenciones públicas, Seite 12.

b) über 4.000,- €, aber unter 50.000,- €

Das Übereinkommen zum Schutz der finanziellen Interessen der Europäischen Gemeinschaft legt in seinem Artikel 2 fest, dass der Mindestbetrag, der für einen Deliktstatbestand erforderlich ist, *50.000,- Euro nicht übersteigen darf.

Dieser Betrag muss Raum für Freiheitsstrafen, die zu einer Auslieferung führen können, geben.

Wird dieser Betrag nicht erreicht, so werden die Staaten befugt, andere strafrechtliche Sanktionen zu wählen, die aber nicht in der Verhängung von Freiheitsstrafen bestehen müssen.

Für die Fälle des leichten Betruges, in denen es um einen Betrag geht, der unter 50.000,- Euro liegt, sieht der Artikel 2.2. des Übereinkommens vor, dass die Mitgliedstaaten andere strafrechtliche Sanktionen vorsehen können, ohne jedoch genau zu definieren, welche dies sein können. Für Fälle, in denen der Betrag unter 4000,- Euro liegt, überlässt es das Convenio – Artikel 2.2. – den Mitgliedstaaten, Sanktionen festzulegen. Das Übereinkommen lässt offen, ob diese strafrechtliche oder verwaltungsrechtliche sein sollen.

In Spanien hatte der Gesetzgeber sich ursprünglich dafür entschieden, diesen leichten Betrug als Vergehen im dritten Buch des Código Penal, Artikel 628 Código Penal zu behandeln.

Artikel 628 Código Penal gültig bis 13. Januar 2013:

> „Wer gegenüber den allgemeinen Haushalten der Europäischen Gemeinschaften oder anderen von ihnen verwalteten Mitteln eine Hinterziehung begeht oder durch eine der in Artikel 306 und 309 beschriebenen Vorgehensweisen widerrechtlich daraus Gelder in Höhe von mehr als 4.000,- Euro erhält, wird mit Geldstrafe von fünf Tagen bis zu zwei Monaten bestraft.“[230]

Durch die Gesetzesreform Organgesetz 7/2012 wurden dieser Vergehenstatbestand abgeschafft und als Absatz II in den Artikel 306 übernommen. Insofern bildet nunmehr ein Betrug in dieser Größenordnung kein Vergehen mehr, sondern ein „delito“, Verbrechen.

Bei Beträgen dieser Größenordnung sind zwei Begehungsformen möglich, „defraudar“ – eine Hinterziehung begehen – oder „aplicada indebidamente“ – die nicht gerechtfertigte Verwendung von Geldern. Es wird sowohl die Einnahmen- als auch die Ausgabenseite geschützt.

Werden diese Betragsgrößen nicht erreicht, so kann nur das „Ley General Tributaria“, die allgemeine Abgabenordnung, oder das „Ley General de

230 Übersetzung nach Markus Hoffmann, Das Spanische Strafgesetzbuch.

Subvenciones“ angewendet werden und es können nur verwaltungsrechtliche Sanktionen verhängt werden.

Erfüllt das zugrundeliegende Grundgeschäft die Definition einer Subvention bzw. einer öffentlichen Hilfe im Sinne des Artikels 2.1. des Gesetzes 38/2003, Ley General de Subvenciones[231], so findet Artikel 37 dieses Gesetzes Anwendung. Demnach muss die gewährte Subvention zuzüglich Zinsen ab dem Moment der Zahlung der Subvention bis zu dem Beschluss über die Rückzahlung der Subvention zurückgezahlt werden. Die Gründe sind zum Beispiel die Fälschung von Bedingungen, die zur Zahlung erforderlich waren, die Verheimlichung von solchen Bedingungen, die die Gewährung verhindert hätten, die Nichterfüllung des Subventionszweckes oder das Sich-Widersetzen gegen Kontrollen über die Mittelverwendung. Die gleiche Behörde, die die Mittel gewährt hatte, ist dabei zuständig für den Widerruf; im Falle von Subventionen, die aus Mitteln der Europäischen Union kommen, ist es die nationale spanische Behörde, die die Mittel verwaltet, Artikel 41 Absatz 3 des Ley General de Subvenciones. Für die Kontrolle ist gemäß Artikel 45 Absatz 1 dieses Gesetzes der nationale Rechnungshof zuständig, dieser kann unter Umständen eine Strafe in einer Höhe bis zum Dreifachen des unrechtmäßig erlangten Betrages verhängen.

5. Begehen durch Unterlassen

a) Artikel 306 erster Teil

Der Tatbestand kann sowohl durch Begehen als auch durch Unterlassen begangen werden und durch bloße Inaktivität.[232]

---

231 Siehe dazu oben unter A.II.2.

232 Anmerkung: Der Hinweis, dass der Tatbestand auch durch Unterlassen möglich ist, fehlte im alten Código Penal. Dass auch die Steuerdelikte durch Unterlassen begangen werden können, wurde erst durch die Reform des Código Penal im Jahre 1995 ausdrücklich aufgenommen. Die Rechtsprechung hatte aber bereits vor der Reform – vgl. Sentencias Tribunal Supremo 2 de marzo de 1988 und 20 de noviembre de 1992 – ausdrücklich die Begehung durch Unterlassen anerkannt: Ein Steuerbetrug könne in der simplen Unterlassung des Steuerpflichtigen bestehen, ohne dass die Notwendigkeit einer aktiven Handlung gegeben sei. Begründet wurde dies mit dem Gesetzeswortlaut des Gesetzes – „eludir el pago“ – „die Zahlung zu umgehen“ –, und das Verb „eludir“ habe in diesem Zusammenhang eine klare Bedeutung des Unterlassens. Darüber hinaus würde es dem Zweck des Gesetzes widersprechen, dass derjenige unbestraft bleibt, der eine Zahlung unterlässt und auch keine Erklärung abgegeben hat, und nur bestraft werden soll, wer – handelnd – eine unvollständige oder unkorrekte Erklärung abgegeben hat.

Das Zuführen der Gelder zu einer anderen Verwendung ist nicht als eine Unterlassung anzusehen, da dafür Handlungen unternommen werden müssen und dies daher als aktive Begehungsform angesehen werden muss.

Anders ist es, wenn Mittel verschoben werden, ohne dass jedoch eine aktive Handlung vorliegt.

Dies ist z.B. der Fall, wenn das Gewähren einer Unterstützung daran geknüpft ist, dass ein Unternehmen bestimmte Umsatzgrößen erfüllt, das Unternehmen diese Bedingungen aber aufgrund einer Krise in dem Bereich nicht erfüllt.

Dies sind die tatsächlichen Fälle eines Betruges durch Unterlassen, und darauf bezieht sich das Übereinkommen zum Schutze der finanziellen Interessen der Europäischen Gemeinschaft, welches auch das Verschweigen einer Information unter Verletzung einer spezifischen Pflicht normiert, Artikel 1 Absatz I a), zweiter Spiegelstrich, und Absatz I b), zweiter Spiegelstrich.[233]

Ebenfalls möglich ist ein „Begehen durch Unterlassen", wie im Código Penal Artikel 11 normiert.

Die Garantenstellung des Begünstigten ergibt sich daraus, dass er verantwortlich für die korrekte Verwendung der Mittel ist, damit deren Zweck erfüllt wird, und er sich insofern in einer besonderen Situation gegenüber der Verwaltung befindet und daher verpflichtet ist, dieser eine Veränderung der Bedingungen, die zur Gewährung der Subventionen geführt haben, mitzuteilen.

b) Begehen durch Unterlassen Artikel 306 zweiter Teil, unrechtmäßiges Erhalten durch das Fälschen von Bedingungen oder das Verheimlichen von Bedingungen, die die Vergabe verhindert hätten

Beide Begehungsformen sind aktive Handlungen, da auch das „Verheimlichen" erfordert, dass ein Antrag vorgelegt wird, in welchem Daten oder Informationen, die einen positiven Bescheid auf den Antrag verhindert hätten, nicht erwähnt werden. Ebenso sind unvollständige Angaben in einem Antrag auf Gewährung von Subventionen nicht als „Unterlassen" anzusehen, sondern als schlüssige Handlungen und insofern nicht als „Unterlassen" zu werten.[234]

Letztlich ist es aber unerheblich, da sich aus dem Wortlaut „verheimlichen" auch die Möglichkeit einer Begehung durch Unterlassen ergibt, dies liegt z.B. vor, wenn derjenige, der eine Subvention bekommen hat, es unterlässt, Daten und Angaben mitzuteilen, die dazu führen würden, dass er nicht subventionsberechtigt ist.

233 Carmen Gómez Rivero, La malversación de fondos comunitarios, Seite 102.

234 Enrique Bacigalupo Zapater, Código Penal, Seite 3135 zu Art. 309.

In der Praxis können das Subventionen sein, die in Raten oder Teilbeträgen gewährt werden oder die die Verpflichtung bzw. Auflage der Rückzahlung beinhalten. In diesen Fällen stellt sich das Problem, dass derjenige, der eine Subvention erhalten hat, verpflichtet ist, dem Subventionsgeber Änderungen mitzuteilen, die wichtig für das weitere Nutzen der Subvention sind.

Dies ergibt sich meist aus den Vergabebedingungen selbst. Ist dort eine derartige Verpflichtung nicht geregelt, so ergibt sich diese Verpflichtung aus dem Ley General de Subvenciones, Ley General 38/2003 vom 17. November 2003.

Im Artikel 14 dieses Gesetzes ist die Verpflichtung des Begünstigten geregelt, dass er dem Organ, welches die Subvention gewährt hat, oder der lokalen Einheit, welche mit dem Organ zusammenarbeitet, die Erfüllung der Anforderungen und Bedingungen wie auch die Erfüllung des Zwecks, für den die Subvention gewährt wurde, mitteilen muss.

Der Artikel 46 des Gesetzes verpflichtet die Begünstigten zur Zusammenarbeit mit den Organen, die gemäß den Bestimmungen der Union die Kontrolle zugewiesen bekommen haben.[235]

Die Verpflichtung zur Mitteilung von Änderungen in den Vergabebedingungen ergäbe sich dann aus einer Garantenstellung des Artikels 11.a) Código Penal, der normiert, dass die Unterlassung der Handlung gleichzustellen ist, wenn eine besondere rechtliche oder vertragliche Verpflichtung zum Handeln vorliegt.

Da das „Ley General de Subvenciones" aber keine ausdrückliche Verpflichtung für den Begünstigten aufstellt, nachträgliche Änderungen, die Einfluss auf die Vergabe der Subvention haben, mitzuteilen, sondern nur allgemeine Pflichten enthält, ergibt sich meines Erachtens eine Garantenstellung aus einer besonderen Vertrauensstellung aufgrund der im Ley General de Subvenciones normierten Generalklauseln[236], sofern in den Vergabebedingungen nichts ausdrücklich festgelegt ist.

Heutzutage ist aber davon auszugehen, dass in den Vergabebedingungen eine ausdrückliche Pflicht zur Mitteilung von Veränderungen solcher Umstände, die für die Vergabe und Nutzung einer Subvention von Bedeutung waren, enthalten ist.

---

235 Vor Inkrafttreten des Ley General de Subvenciones 38/2003 ergaben sich die Verpflichtungen aus dem Artikel 81 Ley General Presupuestaria, des allgemeinen Haushaltsgesetzes.

236 Für die Anwendung des Artikels 11.a Código Penal: Maria Carmen Gomez Rivero, El fraude de Subvenciones, Seite 212, dagegen und für das Vorhandensein einer Garantenstellung aufgrund besonderer Vertrauensstellung: Enrique Bacigalupo Zapater, Código Penal, Seite 3135 zu Art. 309.

6. Täter, sujeto activo

a) Artikel 306 erster Teil

Der Artikel 306, erster Teil, gehört zu den Sonderdelikten, Täter kann nur derjenige sein, der tatsächlich Gelder selbst bekommen hat.[237] Der Gesetzeswortlaut spricht von „erhaltenen Geldern" („fondos obtenidos"), wobei es problematisch ist, wenn die Gelder einer juristischen Person gewährt werden, die in sich alle Tätermerkmale vereint.

Bei der Reform des Strafgesetzbuches von 1983 wurde der Artikel 15.bis in den damals gültigen Código Penal Español eingeführt, der es ermöglichte, die strafrechtliche Verantwortung auch auf denjenigen auszuweiten, der als Vertreter einer juristischen Person bzw. Gesellschaft handelt.

Bei der Reform des Código Penal im Jahre 1995 wurde der Artikel 31 eingeführt.

Dieser Artikel dehnte die strafrechtliche Verantwortung noch weiter aus. Eine Verantwortung haben nicht nur die Personen, die tatsächlich z.B. Geschäftsführer sind, sondern der Artikel 31 weitete die Verantwortung auch auf die Personen aus, die tatsächlich oder von Rechts wegen als Verwalter bzw. Vertreter einer juristischen Person oder in deren Namen in einem konkreten Fall handeln. Abgestellt wurde also nunmehr nicht alleine auf das ausgeübte Amt, sondern auf die durchgeführte einzelne Handlung.

Darüber hinaus schließt der Artikel 31 Código Penal 1995 die Strafbarkeitslücke, die entstand, wenn der Vertretene, bei dem die Eigenschaften des Sonderdeliktes vorlagen, keine natürliche, sondern eine juristische Person war, da der Artikel 31 ausdrücklich vorsieht, dass derjenige persönlich verantwortlich ist, der im Namen, in gesetzlicher oder gewillkürter Vertretung eines anderen handelt, selbst wenn bei ihm die Bedingungen, Eigenschaften oder Beziehungen nicht vorliegen, welche der jeweilige Straftat- oder Übertretungstatbestand für die Täterschaft verlangt, sofern diese Umstände bei dem Unternehmen oder der Person vorliegen, in deren Namen oder Vertretung er tätig ist.

Der Artikel 3.1. des Zweiten Protokolls zum Übereinkommen vom 19. Juli 1997 verpflichtet die Mitgliedstaaten, die nötigen Mittel zu ergreifen, damit auch juristische Personen als verantwortlich für Betrugshandlungen angesehen werden, wenn diese zu ihrem Vorteil von jedweder Person begangen wurden, die aufgrund Einzelbefugnis oder als Teil eines Leitungs-Organs der juristischen Person handelt.

---

237 Carmen Gómez Rivero, La malversación de fondos comunitarios, Seite 103.

Die Mitgliedstaaten müssen die nötigen Mittel ergreifen, siehe Artikel 3 Absatz 2 des Protokolls, um zu garantieren, dass auch eine juristische Person als verantwortlich angesehen wird, wenn das Unterlassen einer ausreichenden Kontrolle oder das Unterlassen einer geeigneten Überwachung zu einem Betrug zum Vorteil einer juristischen Person oder einer Person, die ihr untersteht, geführt hat und es im Verantwortungsbereich der juristischen Person liegt, keine ausreichenden Mittel für eine Durchführung von Kontrollen zur Vermeidung der Begehung von Delikten gestellt zu haben.[238]

b) Artikel 306 zweiter Teil

Täter kann jedwede Person sein. Dies ergibt sich aus dem Wortlaut „… el que obtenga …" („… wer erhält …"), der keinerlei Qualifikationen an die Täterqualität stellt. Es handelt sich daher um kein Sonder-, sondern um ein Allgemeindelikt[239], und Täter kann jeder sein, der eine Subvention beantragt hat, die auf falschen, unvollständigen oder inkorrekten Angaben beruht[240], oder auch derjenige, der bereits die Subvention erhalten hat.[241]

Täter können immer nur Privatpersonen sein; ist der Antragsteller ein Beamter oder ein Organ der öffentlichen Hand, befindet man sich nicht im Schutzbereich der Norm, welcher dadurch charakterisiert ist, dass durch die öffentliche Hand Regionen oder bestimmte Wirtschaftszweige gefördert werden, hier über Mittel der europäischen Union.

Ist jedoch der Antragsteller die öffentliche Hand selbst, sei es auch auf nationaler Ebene, so handelt es sich um buchhalterische Überweisungen und nicht um eine Eigentumsübertragung, welche die Vollendung dieses Tatbestandes kennzeichnet.[242]

c) Beamte

Oftmals wirken Beamte, bei der Begehung des Delikts im Rahmen des ihnen übertragenen Aufgabenbereiches mit, d.h. bei der Gewährung oder bei der späteren Kontrolle nach Gewährung der Subvention. Es stellt sich die Frage

---

238 Siehe dazu ausführlich unter C.V.2.

239 Virginia Sánchez López, El delito de fraude de subvenciones en el nuevo Código Penal, Seite 400.

240 Enrique Bacigalupo Zapater, Código Penal, Seite 3139.

241 Luis A. Arroyo Zapatero, Delitos contra la hacienda pública en materia de subvenciones, Seite 100.

242 Virginia Sánchez López, Obtención indebida de fondos comunitarios, Seite 299.

hinsichtlich der Behandlung der öffentlichen Hand oder der Beamten, die in betrügerische Handlungen verwickelt sind, und ob diese Täter sein können.

Es handelt sich um die Fälle, bei denen, überwiegend im Einverständnis mit dem Bürger, betrügerische Handlungen unterstützt oder erst ermöglicht werden. Diese Handlungen können meist unter dem Stichwort der „Korruption" zusammengefasst werden. Die Behörden oder Beamten, die in diese Handlungen verwickelt sind, können sowohl nationale Beamte als auch Beamte der Union sein. Auf nationaler Ebene überwachen diese Beamten meist die Subventionen. Beamte, die organisatorisch der Europäischen Union zugeordnet sind, haben meist Aufgaben der Mittelgewährung inne.

Die Zunahme der Korruption war der Grund dafür, dass im ersten Protokoll zum Übereinkommen des Schutzes der finanziellen Interessen der Union ausdrücklich die Grundlagen für eine strafrechtliche Verantwortung von Beamten festgelegt wurden.[243]

In dem Artikel 1 wird definiert, was ein Gemeinschafts- und ein nationaler Beamter ist, im Artikel 2 und 3 die aktive und passive Korruption. Die Mitgliedstaaten werden angewiesen, die nötigen Maßnahmen zu ergreifen, um die Angleichung der strafrechtlichen Verantwortlichkeit sowohl der nationalen als auch der Gemeinschafts-Beamten zu garantieren.

In Artikel 5 wird festgelegt, dass die Mitgliedstaaten die notwendigen Maßnahmen ergreifen müssen, um zu garantieren, dass die Handlungen der aktiven und der passiven Korruption wie auch die Beihilfe- und Anstiftungshandlungen strafrechtlich geahndet werden können, mit Rechtsfolgen, die wirksam, angemessen und abschreckend sein müssen und die, zumindest in schweren Fällen, auch solche Freiheitsstrafen zur Folge haben, die zu einer Auslieferung führen können.

Hauptsächlich handelt es sich um drei Bereiche, die, obwohl es sich um Gelder aus dem Haushalt der Europäischen Union handelt, von nationalen Stellen der spanischen Verwaltung verwaltet werden:

- den Europäischen Ausrichtungs- und Garantiefonds, der eine gemeinsame Landwirtschaftspolitik unterstützen soll,
- den Europäischen Fonds für die regionale Entwicklung sowie

243 Erstes Protokoll aufgrund von Artikel K.3 des Vertrages über die Europäische Union zum Übereinkommen über den Schutz der finanziellen Interessen der Europäischen Gemeinschaften, Amtsblatt Nr. C 313 vom 23.10.1996, S. 0002–0010.

- den europäischen Sozialfonds, der einer gemeinsamen Beschäftigungspolitik dienen und die Beschäftigungsmöglichkeiten der Arbeitnehmer in einem gemeinsamen Markt fördern soll.

Im spanischen Strafrecht gab es keine ausdrückliche Bestimmung, die das Verhalten des Beamten ahndet, der im Einverständnis mit dem Bürger handelt, sei es im Vergabeverfahren oder bei einer späteren Fehlleitung der Mittel. Es gibt ferner im spanischen Recht keine Bestimmung, die ein solches Verhalten der Beamten als eine erschwerte Form der Täterschaft ahnden würde[244]. Das Verhalten des Beamten ist nach den gleichen gesetzlichen Grundlagen wie denen zu betrachten, an denen auch dasjenige jedes anderen Bürgers zu bemessen ist, also nach den Regeln der Teilnahme („participe“) als Anstifter, Gehilfe oder als notwendiger Teilnehmer („cooperador necesario“).

Durch das Organgesetz 7/2012 wurde ein neuer Artikel in das Strafgesetzbuch eingeführt, der Artikel 433 bis:

> „1. Der Beamte oder die Autoritätsperson, der in einer Weise, die geeignet ist, der öffentlichen Einheit, von der er abhängt, einen wirtschaftlichen Nachteil zuzufügen, und der außerhalb der von den im Artikel 390[245] vorgesehen Sachverhalten die Buchführung fälscht oder solche Dokumente, die die wirtschaftliche Situation wiedergeben sollen, oder die Informationen fälscht, die in denselben enthalten sind, wird mit einem Verbot der Ausübung eines öffentlichen Amtes oder Beschäftigung für einen Zeitraum von einem bis zu zehn Jahren und einer Geldstrafe von zwölf bis vierundzwanzig Monaten bestraft.
>
> 2. Mit derselben Strafe wird die Obrigkeitsperson oder der Beamte bestraft, der in einer Weise, die geeignet ist, der öffentlichen Einheit, von der er abhängt, einen wirtschaftlichen Nachteil zu zufügen, Dritten unwahre Informationen im Hinblick auf die wirtschaftliche Situation derselben oder unwahre Informationen oder Dokumente, auf die sich der vorherige Absatz bezieht, zur Verfügung stellt.
>
> 3. Wenn der wirtschaftliche Nachteil bei der Einheit bzw. dem Unternehmen sich tatsächlich einstellt, so werden Gefängnisstrafen von ein bis vier Jahre auferlegt und das Verbot der Ausübung eines öffentlichen Amtes oder Beschäftigung für einen Zeitraum von einem bis zehn Jahr und einer Geldstrafe von zwölf bis vierundzwanzig Monate.“

Es handelt sich um ein Gefährdungsdelikt, das Verhalten erfüllt den Tatbestand ab dem Moment, ab dem ein Schaden für die öffentliche Einheit eintreten

---

244 Ohnehin bleiben meist die Verwaltung und die Beamten untätig, wenn gegen solche Bedingungen, die erfüllt werden müssen, damit die Mittel ausgeschöpft werden können, verstoßen wird.

245 Anmerkung: Art 390 Código Penal behandelt die Fälschung öffentlicher, amtlicher und kaufmännischer Urkunden

könnte, wobei die Strafe erhöht wird, wenn der Schaden sich tatsächlich verwirklicht hat.

Ansonsten kann eine Strafbarkeit unter dem Gesichtspunkt der „comisión por omisión" – „Handlung durch Unterlassen" – gesehen werden. Dieser Fall liegt vor, wenn der Beamte, obwohl er Unregelmäßigkeiten entdeckt hat, diese stillschweigend duldet und seine Aufgabe gerade darin besteht, diese aufzudecken. Er hat demzufolge eine Garantenstellung inne, und sein Unterlassen kann einem Begehen gleichgestellt werden.

Beschränkt sich der Beamte darauf, eine unerlaubte Nutzung der Subvention zu unterstützen, ohne dass er aber besondere Überwachungs- oder Kontrollfunktionen hat, so ergibt sich seine Strafbarkeit aus der Figur der „cooperación necesaria", der notwendigen Teilnahme, wenn seine Handlung notwendig war, Artikel 28 Satz 2, b) Código Penal:

> „...ebenfalls ist als Täter anzusehen, ... wer an der Ausführung durch eine Handlung mitwirkt, ohne die sie nicht verwirklicht worden wäre."

In diesen Fällen kann der Beamte als Täter bestraft werden.

Ist eine Mitwirkung des Beamten mit einer Gegenleistung verbunden, das heißt, dass er für seine Beteiligung z.B. einen Anteil an den erhaltenen Geldern bekommt, kann sein Verhalten als „cohecho", Artikel 419 Código Penal – Beamtenbestechung –, gewertet werden.

Erhält der Beamte keine Gegenleistung, so kann er nach den allgemeinen Teilnahmeregelungen oder z.B., falls er Antragsformulare gefälscht hat, wegen „falsedad en documento oficial", Fälschung eines offiziellen Dokumentes, Artikel 390 Código Penal, bestraft werden. Ferner besteht die Möglichkeit der Strafbarkeit nach Artikel 404 Código Penal, Rechtsbeugung durch Beamte, Artikel 439 Código Penal, missbräuchliche Handlungen in Ausübung ihrer amtlichen Aufgabe, oder Artikel 428 Código Penal, unerlaubte Einflussnahme.[246]

Hat der Beamte mit dem Bürger die Gewährung der Mittel mittels Angabe falscher oder des Verheimlichens gewisser Bedingungen vereinbart, so kann das Verhalten als ein eigenständiges Delikt der Beamtenbestechung gemäß Artikel 419 geahndet werden oder ein Teilnahmeverhalten sein, auf welches die allgemeinen Regeln des Código Penal Anwendung finden, sodass es zur gleichen

---

246 Vgl. Fernando Sequero Sazatornil, La participación del funcionario público en los delitos de fraude de subvenciones comunitarios del articulo 309 del Código Penal, Seite 187; sowie Sentencia de la Sala Segunda del Tribunal Supremo 95/2001, 1 de Febrero.

Strafanwendung wie beim Täter kommen kann, wenn es sich um notwendige Teilnahme handelte.

Nach meiner Auffassung sollte der spanische Gesetzgeber aber spezifische Tatbestände schaffen, die auf Handlungen, die Beamte in Ausübung ihrer Beamtenstellung begehen, anwendbar sind, oder Sonder-Regelungen dafür in die bestehenden Tatbestände einführen.

Diese Erschwerungen bzw. Sonderregelungen sollten sich auch auf Tatbestände beziehen, die in Konkurrenz mit dem Artikel 306 stehen könnten, wie die Bestechung, Artikel 419, die Rechtsbeugung, Artikel 404, die unerlaubte Einflussnahme, Artikel 428, oder die Veruntreuung im Amt, Artikel 432.

7. Subjektiver Tatbestand

a) Artikel 306 erster Teil

In Übereinstimmung mit den in Artikel 1 des Übereinkommens zum Schutze der finanziellen Interessen der Europäischen Union aufgestellten Anforderungen beschränkt sich der subjektive Tatbestand des Artikels 306, erster Teil, auf Vorsatz, d.h. auf diejenigen Handlungen, die in Kenntnis und mit dem Willen zu einer betrügerischen Handlung begangen wurden oder zumindest mit bedingtem Vorsatz. Fahrlässige Handlungen werden nicht erfasst.

Begründet wird dies damit, dass das Prinzip der „intervencion miníma", des geringstmöglichen Einschreitens, besagt, dass vom Strafrecht nur relativ schwerwiegende Handlungen erfasst werden, Fälle geringer Tragweite sollen auf das Verwaltungsrecht verwiesen werden. Es genügt dann, die Subvention zurückzufordern und eine verwaltungsrechtliche Strafe anzudrohen und aufzuerlegen.[247]

Darüber hinaus sprechen kriminalpolitische Gründe dafür.

Die Einführung einer Klausel, die auch fahrlässiges Verhalten ahnden würde, ist in den Rechtsordnungen gerechtfertigt, die – wie z.B. das deutsche Strafrecht – den Subventionsbetrug auf die Fälle begrenzen, in denen der Subventionsempfänger ein „Betrieb oder Unternehmen" ist, vgl. § 264 VII 1 des deutschen Strafgesetzbuches. In diesen Rechtsordnungen liegt eine besondere Sorgfaltspflicht gegenüber der Verwaltung vor, aber gerade die komplexen Kompetenzverteilungen in den Unternehmen begünstigen, dass in einem Strafverfahren Fahrlässigkeit eingewendet und vorgebracht werden kann. Zu einem großen Teil verfügen die Unternehmen – im Gegensatz zu einer Privatperson – über besonders ausgebildetes Personal oder über externe Berater und haben daher

247 Carmen Gómez Rivero, La malversación de fondos comunitarios, Seite 106.

die Möglichkeit, die sehr komplexen Subventions- und Vergabebedingungen zu kennen.

Die beschriebenen Verhaltensweisen – dass in einem Unternehmen die Vergabe- und Subventionsbedingungen nicht genau eingehalten werden und Fahrlässigkeit vorgebracht wird – können im spanischen Strafrecht über den „dolo eventual" geahndet werden, da die oftmals vorliegende Gleichgültigkeit seitens der verantwortlichen Unternehmer den „dolo eventual", den bedingten Vorsatz, ausmacht.[248]

Der Verweis auf Normen, die außerhalb des Strafrechtes stehen, und auf Sachverhalte, die Gegenstand anderer juristischer Rechtszweige sind, erleichtert es, dass der Täter vorbringt, in Unkenntnis oder im Irrtum über die Vergabe-Bedingungen gehandelt zu haben, sodass ein solcher Irrtum zu einer Straflosigkeit seines Handelns führen würde.

Würde ein fahrlässiges Begehen nicht geahndet werden – welches sich auch auf Teilnehmer erstrecken würde –, blieben die Täter straflos.

Wenn auch fahrlässige Begehung möglich wäre, so würde man auch die Sachverhalte erfassen können, bei denen ein Irrtum über ein Tatbestandsmerkmal vorliegt. Man vermeidet weite Interpretationen, um über den Eventualvorsatz Handlungen zu erfassen, die eigentlich unter Fahrlässigkeit subsumiert werden müssten, nur um zu verhindern, dass das Handeln straflos bliebe.

Verfügt der Antragsteller über besondere Qualifikationen, wie z.B. besondere berufliche Erfahrung oder Ausbildung, oder hat er besondere Unternehmereigenschaften, so beinhaltet dies eine besondere Sorgfaltspflicht – „deber de cuidado" –, woraus man die Notwendigkeit ableiten kann, auch fahrlässiges Handeln zu ahnden.[249]

Die Rechtsprechungsorgane müssen also berücksichtigen, ob es sich um einen Täter handelt, der sich kaum der Komplexität der Vergaberichtlinien bei Subventionen stellen kann, oder ob es sich um einen Unternehmer handelt, der sich mit der Vergabe von Fördermitteln bestens auskennt.

b) Artikel 306 zweiter Teil

Für den subjektiven Tatbestand des Artikels 306 Absatz II ist ebenfalls Vorsatz erforderlich. Der Tatbestand erfüllt somit die Anforderungen des

248 Carmen Gómez Rivero, La malversación de fondos comunitarios, Seite 107.

249 So Virginia Sánchez López, Obtención indebida de fondos comunitarios, Seite 302.

Übereinkommens, welches vorsätzliche Begehung verlangt.[250] Der Täter muss Kenntnis davon haben, dass er für den Erhalt der beantragten Mittel betrügerische Handlungen vornimmt. Bedingter Vorsatz reicht aus, er muss keine exakten und genauen Kenntnisse der Zuwendungsbedingungen haben.[251]

8. Vollendung

a) Artikel 306 erster Teil

Den erhaltenen Mitteln muss eine andere Verwendung zukommen als diejenige, für die sie bestimmt waren.

Erfolgt diese Zweckentfremdung der Mittel durch eine Handlung, so ist das Delikt in dem Moment vollendet, in welchem die Gelder einen anderen Zweck finanzieren.

Wird das Delikt durch Unterlassen begangen, so ist es in dem Zeitpunkt vollendet, in dem der Begünstigte verpflichtet gewesen wäre und er sich zumindest darüber bewusst war oder sich darüber hätte bewusst gewesen sein müssen, der öffentlichen Hand mitzuteilen, dass es eine Veränderung in der Mittelzuweisung gegeben habe, und er mit zumindest bedingtem Vorsatz die Mittel weiter ausschöpfte, verbrauchte bzw. in Anspruch nahm.

b) Artikel 306 zweiter Teil

Die betrügerische Handlung im Sinne des Artikels 306, zweiter Teil, muss es dem Täter ermöglichen, Gelder aus den allgemeinen Haushalten der Europäischen Union oder andere von ihnen verwaltete Mittel zu erhalten. Umstritten ist, ob dieser die Mittel auch tatsächlich erhalten haben muss.

Ein Teil der Lehre geht davon aus, dass das Delikt mit dem Erlass des gewährenden Verwaltungsaktes vollendet ist[252], hingegen geht ein anderer Teil davon aus, dass der Täter tatsächlich über die Vermögensgüter verfügen muss, es also zu einer Vermögensverschiebung gekommen sein muss[253] und die Gelder tatsächlich gezahlt wurden.

---

250 Carlos Martínez Bujan Pérez, Derecho Penal Económico, Delitos contra la Hacienda Pública y contra la Seguridad Social, Seite 498.

251 Virginia Sánchez López, Obtención indebida de fondos comunitarios, Seite 301.

252 Maria Carmen Gómez Rivero, El Fraude de Subvenciones, Seite 367 in Verbindung mit Seite 240

253 Luis A. Arroyo Zapatero, Delitos contra la Hacienda Pública en materia de subvenciones, Seite 109 ff. Vives Antón/ Boix Reig: Derecho Penal, Parte Especial, Seite 429.

Nach Auffassung von Enrique Bacigalupo Zapater würde das Erfordernis, dass der Täter tatsächlich über die Vermögensgüter verfügen muss, es also zu einer Vermögensverschiebung gekommen sein muss, dem kriminalpolitischen Zweck des Deliktes widersprechen, weil beim Subventionsbetrug damit etwas verlangt werden würde, was beim Betrug – „estafa", Artikel 248 Código Penal – nicht verlangt wird, nämlich eine Bereicherung des Täters. Dies führe zu einer Benachteiligung der schutzwürdigen Interessen des Staates gegenüber den Interessen des Einzelnen.[254] Andererseits: Da der Artikel 308 Absatz V, der den Subventionsbetrug an nationalen Interessen behandelt, Strafbefreiung für den vorsieht, der die erhaltenen Beträge zuzüglich Verzugszinsen freiwillig zurückzahlt, könnte daraus geschlossen werden, dass der Zeitpunkt der Vollendung des Delikts im Moment des Erhalts der Subvention liegt.

Allerdings soll der Artikel 308 Absatz V nicht den Vollendungszeitraum bestimmen, sondern nur die Handlungen definieren, die nach der Vollendung, als „actus contrarius", notwendig sind, um die Strafbarkeit auszuschließen[255].

Da es sich um ein Erfolgsdelikt handelt, welches die tatsächliche Erlangung der Subvention oder Hilfe verlangt, ist die Vollendung des Deliktes demzufolge auf diesen Moment abzustellen.[256]

Auch wenn bei dem Artikel 308, der die Interessen bei der Vergabe von nationalen Subventionen schützt, auf den Zeitpunkt der Vergabeentscheidung abgestellt wird, da bereits in diesem Moment die Rechtsgutverletzung stattgefunden habe, ist dies bei dem Artikel 306, zweiter Teil, anders.[257]

Der tatsächliche Erhalt der Gelder bestimmt die Vollendung des Tatbestandes, der bloße Antrag reicht nicht aus[258].

Der Artikel 306, zweiter Teil, ist ein Erfolgsdelikt, welches erfordert, dass der Antragsteller die Vermögenszuwendung, in welcher sich die gewährte Subvention konkretisiert, auch erhält[259]. Kann der Antragsteller über die Mittel verfügen, ist das Delikt vollendet[260].

---

254 Enrique Zapater, Código Penal, Seite 3136.

255 Enrique Bacigalupo Zapater, Código Penal, Seite 3137.

256 Vgl. im Hinblick auf Artikel 308 Sentencia Audiencia Provincial de Córdoba vom 21. Juni 1999.

257 Carlos Martínez Buján Pérez, Derecho Penal Económico, Delitos contra la Hacienda Pública y contra la Seguridad Social, Seite 470.

258 Mario Garces Sanagustín, El Fraude de Subvenciones Públicas, Seite 12.

259 Carlos Martínez-Buján Pérez, Derecho Penal Económico, Seite 497.

260 Virginia Sánchez López, El delito de fraude de subvenciones en el nuevo Código Penal, Seite 401.

In Übereinstimmung mit dieser Überlegung ist die bloße Mitteilung durch ein Organ der Europäischen Union über eine Gewährung von Subventionen oder deren Annahme für die Bestimmung des Zeitpunktes der Vollendung nicht ausreichend, wie auch nicht der Erlass eines Verwaltungsaktes, der über den Antrag entscheidet.

Für die Vollendung ist erforderlich, dass tatsächlich eine Vermögensverschiebung zugunsten des Täters stattgefunden hat[261] und dieser über die Mittel verfügen kann.[262]

Der Unterschied zum Artikel 308 – Veruntreuung von Subventionen aus dem nationalen Haushalt – liegt darin, dass für diesen keine tatsächliche Vermögensverschiebung erforderlich ist, sondern nur die formale Annahme der gewährten Subvention.

Dies ergibt sich aus dem Wortlaut: Der Artikel 308 erfordert „obtener la subvención", „das Erhalten einer Subvention", der Artikels 309 wählt mit „obtener … fondos", „Gelder erhalten" eine allgemeinere Formulierung.

9. Unvollkommene Ausführung / Versuch

Das Übereinkommen zum Schutze der finanziellen Interessen der Europäischen Gemeinschaften verlangt in seinem Artikel 2, dass die Mitgliedstaaten die erforderlichen Maßnahmen treffen sollen, damit auch der Versuch der im Übereinkommen beschriebenen Handlungen geahndet werden kann. Da im Artikel 15 Absatz I Código Penal festgelegt ist, dass sowohl die vollendete Straftat als auch der Versuch der Straftat strafbar sind, ist diese Anforderung des Übereinkommens erfüllt.

10. Strafen / Rechtsfolgen

Die in Artikel 306 festgelegten Rechtsfolgen für einen Betrug in einer Betrag von über 50.000,- € sind Freiheitsentzug von einem bis zu fünf Jahren und Geldstrafe in Höhe der genannten Summe bis zu deren sechsfacher Höhe.

Im Übereinkommen zum Schutze der finanziellen Interessen ist nur festgelegt, dass die Mitgliedstaaten die Interessen der Europäischen Union durch wirksame, angemessene und abschreckende Strafen schützen müssen. Zumindest in schweren Betrugsfällen muss dies auch Freiheitsstrafen umfassen, die zu

261 Virginia Sánchez López, Obtención indebida de fondos comunitarios, Seite 301.

262 Carlos Martínez Bujan Pérez, Derecho Penal Económico, Delitos contra la Hacienda Pública y contra la Seguridad Social, Seite 497.

einer Auslieferung führen können, ohne dass jedoch die Auferlegung konkreter Strafen festgelegt wird, vgl. Artikel 2 des Übereinkommens.

Die Strafen, die der spanische Gesetzgeber im Artikel 306 vorgesehen hat, Freiheitsentzug von einem bis zu fünf Jahren und Geldstrafe in Höhe des hinterzogenen Betrages bis zu dessen sechsfacher Höhe, sind dieselben wie für den Betrug an nationalen Mitteln gemäß Artikel 308. Nicht vorgesehen, im Gegensatz zum Schutze der nationalen Interessen, sind Nebenstrafen, wie der Verlust, zukünftig öffentliche Gelder oder Steuervorteile zu erhalten.

Bis zur Reform des Strafrechtes durch das Organgesetz 7/2012 stimmten die im Artikel 306 bezeichneten Rechtsfolgen nur in Teilen mit denen überein, die im Artikel 308, der die Veruntreuung nationaler Mittel regelt, vorgesehen sind.

So waren die dort vorgesehenen Nebenstrafen wie der Verlust der Möglichkeit, Subventionen, öffentliche Zuschüsse, Steuer- und Sozialversicherungsvorteile für einen bestimmten Zeitraum zu erhalten, im Artikel 306 nicht vorgesehen.

Der Gesetzgeber hat nunmehr diese Nebenstrafen für die Fälle, in denen der Betrag zwar 50.000,- € nicht erreicht, aber 4.000,- € übersteigt, ebenfalls im Artikel 306 normiert.

Es ist nicht schlüssig, warum im Bereich der Nebenstrafen der Gesetzgeber eine Unterscheidung je nach Betragshöhe – über 50.000,- € bzw. über 4.000,- € – trifft. Entweder können bei Vorliegen des Tatbestandes die Nebenstrafen verhängt werden, oder nicht, und warum diese nur bei einem Betrag in einer geringen Größe verhängt werden sollen, wenn doch eigentlich der „Unwertgehalt" eines höheren Betrages, der hinterzogen wurde, größer ist, und somit auch härtere Rechtsfolgen haben sollte.

Man hätte von den Nebenstrafen auch komplett absehen sollen, wenn man bedenkt, dass die Subventionen von der Europäischen Union gewährt wurden, die folglich auch allein befugt sein sollte, derartige Nebenstrafen im Zusammenhang mit den von ihr gewährten Mitteln zu verhängen. Die Kompetenzen zur Auferlegung von Nebenstrafen, wie die Rückerstattung zu Unrecht gewährter oder ausgenutzter Mittel oder der Ausschluss von weiteren Verfahren zur Erlangung von Subventionen, stehen demjenigen zu, der sie gewährt, also der Europäischen Union und nicht den nationalen Richtern.[263] Solche Nebenstrafen können als Verwaltungsstrafen nur durch die Organe der Europäischen Union auferlegt werden. Hat sich der Betrug an Mitteln vollzogen, die aus ihrem Haushalt stammen, sind sie alleine dafür zuständig, Nebenstrafen wie Geldstrafen,

263 Antonio Morillo Méndez, Infracciones, Sanciones Tributarios y Delitos contra la Hacienda Pública, Seite 322.

eine Verminderung der beantragten Mittel oder Strafzuschläge bei der Rückzahlung der Gelder aufzuerlegen.

11. Strafbefreiender Rücktritt

Anders als bei der Veruntreuung nationaler Mittel, für die in Artikel 308 Absatz V ein strafbefreiender Rücktritt für den Fall vorgesehen ist, dass die unrechtmäßig erlangten Gelder zuzüglich Zinsen freiwillig zurückgezahlt werden, ist diese Möglichkeit im Tatbestand des Artikels 306 nicht vorgesehen.

Eine solche Strafbefreiung gemäß Artikel 308 Absatz V erstreckt sich auch auf Urkundenfälschungen, die der Täter vor der Regularisierung seiner steuerlichen Situation zum Zwecke des Subventionsbetruges begangen haben könnte, wobei diese Möglichkeit aber nicht für denjenigen gegeben ist, der den Haushalt der Europäischen Union geschädigt hat.

Der Grund ist darin zu sehen, dass ein derartiger Strafausschluss nicht in der Kompetenz der spanischen, nationalen Rechtsprechungsorgane liege.

Der nationale Gesetzgeber hat im Hinblick auf die strafrechtliche Verfolgung der finanziellen Interessen der Europäischen Union eine Verpflichtung zum Schutze einer anderen, quasi „übernationalen" Instanz übernommen. Es macht aber keinen Sinn, wenn sich auch auf diese Sachverhalte seine politische Meinung erstrecken und er demzufolge unter bestimmten Umständen von einer strafrechtlichen Verantwortung absehen könnte, weil der spanische Gesetzgeber seine kriminalpolitischen Erwägungen nicht auf den „supra-nationalen" Gesetzgeber ausdehnen darf.[264]

12. Kritik

Die unterschiedliche Auferlegung von Rechtsfolgen, je nachdem, ob es sich um „nationale" oder Unions-Gelder handelt, und obwohl derselbe strafrechtliche Unwertgehalt vorliegt, widerspricht dem Gleichheitsprinzip, ebenso wie die unterschiedliche Möglichkeit des strafbefreienden Rücktrittes.[265]

Dieser Widerspruch kann nur aufgelöst werden, wenn tatsächlich die europäischen Interessen den nationalen gleichgestellt werden, wenn also entweder

---

264 Carmen Gómez Rivero, La malversación de fondos comunitarios, Seite 108; Carlos Martínez Buján Peréz, Derecho Penal Económico, Seite 501.

265 Adela Asúa Batarrita, Incongruencias del sistema dual del fraude de subvenciones, Seite 960, so auch Francisco Muñoz Conde, Derecho Penal, Parte Especial, Seite 1038; Carlos Martinez Bujan Pérez, Derecho Penal Económico, Delitos contra la Hacienda Pública y contra la Seguridad Social, Seite 501.

eine Strafbefreiung auch auf den Betrug an Mitteln der Union ausgedehnt oder in keinem der beiden Delikte eingeführt wird.[266]

Fermín Morales Prats[267] weist auf die Ungleichheit hin, die bei den verschiedenen Artikeln bestehe, die im Titel XIV des Código Penal zusammengefasst sind, und die sich auch bei der Beurteilung der Vergehen der Artikel 627 und 628 gezeigt habe. Bis zum Inkrafttreten des Organgesetzes 7/2012 wurden betrügerische Handlungen am Haushalt der Europäischen Union in eigenen Vergehenstatbeständen, den Artikeln 627 und 628, behandelt, wobei als Rechtsfolge nur eine Geldstrafe möglich war. Wer hingegen einen verwaltungsrechtlichen Verstoß beging, verlor auch die Möglichkeit, zukünftig neue –öffentliche – Hilfen zu bekommen, ein öffentliches Amt zu bekleiden usw. Damit war jemand, der ein Vergehen beging, besser gestellt als jemand, der eine „infracción administrativa", nur eine verwaltungsrechtliche Verletzung, begangen hatte.[268]

Diese Unterscheidung in Vergehen und Delikt ist nunmehr abgeschafft und betrügerische Handlungen eines Betrages von über 4.000,- €, aber unter 50.000,- €, werden als Delikt im Artikel 306 behandelt. Die Problematik, dass bei Nichterreichen einer bestimmten Betragshöhe Betrugshandlungen an nationalen Mitteln straffrei sein können, jedoch Handlungen gegen den Finanzhaushalt der Europäischen Union mit einem geringeren Betrag, das heißt zwischen 4.000,- Euro und 50.000,- Euro, als Verbrechen behandelt werden können, stellt sich aber weiterhin.

Ebenfalls ist es fraglich, warum das Strafrecht hier Verhaltensweisen ahnden soll, die auch verwaltungsrechtlich als „infracciones administrativas", verwaltungsrechtliche Verstöße, geahndet werden können, weil das Strafrecht „Ultima Ratio" sein sollte, also erst dann Anwendung finden sollte, wenn andere Rechtsbereiche keine Anwendung finden.[269]

Es scheint, als seien die nationalen Interessen weniger stark geschützt als die Interessen der Union, welches mit dem Prinzip einer Gleichstellung nicht übereinstimmt.

Erneut hat der Gesetzgeber ungenau gehandelt und hätte, als er den Anforderungen des Übereinkommens nachkam und die Tatbestände im Código Penal

---

266 Miguel Bajo, Silvina Bacigalupo: „Delitos contra la hacienda pública", Seite 200; Juan Maria Terradillos Basoco, Fraude de Subvenciones Comunitarias, Seite 39.

267 Fermín Morales Prats, Los efectos penales de la regularización tributaria en el Código Penal de 1995, Seite 61–62.

268 Vgl. auch Adán Nieto Martín, Fraudes Comunitarios, Seite 407

269 Vgl. Virginia Sánchez López, El delito de fraude de subvenciones en el nuevo Código Penal, Seite 416

änderte, den Strafbefreiungsgrund der vollständigen Rückzahlung eindeutig auch auf betrügerische Handlungen zu Lasten der Europäischen Union ausdehnen können. Das Übereinkommen erwähnt die Möglichkeit von Strafbefreiungsgründen weder ausdrücklich, noch schließt es diese aus, sodass diese Frage nicht präjudiziert ist und folglich im Ermessen der einzelnen Staaten liegt.[270]

Gesetzestechnisch ungenau ist es auch, die Tathandlung des Artikels 306, zweiter Teil, mit dem Adverb „indebidamente", „unrechtmäßig", zu beschrieben:

„...wer unrechtmäßig Mittel aus dem Haushalt der Europäischen Union ... erhält ...",

wobei kein besonderer Grund für die Aufnahme dieses Adverbs ersichtlich ist. Es ist nicht konkret und gibt daher auch Anlass für Interpretationsmöglichkeiten[271].

Der Tatbestand selbst spricht von „falsear", „verfälschen", und „ocultar", „verbergen", und dies beinhaltet schon, dass die tatbestandsmäßige Handlung unrechtmäßig sein muss[272].

Welche Verhaltensweisen als „unrechtmäßig" klassifiziert werden, beschreibt der Tatbestand daher schon selbst, sodass der Hinweis auf eine „unrechtmäßige" Begehungsform eigentlich überflüssig ist, zumal dies bei den Tathandlungen des ersten Teiles des Artikels 306 nicht vorgesehen ist. Dort wird auf eine zweckwidrige Verwendung der erhaltenen Gelder abgestellt und ein Hinweis, dass es sich um eine „unrechtmäßige" Begehung handeln muss, unterlassen. Erwähnt wird nur das tatbestandsmäßige Verhalten, ohne weitere Attribute oder Wertungen.

Durch die Verwendung des weiten Begriffes „fondos" – „Mittel, Gelder" – im Tatbestand des Artikels 306, zweiter Teil, des Código Penal scheint es, dass die Interessen der Europäischen Union stärker geschützt werden als die nationalen Interessen, denn der Artikel 308, der die öffentlichen Mittel des internen spanischen Haushaltes schützt, führt zwei konkrete zu schützende Rechtsgüter auf: Subventionen, „subvenciones", und Zuschüsse, „ayudas". Damit ist zwar auch hier Raum für einen weiten vermögensrechtlichen Schutz gegeben, trotzdem ist das zu schützende Rechtsgut der europäischen Interessen weiter gehalten als das zu schützende Rechtsgut der nationalen Interessen.[273]

Darüber hinaus beginnt der Schutz der Interessen der Union im Artikel 306 schon bei einem Betrag von 50.000,- Euro, der Schutz der nationalen

---

270 So auch Queralt, Joan Josep, El comportamiento post delictivo en los delitos contra las Haciendas Públicas y la Seguridad Social, Madrid 1998, Seite 219.

271 So auch Emilio Cortes Bechiarelli, Delitos contra la Hacienda Pública, Seite 251.

272 Lorenz Morillos Cuevas in Cobo del Rosal, Curso de Derecho Penal Español, Seite 586.

273 Emilio Cortes Bechiarelli, Delitos contra la Hacienda Pública, Seite 251.

Subventionen des Artikels 308 aber erst bei einem Betrag von 120.000,- Euro, und es ist nicht die Strafbefreiung durch Rückzahlung und damit der absolute Entschuldigungsgrund wie im Artikel 308 Absatz V vorgesehen, der die nationalen Interessen behandelt[274].

Dies verstößt gegen den Gedanken des Übereinkommens zum Schutz der finanziellen Interessen der Europäischen Gemeinschaft, da dieses Übereinkommen den Wunsch der Europäischen Union ausdrückt, wirksam deren finanzielle Interessen zu schützen. Eine mögliche Strafbefreiung hätte einen Anreiz zur Rückzahlung des hinterzogenen Betrages zuzüglich Zinsen gegeben, und dies hätte dem Zweck des Übereinkommens entsprochen.

Weicht also der Schutz nationaler Interessen von dem Schutz der europäischen Interessen ab, so widerspricht dies auch dem Sinn und den Bestimmungen des Artikels 325 des Vertrages über die Arbeitsweise der Europäischen Union[275], davor Artikel 280 des EG-Vertrages.[276]

Der Artikel 306 gibt den nationalen Rechtsprechungsorganen nur die Möglichkeit, Nebenstrafen wie den Verlust, zukünftig Subventionen aus dem Haushalt der Europäischen Union zu erhalten, bei betrügerischen Handlungen in einer Größenordnung unter 50.000,- € aufzuerlegen. Man könnte dies zwar damit begründen, dass der spanische Gesetzgeber nicht legitimiert sei, über die Vergabe von Geldern aus dem Haushalt der Europäischen Union zu entscheiden, oder dass ihm dafür aufgrund der Herkunft der Mittel die Aktiv-Legitimation nicht gegeben und dies nur den Behörden der Europäischen Union vorbehalten sei.[277] Allerdings darf meines Erachtens nicht vergessen werden, dass das geschützte Rechtsgut keineswegs weit vom spanischen Staat entfernt ist und dass, würde man das Fehlen einer Legitimation konsequent zu Ende denken, dann auch der nationale, spanische Gesetzgeber nicht befugt wäre, überhaupt die Interessen der Europäischen Union zu schützen. Es ist der nationale Gesetzgeber, der die Anträge auf Zuteilung von Geldern übernimmt, insofern steht er also doch sehr nahe bei den „supranationalen" Geldern. Die Europäische Union würde das Interesse, das ein nationaler Gesetzgeber für den Schutz ihrer finanziellen Interessen zeigt, meines Erachtens nach nur begrüßen, und es ist

274 Fernando Sequeros Sazatornil, La participación del funcionario publico en los delitos de fraude de subvenciones comunitarias del artículo 309 del Código Penal, Seite 184.

275 Konsolidierte Fassung des Vertrages über die Arbeitsweise der Europäischen Union, ABl C 326 vom 26.Oktober 2012, Seite 47–390.

276 Bechiarelli / Serrano Gonzalez, Delitos contra la Hacienda Pública, Seite 252.

277 Vgl. Carlos Martínez Bujan Pérez, Derecho Penal Económico, Delitos contra la Hacienda Pública, Seite 502; Adán Nieto Martín, Fraudes Comunitarios, Seite 388.

kein Grund ersichtlich, die Auferlegung von Nebenstrafen nur bei einem Betrag von unter 50.000,- € zu ermöglichen.

Letztlich ist aber die ungleiche Behandlung der Nebenfolgen, je nachdem, ob nationale Interessen oder europäische Interessen verletzt werden, nur logische Folge dessen, dass der Schutz der europäischen Interessen in anderen Tatbeständen als der Schutz der finanziellen nationalen Interessen, auch an Subventionen, geregelt wird[278] und der spanische Gesetzgeber es vorgezogen hat, den Schutz der Interessen der Europäischen Union in einem separaten Tatbestand zu behandeln, anstatt sowohl den Schutz der nationalen Interessen als auch den Schutz der Interessen der Europäischen Union in nur einem Tatbestand zu behandeln.

III. Artikel 308 Código Penal

Artikel 308 Código Penal:

> „1. Wer eine Subvention, Steuerentlastung oder einen Zuschuss der öffentlichen Verwaltung von mehr als 120.000,- Euro erhält, indem er die für die Gewährung erforderlichen Voraussetzungen fälscht oder diejenigen verheimlicht, die die Gewährung verhindert hätten, wird mit Gefängnis von einem Jahr bis zu fünf Jahren und Geldstrafe in Höhe des Betrages bis zu dessen sechsfacher Höhe bestraft, es sei denn, es wird die Rückzahlung der Beträge so wie im Absatz V dieses Artikels vorgesehen durchgeführt.
>
> 2. Dieselben Strafen werden demjenigen auferlegt, der im Verlauf einer ganz oder teilweise mit Geldern der öffentlichen Verwaltung subventionierten Tätigkeit, deren Betrag 120.000,- Euro übersteigt, diese zu anderen Zwecken verwendet als die, für die die Subvention oder Hilfe bestimmt war, es sei denn, es wird die Rückzahlung der Beträge gemäß den Bestimmungen des Absatzes V dieses Artikels vollzogen.
>
> 3. Zusätzlich zu den angedrohten Strafen ist dem Verantwortlichen der Verlust der Möglichkeit, Subventionen oder öffentliche Zuschüsse zu erhalten, und des Rechts, in den Genuss von Steuer- oder Sozialversicherungsvorteilen oder –anreizen zu kommen, für die Dauer von drei bis sechs Jahren aufzuerlegen.
>
> 4. Für die Bestimmung des hinterzogenen Betrages stellt man auf das Kalenderjahr ab, und es muss sich um Subventionen oder Zuschüsse handeln für die Förderung einer privaten Tätigkeit, auch wenn diese von verschiedenen öffentlichen Verwaltungen oder Einheiten gewährt werden.
>
> 5. Man geht davon aus, dass die Rückzahlung, auf die sich Absatz 1 und 2 beziehen, erfolgt ist, wenn der Empfänger der Subvention oder Hilfe die ungerechtfertigt empfangenen oder ungerechtfertigt verwendeten Subventionen oder Hilfen zurückzahlt, erhöht um den ab Gewährung im Bereich der Subventionen anwendbaren

278 So auch Francisco Muñoz Conde, Derecho Penal, Parte Especial, Seite 1038.

Verzugszinssatz, und diese Rückführung muss durchgeführt sein, bevor der Beginn von Überprüfungs- oder Kontrollmaßnahmen im Hinblick auf diese Hilfen oder Subventionen durchgeführt wurde, oder, falls dies nicht geschehen sein sollte, bevor die Staatsanwaltschaft, der Vertreter des öffentlichen Interesses oder der Vertreter der zuständigen Verwaltung des Landes oder Gemeinde eine Strafklage oder Strafanzeige eingelegt hat, oder bevor die Staatsanwaltschaft oder der Ermittlungsrichter Handlungen durchführen, die es dem Subventionsempfänger ermöglichen, formale Kenntnis von den Ermittlungshandlungen zu haben. Die Rückzahlung verhindert, dass der Täter für mögliche Urkundenfälschungen verfolgt wird, die er, ausschließlich im Hinblick auf die Schuld, die Gegenstand der Rückzahlung bildet, vor Rückzahlung derselben begangen haben könnte.

6. Das Vorliegen eines Strafverfahrens im Hinblick auf einen der im Absatz I und II dieses Artikels beschriebenen Tatbestände verhindert nicht, dass die zuständige Verwaltung über den Verwaltungsrechtsweg die Subventionen oder unrechtmäßig verwendeten Hilfen zurückfordern kann. Der Betrag, der zurückgezahlt werden muss, versteht sich nur als vorläufig durch die Verwaltung festgesetzt und wird nachträglich angepasst gemäß der letztlichen Entscheidung im Strafprozess.

Das Strafverfahren verhindert auch nicht die Vollstreckung durch die Verwaltung, die darauf gerichtete Maßnahmen einleiten kann, es sei denn, dass der Richter, von Amts wegen oder auf Antrag einer Partei, die Unterbrechung von Vollstreckungshandlungen nach Stellung von Garantien angeordnet hat.

Falls keine Garantien, auch nicht teilweise, geleistet werden können, kann der Richter ausnahmsweise die Unterbrechung unter Verzicht auf vollständige oder teilweise Leistung von Garantien anordnen, wenn er davon ausgeht, dass die Vollstreckung irreparable oder nur sehr schwer wieder gutzumachende Schäden bedeuten würde …“

In seinem Wortlaut nimmt der Artikel 308 keinen Bezug auf die Interessen der Europäischen Union und erwähnt nur die „Administraciones Públicas“, die nationale Finanzverwaltung, ohne ausdrücklich, wie im Artikel 305 und 306, die finanziellen Interessen der Europäischen Union zu erwähnen.

Obwohl nicht ausdrücklich die europäischen Interessen, sondern die nationalen Interessen geschützt werden, soll kurz auf den Artikel eingegangen werden, da auch Fallkonstellationen denkbar sind, in denen mittels dieses Artikels die Interessen der Union geschützt werden. Im Folgenden werden nur die wesentlichen Probleme angesprochen:

1. Objektiver Tatbestand

Der Tatbestand ist weit zu sehen und umfasst neben den Subventionen – „subvenciones“ – auch andere Zuschüsse bzw. Hilfen („ayudas“) der öffentlichen Verwaltung.

Der Artikel 308 schützt also eine Einheit von Handlungen, die gemeinsam haben, die öffentliche Finanzverwaltung im Hinblick auf deren Wirtschafts-Förderung und Ausgaben zu schützen.

Dies ist der wesentliche Unterschied zwischen dem Tatbestand des Artikels 308 Código Penal und den Delikten gegen das staatliche, nationale Finanzwesen des Artikels 305, der das Funktionieren und das Vermögen der Finanzverwaltung im Hinblick auf die Steuereinnahmen schützt. Der Tatbestand soll die Finanzverwaltung bei der Finanzierung öffentlicher Ausgaben mittels der Gewährung von Subventionen oder Steuerentlastungen schützen.

Der Artikel 308 behandelt zwei tatbestandliche Begehungsformen: den betrügerischen Erhalt von Subventionen oder Zuschüssen der öffentlichen Verwaltung und das Nichterfüllen der festgelegten Bedingungen, also das nicht bestimmungsgemäße Verwenden der Mittel im Laufe einer mit Geldern der öffentlichen Verwaltung subventionierten Tätigkeit.

a) Gegenstand

In einem allgemeinen Sinne sind die „Ayudas" – „Hilfen" – und Subventionen definiert als Übertragungen von dem öffentlichen auf den privaten Bereich, womit für den privaten Bereich eine Reduzierung der Kosten eines Wirtschaftsgutes oder einer Dienstleistung einhergeht.

Die Subventionen erfordern dabei eine tatsächliche Übertragung von Geldern oder von anderen Gütern, zum Beispiel von Sachleistungen. Indirekte Subventionen fallen nicht darunter, denn es handelt sich dabei nicht um eine Zuweisung von öffentlichen Geldern, sondern nur um eine Ersparnis von Ausgaben, und ist mit dieser Ersparnis nicht zeitgleich eine Vermögensübertragung gekoppelt, kann man nicht von einer öffentlichen Subvention sprechen. Subventionen bilden einen Bestandteil der öffentlichen Wirtschaftsförderung, und ihre Gewährung dient einem besonderen Zweck.

Bei einer juristisch-finanztechnischen Betrachtung sind Subventionen die Summen verschiedener Gelder, die aus dem Haushalt der Union stammen und die juristischen oder natürlichen Personen mit oder ohne Rückzahlungsverpflichtung und ohne Gegenleistung zweckbestimmt gewährt werden, um deren wirtschaftliche Aktivitäten zu fördern.[279]

---

279 Vgl. Virginia Sánchez López, El delito de fraude de Subvenciones en el nuevo Código Penal, Seite 365.

Unter den Tatbestand der „Ayudas“ sind die Hilfen zu fassen, die nicht unter die Subventionen zu fassen sind, wie solche, die kein wirtschaftliches Ziel zum Inhalt haben, zum Beispiel kulturelle Förderungen.

Im Hinblick auf die Bestimmung der Betragshöhe hat der Gesetzgeber durch das Gesetz Ley Organica 5/2010 vom 22. Juni 2010 festgelegt, dass als Bezug das natürliche Jahr herangezogen wird und die Hilfen, die von verschiedenen Stellen der öffentlichen Verwaltung ein und derselben privatrechtlichen Aktivität gewährt werden, addiert werden. Übersteigen diese Hilfen den Betrag von 120.000,- € im Kalenderjahr, ist das Tatbestandsmerkmal gegeben.

b) Administraciones Públicas

Der Tatbestand beschreibt betrügerische Handlungen im Hinblick auf die Mittel der „Administraciones Públicas“.

Er bezieht sich nicht auf „öffentliche Subventionen oder Steuerentlastungen“, sondern präzisiert, dass diese von der „Administración Pública“, der öffentlichen Verwaltung, gewährt werden.

Der Ausdruck „Administraciones Públicas“ ist in den Tatbestand des Artikels 308 durch die Reform des spanischen Strafgesetzbuches vom 29. Juni 1995 eingefügt worden[280] und umfasst den Betrug an allen, seien es nationale oder gemeinschaftliche, öffentlichen Einrichtungen, die bei den öffentlichen Ausgaben und bei der öffentlichen Wirtschaftsförderung mitwirken.[281]

Dem könnte man entgegensetzen, dass es im Código Penal einen Tatbestand gibt, der ausdrücklich betrügerische Handlungen an der Europäischen Union im Bereich der Fonds und Subventionen schützt – Artikel 306 –, sodass im Artikel 308 kein Raum für einen weiteren Schutz der finanziellen Interessen der Europäischen Union wäre. Die Europäische Union wird nicht als Schutzgut im Tatbestand erwähnt, und in dem Artikel 306 gibt es keine Gleichstellung der Begriffe der nationalen öffentlichen Verwaltung mit der europäischen Verwaltung.[282]

Die Tatbestände müssen jedoch im Zusammenhang mit dem Übereinkommen zum Schutze der finanziellen Interessen der Europäischen Gemeinschaft gesehen werden.

---

280 Der Artikel 350 des Código Penal vor der Reform von 1995 sprach nur von „subvención o desgravación pública“, ohne auf die Verwaltung Bezug zu nehmen.

281 Fermín Morales Prats in Quintero Olivares / Morales Prats, Comentarios a la Parte Especial del Derecho Penal, Seite 1026.

282 Virgina Sánchez López, El Delito de Fraude de Subvenciones en el nuevo Código Penal, Seite 400.

Der Artikel 1. I. a), erster Spiegelstrich, des Übereinkommens verpflichtet die Mitgliedstaaten, Maßnahmen im Zusammenhang mit den Ausgaben, die Mittel der Europäischen Gemeinschaft betreffen und in deren Auftrag verwaltet werden, zu ergreifen.

Der Betrug an Mitteln, die im Auftrag der Europäischen Union von der nationalen Finanzverwaltung verwaltet werden, ist von den Tatbeständen des Artikels 306 nicht umfasst, sodass diese konkrete Begehungsform unter den Tatbestand des Artikels 308 subsumiert werden muss. Ein solcher Betrug ist durch die weite Fassung des Schutzbereiches der „Subventionen oder Steuerentlastungen" des Artikels 308 gedeckt.[283]

Der Schutzbereich des Artikels 308 bezieht sich nur auf die Subventionen, die eine Person des Privatrechts zum Empfänger haben, da sich nur in diesem Falle eine Übertragung der Mittel von dem öffentlichen in den privaten Sektor vollzieht.[284]

2. Subjektiver Tatbestand

Die tatbestandlichen Begehungsformen verlangen ein vorsätzliches Begehen, mindestens Eventualvorsatz, seitens des Täters. Da sich der Gesetzgeber bei der Reform des Código Penal im Jahre 1995 dafür entschieden hat, neue Regeln über die fahrlässige Begehung einzuführen, demnach gemäß Artikel 12 Código Penal eine fahrlässige Begehung nur möglich ist, wenn das Gesetz dies ausdrücklich bestimmt, dies aber im Artikel 308 nicht vorgesehen ist, ist nur vorsätzliches Begehen möglich.

3. Anwendungsbeispiele – Kofinanzierungen

Probleme können in den Fällen auftreten, in denen die Subventionen kofinanziert werden, also nicht nur aus Mitteln der Europäischen Union stammen, sondern auch aus nationalen Mitteln. Zur Klarstellung sollen folgende Beispiele dienen:

Jemand erhält Subventionen in einer Höhe von

a) 96.000,- Euro, von denen 54.000,- Euro vom spanischen Staat und 42.000,- aus Mitteln der Europäischen Union finanziert werden,

283 Fermín Morales Prats in Quintero Olivares / Morales Prats, Comentarios a la Parte Especial del Derecho Penal, Seite 1026.

284 Bei betrügerischen Handlungen im Zusammenhang mit Übertragungen von einer öffentlichen Verwaltung an eine andere kommen die Deliktstatbestände der Veruntreuung, Artikel 432 ff Código Penal, in Betracht.

b) es werden Subventionen von insgesamt 140.000,- Euro vergeben, davon kommen 125.000,- Euro aus dem nationalen Staatshaushalt und der Rest aus Mitteln der Europäischen Union, oder
c) insgesamt werden 240.000,- Euro vergeben, die jeweils zur Hälfte aus nationalen und aus Unions-Mitteln finanziert werden.

Wenn man davon ausgeht, dass der Betrug an nationalen Subventionen erst ab 120.000,- Euro den Tatbestand des Artikels 308 Absatz I Código Penal im Hinblick auf die nationalen Interessen erfüllt und der Betrug an Subventionen der Europäischen Union ab 50.000,- Euro, so ergibt sich, dass der Fall a) keinen Straftatbestand erfüllt, der Fall b) einen Betrug an nationalen Subventionen, Artikel 308 Código Penal, und einen Betrug zu Lasten der Europäischen Union im Sinne des Artikels 306 zweiter Absatz darstellt und im Fall c) eine Ideal-Konkurrenz zwischen einem Betrug an nationalen Subventionen, Artikel 308, und an Mitteln der Europäischen Union, Artikel 306, vorliegt.

Die Lösung des Problems besteht darin, dass man davon ausgehen muss, dass zwischen beiden Delikten Gesetzeskonkurrenz besteht, und zwar in der Form, dass in den Fällen, in denen der Betrag nicht die Höhe erreicht, die für den Tatbestand des Betruges an nationalen Subventionen verlangt wird, die Tatbestände eines Betruges an Unions-Mitteln Anwendung finden. Wird ein Betrag von 120.000,- Euro erreicht, so muss der Artikel 308 sowohl bei nationalen Subventionen als auch bei Subventionen der Europäischen Union, die von spanischen nationalen Körperschaften verwaltet werden, Anwendung finden.[285]

Handelt es sich um eine gemeinsame Mittelgewährung sowohl aus dem europäischen als auch aus dem nationalen Haushalt, so geht die Anwendung des Artikels 308 vor.[286] Dafür spricht auch, dass nach dem Übereinkommen die Mitgliedstaaten verpflichtet sind, den Betrug an europäischen Geldern gleich einem Betrug an nationalen Subventionen zu bestrafen.

Demnach findet bei Sachverhalten, in denen die Subventionen aus Mitteln der Europäischen Union und aus nationalen Mitteln stammen und der Betrag von 120.000,- Euro erreicht wird, der Artikel 308 Anwendung.[287]

---

285 Adán Nieto Martín, Fraudes Comunitarios, Seite 389, so auch Morales Prats in Quintero Olivares: Comentarios al Código Penal, Pamplona, Seite 1026.

286 Adela Asúa Batarrita, Incongruencias del sistema dual de incriminación del fraude de subvenciones en el Código Penal Español de 1995, Seite 958.

287 Auch Adela Asúa Batarrita, Incongruencias del sistema dual de incriminación, Seite 958.

Auch die Rechtsprechung vertritt diese Auflassung, ohne dies jedoch ausreichend zu begründen.[288]

Falls jedoch die Subventionen vollständig durch die Organe der Union verwaltet werden, besteht das Problem, dass der Gesetzgeber eben nicht die Technik der Angleichung – „asimilación" – gewählt hat und man dann davon ausgehen muss, dass sich der Artikel 308 nur auf die spanische öffentliche Verwaltung bezieht. Würde dann der Artikel 308 auch auf die Fälle, in denen die Gelder vollständig von Organen der Union verwaltet werden, angewendet werden, würde man in verbotene Analogie verfallen, sodass der Artikel keine Anwendung finden kann.[289]

4. Artikel 308 Absatz VI

Der Absatz VI des Artikels 308 steht nun seit der Reform durch das Organgesetz 7/2012 in einem Widerspruch zu den Bestimmungen des Paragraphen 55 Ley General de Subvenciones.[290]

Demnach erlaubt nun das Strafrecht, dass die Verwaltung nicht gehindert ist, die Rückzahlung der Subventionen, die unrechtmäßig verwendet wurden, zu verlangen. Der rückzuzahlende Betrag wird provisorisch durch die Verwaltung festgelegt und kann dann angepasst werden gemäß der letztlichen Entscheidung des Strafgerichtes, Artikel 308 Absatz VI.

Der Artikel 55 des Ley General de Subvenciones, des allgemeinen Subventionsgesetzes, bestimmt hingegen, dass, falls ein Straftatbestand vorliegen könnte, die Verwaltung den Vorgang an das zuständige Gericht abgeben muss und solange nicht weiter betreiben kann, bis der Vorgang entweder durch Einstellung oder durch rechtskräftiges Urteil abgeschlossen ist.

5. Kritik

Wie schon bei den übrigen Tatbeständen, die Betrugshandlungen zu Lasten der Europäischen Union regeln, ergibt sich bei der Anwendung des Artikels 308 eine Ungleichbehandlung von nationalen und von europäischen Interessen.

Geht man also davon aus, dass es sich um verschiedene Sachverhalte handelt, so würde ein Betrug an europäischen Mitteln, der einen Betrag von 120.000,- Euro übersteigt, in den Rechtsfolgen niedriger bestraft werden als ein Betrug an

---

288 Vgl. Audiencia Provincial de Murcia de 22 de septiembre de 1999; Audiencia de Cádiz de 21 de marzo de 2000, Tribunal Supremo Sentencia de 1 de febrero de 1999.

289 Adán Nieto Martín, Fraudes Comunitarios, Seite 503.

290 Siehe dazu auch oben A.II.2 Ley General de Subvenciones.

nationalen Geldern gleicher Betragshöhe. Die Artikel, die ausdrücklich die europäischen Interessen schützen, sehen Gefängnis von einem Jahr bis zu fünf Jahren und Geldstrafe bis zum sechsfachen Mindestbetrag vor. Der Artikel 308, wie auch die anderen Artikel, die ausdrücklich nationale Interessen schützen, sehen jedoch darüber hinausgehend die Möglichkeit vor, für die Dauer von drei bis sechs Jahren keine Subventionen oder öffentlichen Zuschüsse zu erhalten, sowie Steuer- oder Sozialversicherungsvorteile zu verlieren, was bei einem Betrug an europäischen Mitteln über 50.000,- € nicht gegeben ist.

Zwar kann das nationale Recht nicht in den supranationalen Rechtskreis eintreten und bei Betrug an Mitteln der Union nicht auch den Verlust der Möglichkeit, zukünftig Subventionen zu erhalten, anordnen, es kann aber meines Erachtens sehr wohl anordnen, dass es demjenigen, der europäische Mittel veruntreut hat, zukünftig nicht gestattet ist, nationale Subventionen oder Sozialversicherungsvorteile zu erhalten oder Steuervorteile zu genießen, besonders, wenn die Subvention auch von nationaler Seite mitfinanziert wurde.

Darüber hinaus hätten sämtliche Rechtsunsicherheiten hinsichtlich der Anwendung des Tatbestandes bei kofinanzierten Subventionen vermieden werden können, wenn der Gesetzgeber eine – einfache – Formulierung in den Tatbestand des Artikels 306 aufgenommen hätte: „Der Tatbestand findet Anwendung, wenn die Mittel ganz oder teilweise aus dem Haushalt der Europäischen Union stammen".

Ebenfalls muss nun der Gesetzgeber den Widerspruch zwischen Strafrecht und Verwaltungsrecht klären und klarstellen, dass die Verwaltung trotz Abgabe des Vorganges an die Strafverfolgungsbehörden weiterhin das Verwaltungsverfahren betreiben kann.

IV. Artikel 445, Korruptionsstraftaten bei Internationalen Handelsgeschäften[291]

1. Einleitung

Durch Ley Orgánica 15/2003 wurde in den Código Penal der Abschnitt „Über die Tatbestände der Korruption in den internationalen Handelsgeschäften", Artikel 445, eingefügt, und im Jahre 2010 erneut angepasst durch Organgesetz 5/2010 vom 22. Juni 2010.

Die Anpassung war erforderlich geworden, weil bis zur Reform im Jahre 2010 auch bei schweren Fällen nicht die Möglichkeit der Verhängung von Freiheitsstrafen gegeben war, die eine Auslieferung ermöglicht hätte. Ebenfalls gab es bis

291 Ley Orgánica 3/2000 vom 1. Januar – Art. 445 bis – sowie Ley Orgánica 15/2004.

zur Reform und Anpassung des Artikels 445 im Jahre 2010 Ungenauigkeiten, inwieweit auch ein Beamter der Europäischen Union oder ein Beamter, der im Dienste eines Mitgliedstaates der Europäischen Union steht, „Täter" dieses Tatbestandes sein kann[292]. Bis zu dieser Gesetzesanpassung umfasste der Tatbestand nur „Amtsträger oder Beamte", ohne ausdrücklich Beamte der Europäischen Union darunter zu fassen.

Artikel 445 Código Penal:

> „I. Diejenigen, die mittels Anbieten, Versprechen oder sonstiger Gewährung eines unrechtmäßigen Vorteiles ausländische Beamte oder Beamte internationaler Organisationen bestechen oder zu bestechen versuchen, sei es selbst oder durch eine Mittelsperson, zu ihrem Vorteil oder zu dem Vorteil eines Dritten, oder Forderungen der Amtsträger oder Beamten nachkommen mit dem Ziel, dass sie im Zusammenhang mit der Ausübung öffentlicher Aufgaben eine Handlung ausführen oder unterlassen, um bei internationalen Wirtschaftstätigkeiten einen Vertrag oder einen anderen irregulären Vorteil zu erlangen oder aufrechtzuerhalten, werden bestraft mit Gefängnisstrafe von zwei bis sechs Jahren und Geldstrafe von zwölf bis vierundzwanzig Monaten, es sei denn, dass der erlangte Vorteil größer ist als der errechnete Betrag (der Geldstrafe), in diesem Fall ist die Strafe das ein bis zweifache des Betrages.
> Zusätzlich zu den aufgezeigten Strafen, wird dem Verantwortlichen die Strafe eines sieben bis zwölfjährigen Verbotes auferlegt, Verträge mit der öffentlichen Hand abzuschließen, wie auch der Verlust, Subventionen oder öffentliche Beihilfen zu beziehen, und er verliert das Recht auf Vorteile oder Ermaessigungen der Steuerverwaltung oder bei der Sozialversicherung, und das Verbot, bei internationalen Handelsgeschäften, die öffentliche Transzendenz haben, teilzunehmen.
> Die in den vorstehenden Absätzen erwähnten Strafen werden um die Hälfte erhöht, wenn der Vertragsgegenstand Güter oder Hilfsgüter oder irgendwelche lebensnotwendigen Güter betrifft.
> 2. Wenn in Übereinstimmung mit dem § 31 bis dieses Gesetzbuches eine juristische Person verantwortlich für dieses Delikt ist, dann wird ihr eine Strafe von zwei bis fünf Jahren auferlegt, oder das drei bis fünffache des erzielten Betrages, wenn dieser höher ausfällt.
> Im Hinblick auf die Bestimmungen des § 66 bis, können die Richter und Gerichte ebenfalls die Strafen gemäß § 33 Absatz VII Ziffer b bis g auferlegen.
> 3. Im Hinblick auf diesen Paragraphen versteht man unter einem ausländischen Amtsträger
> a) jede Person, die ein legislatives, administrative oder gerichtliches Amt eines ausländischen Staates innehat, sei es aufgrund einer Wahl oder Ernennung

292 Vergleiche die Begründung zum Gesetz Boletín Oficial de Estado Nummer 152 vom 23. Juni 2010, Sektion I, Seite 54821.

b) jede Person, die ein öffentliches Amt eines ausländischen Staates bekleidet, einschließlich eines Amtes in einer öffentlichen Einrichtung oder in einem öffentlichen Unternehmen
c) jeder Beamte oder Vertreter einer internationalen öffentlichen Organisation."

Wie in der Gesetzesbegründung aufgeführt, wollte Spanien die aus dem Übereinkommen der OECD, der Organisation für wirtschaftliche Zusammenarbeit und Entwicklung, im Hinblick auf den Kampf gegen die Korruption ausländischer öffentlicher Amtsträger bei internationalen, grenzüberschreitenden Handelsgeschäften übernommenen Verpflichtungen erfüllen[293], welche in der Notwendigkeit der Bildung von strafrechtlichen Tatbeständen zur Ahndung der in dem Übereinkommen aufgeführten Verhaltensweisen bestehen.

Die Unterzeichnung des Übereinkommens wurde von den Vereinigten Staaten von Amerika angeregt, die weltweit die Verfolgung von Handlungen, die den freien Markt beeinträchtigen können, ahnden wollten, wie die Korruption, die bisher einseitig von den Vereinigten Staaten über den „Foreign Corrupt Practices Act" geahndet wurde. Dieser reichte aber nicht so weit, dass Ausländer bestraft werden konnten, die im Ausland mit amerikanischen Unternehmen im unlauteren Wettbewerb standen.[294]

Folglich sollte der durch das Gesetz Ley Orgánica 3/2000 eingefügte Artikel die Anforderungen des OECD-Abkommens, den freien Markt zu schützen, erfüllen.[295]

Es darf nicht übersehen werden, dass zwar der freie Markt geschützt wird, aber damit auch gleichzeitig das Funktionieren der öffentlichen Aufgaben im Hinblick auf deren Eingreifen in die Wirtschaft. Besticht jemand im Rahmen eines öffentlichen Auftrages einen Beamten, so erwirbt er nicht nur einen unrechtmäßigen Vorteil gegenüber einem Mitbewerber, sondern verletzt gleichzeitig auch die Prinzipien der Unparteilichkeit und Objektivität im Rahmen der öffentlichen Aufgabe.

Somit hat der Tatbestand ein doppeltes Schutzgut: Schutz des freien Marktes und der öffentlichen Aufgabe.[296]

---

293 Unterzeichnet von Spanien am 17. Dezember 1997.

294 Eduardo Fabián Caparrós, La corrupción de los servidores públicos e internacionales, Seite 27.

295 E. Demetrio Crespo, Consideraciones sobre la corrupción y los delitos contra la administración pública, Seite 184.

296 und ist daher auch Zeichen der aktuellen Vermischung der Grenzen zwischen der öffentlichen und privaten Korruption, so Nieto Adán Martín, La corrupción en las transacciones comerciales internacionales, Seite 344, Estudios de Derecho Penal, Universidad Castilla La Mancha, 2004.

Dafür, dass der Artikel öffentliche Aufgaben schützen soll, spricht, dass er in den Código Penal in das Kapitel mit der Überschrift „Straftaten gegen die öffentliche Verwaltung“ eingefügt wurde.

Wenn also der Tatbestand aufgrund der Unterzeichnung des OECD-Abkommens durch Spanien in den Código Penal eingefügt wurde, so müssen zur Interpretation des Tatbestandes die Definitionen des Abkommen selbst, die Kommentare zum Abkommen, die zwar nicht bindenden, aber zumindest orientierenden Charakter haben, sowie alle von Spanien unterzeichneten internationalen Abkommen berücksichtigt werden. Dazu zählt auch das Übereinkommen zum Schutze der finanziellen Interessen der Europäischen Gemeinschaften nebst den erläuternden Berichten zum Übereinkommen über die Bekämpfung der Bestechung, an der Beamte der Europäischen Gemeinschaften oder der Mitgliedstaaten der Europäischen Union beteiligt sind.[297]

2. Täter

Der Artikel behandelt die sogenannte aktive Korruption bzw. die Korruption der Privatperson, wobei die sogenannte passive Korruption, also die des Amtsträgers, nicht behandelt wird.

Dies stimmt mit dem OECD-Abkommen und mit der Anti-Korruptions-Gesetzgebung der Vereinigten Staaten, die das Abkommen inspiriert hat, überein, demzufolge es ausreicht, dass Privatpersonen zum Schutz des freien Marktes und der Wettbewerbs-gleichheit verfolgt werden. Es erstaunt, dass der spanische Gesetzgeber nicht ausdrücklich die passive Korruption, also das Verhalten eines Amtsträgers, der eine Gegenleistung für sein Verhalten fordert oder entgegennimmt, in den Tatbestand aufgenommen hat.[298]

---

297 Amtsblatt C 391 vom 15.12.1998; Miriam Cugat Mauri in Córdoba Rotda/ García Arán, Comentarios al Código Penal, Seite 2117.

298 Obwohl dies gegen die Richtlinien verstößt bzw. nicht im Einklang mit diesen steht, sowohl seitens des Rates, vgl. Artikel 2 des Strafrechtsübereinkommens über die Korruption von Straßburg vom 27. Januar 1999, und der Europäischen Union, da der Rat, die Union und die OECD übereingekommen sind, gemeinsam gegen die Korruption zu kämpfen, vgl. den „Gemeinsamen Standpunkt vom 6. Oktober 1997 – vom Rat aufgrund von Artikel K.3 des Vertrages über die Europäische Union festgelegt – zu den Verhandlungen im Europarat und in der OECD über die Bekämpfung der Korruption“, Amtsblatt L 279 vom 13.10.1997.

3. Begehungsform

Der Artikel behandelt sowohl die Bestechung als auch den Versuch der Bestechung.

Die tatsächliche Annahme durch den Amtsträger wie auch seine späteren Handlungen sind im Hinblick auf die Vollendung des Deliktes unbedeutend, es genügt, wenn das ordnungsgemäße Funktionieren der öffentlichen Verwaltung gefährdet wird.[299]

Ebenfalls ist es unbedeutend, ob die Initiative zur Bestechung vom Bürger oder vom Beamten ausgeht. Es werden sowohl die Bestechung und der Versuch behandelt als auch das Eingehen des Täters auf eine Forderung des Amtsträgers.

Die Handlung kann durch den Täter selbst oder durch eine Mittelsperson erfolgen, und es ist gleichgültig, ob zugunsten des Täters oder eines Dritten gehandelt wird, weil in beiden Fällen das Funktionieren der öffentlichen Verwaltung gefährdet wird.

4. Die Zuwendungen

In Übereinstimmung mit dem OECD-Abkommen umfasst das, was dem Amtsträger versprochen wird, jeglichen unrechtmäßigen Vorteil, sei es geldlicher oder anderer Art.

Der Vorteil, der einem Amtsträger versprochen wird, muss daher – im Gegensatz zu den übrigen Tatbeständen der Bestechung an nationalen Beamten – keinen materiellen oder geldlichen Charakter haben, und der Wert ist ebenfalls unbedeutend[300].

5. Ausländische Amtsträger oder Beamte oder Amtsträger oder Beamte internationaler Organisationen

Artikel 24 Código Penal definiert den Begriff des „Amtsträgers“:

> „Absatz I: Im Sinne des Strafrechts gilt als Amtsträger, wer allein oder als Mitglied einer Körperschaft, eines Gerichts oder eines Kollegialorgans Weisungsbefugnis hat oder

---

299 Miriam Cugat Mauri in Córdoba Roda/ García Arán, Comentarios al Código Penal, Seite 2119.

300 Dies in Übereinstimmung mit Artikel 2.4. des „Erläuternden Berichts zu dem Protokoll zum Übereinkommen über den Schutz der finanziellen Interessen der Europäischen Gemeinschaften“, Amtsblatt C 011 vom 15. Januar 1998 – und ebenso Artikel 2.4. des „Erläuternden Berichtes über die Bekämpfung der Bestechung, an der Beamte der Europäischen Gemeinschaften oder der Mitgliedstaaten der Europäischen Union beteiligt sind“, Amtsblatt Nr. C 391 vom 15.12.1998.

eigene Gerichtsbarkeit ausübt. In jedem Fall sind die Mitglieder des Abgeordnetenhauses, des Senats, der gesetzgebenden Versammlungen der Autonomen Gemeinschaften und des Europäischen Parlaments als Amtsträger anzusehen. Als Amtsträger gelten auch die Beamten der Staatsanwaltschaft.
Absatz II: Als Beamter wird angesehen, wer aufgrund unmittelbarer Bestimmung des Gesetzes oder aufgrund einer Wahl oder Ernennung durch die zuständige Behörde an der Ausübung öffentlicher Aufgaben beteiligt ist."[301]

Geht man davon aus, dass der Artikel 445 Código Penal vor Korruption bei internationalen Handelsgeschäften schützen soll, so sind Amtsträger auch diejenigen, die zwar für öffentliche Unternehmen arbeiten, aber nicht unmittelbar in die öffentliche Verwaltung eingegliedert sind. Diese fallen nicht unter den Begriff des Amtsträgers im Sinne des Artikels 24 Código Penal, sodass der Amtsträgerbegriff des Artikels 445 weiter zu sehen ist als die allgemeine Definition des Artikels 24.

Aus dem OECD-Abkommen und den dazugehörigen Erläuterungen – Art. 1.4. – ergibt sich, dass das Abkommen die Personen umfasst, die in ein Unternehmen der öffentlichen Hand integriert sind, und dass unter eine internationale öffentliche Einrichtung auch die Europäischen Gemeinschaften zu fassen sind[302].

Zwar spricht die systematische Einordnung des Artikels 445 in den Abschnitt des spanischen Strafgesetzbuches, der Straftaten gegen die öffentliche Verwaltung behandelt, dafür, den Begriff des Amtsträgers im engen Sinne des Artikels 24 Código Penal zu betrachten, der Beamtenbegriff des Artikels 445 ist jedoch weit zu fassen. Er beschränkt sich nicht ausschließlich auf Beamte im engen Sinne gemäß Artikel 24. Dafür spricht, dass der Tatbestand von „autoridades y funcionarios", von „Amtsträgern und Beamten" spricht und sich nicht nur auf den Begriff des Beamten beschränkt, der Tatbestand selbst also über den engen Beamtenbegriff hinausgeht. Der Tatbestand will diejenigen erfassen, die aufgrund ihres Amtes einen besonderen Einfluss im Markt haben, und das sind nicht nur Beamte kraft Ernennung:

Artikel 445 Absatz III:

„Zu Zwecken dieses Artikels versteht man als ausländischen Beamten

1. jede Person, die ein gewähltes, verwaltungsrechtliches oder gerichtliches Amt eines ausländischen Landes innehat, sei es durch Ernennung oder Wahl

301 Übersetzung nach Markus Hoffmann, Das spanische Strafgesetzbuch.
302 Vgl. Maria Acale Sánchez, Las subvenciones comunitarios y sus fraudes, in: Terradillos Basoco, Seite 69.

2. jede Person, die eine öffentliche Funktion für ein ausländisches Land ausübt, einschließlich für ein öffentliches Organ oder ein öffentliches Unternehmen
3. jeder Beamte oder Agent einer internationalen öffentlichen Organisation."

6. Subjektiver Tatbestand

Die Zuwendungen müssen mit der Absicht gewährt werden, dass der Amtsträger im gewünschten Sinne handelt, nur vorsätzliches Handeln erfüllt daher den Tatbestand.[303]

7. Kritik

Der Tatbestand ist im Grunde nur eine „internationale Version des Tatbestandes der aktiven Bestechung", da sie identisch ist mit dem Tatbestand des Artikels 423 Código Penal, nur dass sich der Artikel 445 auf Amtsträger internationaler Organisationen und der Artikel 419, der die Bestechung regelt, in Verbindung mit Artikel 427 auf Beamte bezieht.

Der Tatbestand des Artikels 445 erfordert jeweils zwei Beteiligte, um den Tatbestand zu erfüllen, eine Privatperson und den Beamten, wobei sich aber nur die Privatperson strafbar machen kann, was nach meiner Auffassung zu Strafbarkeitslücken, Ungenauigkeiten und Konkurrenzproblemen führen kann, und auch die neuerlichen Änderungen des spanischen Gesetzgebers haben keine Klarheit gebracht.

Es ist meines Erachtens eine Ungenauigkeit des spanischen Gesetzgebers, die Bestechung an und durch „nationale" Beamte in anderen Tatbeständen – Artikel 419 ff. Código Penal – zu normieren als die Bestechung an Amtsträgern internationaler Organisationen.

Soll nämlich durch den Artikel 445 auch das Funktionieren der öffentlichen Verwaltung geschützt werden, dann macht es keinen Sinn, wenn die Nationalität des Beamten den Tatbestand bestimmen kann, und führt zu Konkurrenz-Problemen, wenn ein spanischer Amtsträger bei einer internationalen Handelstätigkeit mitwirkt.

Besser wäre es gewesen, in den Tatbeständen der Beamten-Bestechung, also den Artikeln 419 ff, 423 des Código Penal, den Begriff des Beamten auch auf Amtsträger internationaler Organisationen auszuweiten und als eine erschwerte

303 Daher ist es nicht tatbestandsmäßig, wenn Zuwendungen oder Angebote erst nach dieser Handlung gewährt werden.

Form die Bestechung, die die internationalen Handelsgeschäfte zum Gegenstand hat, einzuführen.[304]

Man hätte damit erreicht, dass die nationale Verwaltung auch die europäischen Interessen bei den internationalen Handelsgeschäften kontrolliert.[305]

---

304 So zu Recht María José Rodríguez Puerta in Quintero Olivares / Morales Prats, Comentarios a la parte especial del Derecho Penal, Seite 1805; auch Rogelio Gómez Guillamón, in Moyna u.a., Código Penal, Seite 957.

305 Im ursprünglichen Gesetzesentwurf war vorgesehen, dass in den Artikel 423 ein dritter Absatz eingefügt wird. Aufgrund eines Abänderungsantrages der „Grupo Parlamentario Vasco", der Gruppe der parlamentarischen Volksvertreter des Baskenlandes, vom 9. Dezember 1999 – BOCG, Senado, Serie II, núm. 170 c, vom 9. Dezember, Seite 5/6, wurde der neue Titel „Korruptionsstraftaten bei internationalen Handelsgeschäften" eingefügt, da diese Parlamentariergruppe davon ausging, dass das geschützte Rechtsgut die internationalen Handelsgeschäfte seien und somit ein anderes Rechtsgut als das, welches in dem Tatbestand der „cohecho", Bestechung, geschützt wird. Dagegen Roca Agapito, La evolucion legal del Derecho Penal, Abschnitt 6), der davon ausgeht, dass das geschützte Rechtsgut dasselbe ist wie bei der Bestechung, nämlich die Unparteilichkeit und Unabhängigkeit.

C. Weitere rechtliche Regelungen

I. Ley de Contrabando Ley Orgánica 12/1995 vom 12. Dezember 1995

1. Einführung

Die finanziellen Interessen der Europäischen Gemeinschaft werden auch durch das Gesetz Ley Orgánica 12/1995, de 12 de diciembre 1995, „Represión de Contrabando", geschützt. Das Gesetz stellt den Versuch der spanischen Rechtsordnung dar, die europäischen Interessen im Hinblick auf die finanziellen Nachteile, die durch den Schmuggel entstehen, und die Einnahmen der Gemeinschaft durch Zölle sowie die Agrarabschöpfungen zu schützen.[306]

Eines der Anliegen der Europäischen Gemeinschaft war es, eine Zolleinheit zu schaffen. Artikel 2 des Vertrages zur Gründung einer Europäischen Wirtschaftsgemeinschaft[307] setzte als ein Ziel der Gemeinschaft die Bildung eines gemeinsamen Marktes und einer Wirtschaftseinheit. Dies sollte durch eine gemeinsame Wirtschaftspolitik, gekennzeichnet durch einen freien Verkehr von Gütern, Personen, Dienstleistungen und Kapital erreicht werden.

Effiziente Kontrollen sollen dabei die wirtschaftlichen Aktivitäten der Gemeinschaft schützen und die europäischen Zölle Einnahmen für die Gemeinschaft schaffen. Im Bereich der Zölle übernehmen nationale Verwaltungsorgane die Aufgaben der Gemeinschaft, und die nationalen Verwaltungsorgane schützen die Interessen der Gemeinschaft durch effiziente und angemessene Sanktionen.

Die Artikel 3 Absatz a, b und c des Vertrages beziehen sich auf die Abschaffung der Zölle zwischen den Mitgliedstaaten untereinander und auf die Mengenbeschränkungen bei Ein- und Ausfuhr von Waren.

Die Mitgliedstaaten müssen alle Mittel ergreifen, um diese Ziele zu erreichen. Daher war eine Reform des vorherigen spanischen Gesetzes[308] angebracht, da sich die spanischen Gesetze an die neue Situation des Binnenmarktes und auch

---

306 Vgl.Martín Queralt, J; Lozano Serrano, C.; Casado Ollero, G.; Tejerizo López, J.M., Curso de Derecho Financiero y Tributario, Seite 537 und 541; Adán Nieto Martín, Fraudes Comunitarios, Seite 392.

307 Unterzeichnet am 25.3.1957 in Rom, in Kraft getreten am 1.1.1958

308 Ley Orgánica 7/1982.

an die Vorgaben des Übereinkommens zum Schutze der finanziellen Interessen der Europäischen Gemeinschaft anpassen mussten.[309]

Auch wenn das Gesetz gegen den Schmuggel nicht ausdrücklich die Interessen der Europäischen Union als geschütztes Rechtsgut erwähnt, so ist doch klar, dass auch die Interessen der Europäischen Union geschützt werden, weil im Gesetz auf den „Código Aduanero Comunitario", das europäische Zollgesetz, Bezug genommen wird, ebenso wie in der „Exposición de Motivos", der Gesetzesbegründung, welche dem Gesetz bei Einführung vorangestellt ist.[310]

Das Gesetz wurde durch das Organgesetz 6/2011 vom 30 Juni 2011 reformiert.[311] In der Präambel und den Begründungen, warum das Gesetz angepasst werden soll, wird erstmalig auf die Übereinkommen zum Schutz der finanziellen Interessen der Europäischen Gemeinschaft Bezug genommen und erklärt, dass einer der Zwecke des Gesetzes der Schutz der Interessen der Europäischen Union sei.

2. Übersicht

Das Gesetz definiert im ersten Artikel verschiedene Sachverhalte.

Demnach ist „importación" (Einfuhr) und „exportación" (Ausfuhr) die Einfuhr von nicht gemeinschaftlichen Gütern in das spanische Hoheitsgebiet bzw. die Ausfuhr von Gütern aus Spanien in Gebiete, die nicht zum europäischen Zollgebiet gehören, wobei das spanische Hoheitsgebiet nunmehr das europäische Zollgebiet umfasst.

Der Begriff der „deuda aduanera", der Zollverbindlichkeit, wird im Artikel 1.20 des Gesetzes definiert, welches wiederum auf den Absatz 13 des Artikels 4 des Reglamentos Nummer 450/2008 vom 23. April 2008 zur Festlegung des Zollkodex der Gemeinschaft Bezug nimmt[312].

Demnach ist „Zollschuld" die Verpflichtung einer Person, den aufgrund der geltenden zollrechtlichen Vorschriften für eine bestimmte Ware vorgesehenen Betrag der Einfuhr- oder Ausfuhrabgaben zu entrichten. Der Begriff der Zollverbindlichkeit hat im „Ley de Contrabando" nur eine begrenzte Bedeutung, weil bei der Bestimmung, ob ein Verstoß vorliegt, nicht auf die Höhe des nicht

309 Carlos Martínez-Buján Pérez, Derecho Penal Económico, Seite 655.

310 Reglamento 2913/92 vom 12. Oktober 1992, so in Artikel 1.3, 1.5., 1.9, 1.11 und Artikel 2.1.c) des Ley de Contrabando.

311 Boletín Oficial del Estado vom 1. Julin 2011, Nummer 156, Sektion I, Seite 69876.

312 Amtsblatt der Europäischen Gemeinschaft vom 4.6.2008, L 145/1.

entrichteten Zolles, sondern auf den Wert der Waren abgestellt wird, Artikel 2.1. in Verbindung mit Artikel 10 des Gesetzes.

Damit ein Delikt vorliegt, muss der Wert der geschmuggelten Waren grundsätzlich 150.000,- € übersteigen. Handelt es sich um den Schmuggel anerkannter Kulturgüter oder geschützter Tieren oder Pflanzen, liegt der Betrag bereits bei 50.000,- €. Tabakschmuggel erfüllt ab 15.000,- € den strafrechtlichen Tatbestand, für Drogen oder Waffen gibt es keine betragsmäßige Mindestgrenze. Unter den jeweiligen Betragsgrößen liegt gegebenenfalls nur eine Ordnungswidrigkeit vor. Eine fortgesetzte Handlung liegt dann vor, wenn verschiedene Handlungen begangen werden, die zwar nach dem Wert der einzelnen Güter nur jeweils eine Ordnungswidrigkeit bilden, aber wenn diese aufgrund eines Planes oder unter Ausnutzen gleichwertiger Gelegenheiten begangen werden, so werden die Werte der einzelnen Güter addiert und bilden dann eine fortgesetzte Handlung, Artikel 2 Absatz 4 des Gesetzes.[313]

Die Rechtsfolgen sind im Artikel 3 des Gesetzes geregelt. Artikel 3.1. sieht Gefängnisstrafe von einem bis zu fünf Jahren und Geldstrafe des Doppelten bis zum sechsfachen des Wertes der Güter oder Waren vor. Gemäß Artikel 3.2. sollen die Richter die Höchststrafe verhängen, wenn das Delikt mittels oder zugunsten von Personen, Unternehmen oder Organisationen begangen wird und diese es aufgrund ihrer Organisation oder ihrer Aktivitäten besonders leicht haben, das Delikt zu begehen.

Als Nebenstrafe legt der Artikel 6 fest, dass die Gegenstände, die zum Schmuggel gedient haben, die Maschinen, die zur Herstellung verwandt wurden, und die Transportmittel beschlagnahmt werden.

3. Kritik

Kritisch ist anzumerken, dass das „Ley de Contrabando", das Gesetz gegen den Schmuggel, am 12. Dezember 1995 verabschiedet wurde, also nach der Verabschiedung des Código Penal am 23. November 1995. Ursprünglich wurde in

313 Hingegen ist bei den Bestimmungen der Artikel 305 ff kein Raum für die Figur des „Delito Continuado" des Artikels 74 Código Penal gegeben, weil es sich um kein Delikt gegen das „patrimonio privado", das Privatvermögen, handelt, und auch die besonderen Regelungen des Artikels 305.2 Código Penal, der festlegt, nach welchen Bestimmungen die „cuantia de fraudada", der „hinterzogene Betrag", die Bestimmungen über die Festlegung der Höhe für die Delikte an der nationalen Finanzverwaltung regelt, lassen dies nicht zu. Vgl. Gonzalo Quintero Olivares / Fermín Morales Prats, Comentarios a la Parte Especial del Derecho Penal, Seite 961.

diesem Gesetz weiter das Rechtsfolgensystem des alten Código Penal angewendet und das Gesetz erst im Jahre 2011 dem neuen Código Penal angepasst.

So wurde noch, obwohl dies bei Verabschiedung des Gesetzes im Jahre 1995 überholt war, die Aufteilung in „prisión menor", d.h. Gefängnis von sechs Monaten bis zu drei Jahren, und „prisión mayor", Gefängnis von sechs bis zu zwölf Jahren, vorgenommen.

Ebenfalls wurde im Ley de Contrabando im Artikel 3.1., zweiter Absatz, festgelegt, dass die Strafen bei bestimmten Anwendungsfällen nach einem Mindest-, Mittel- und Maximum-Grad unterschieden werden. Auch diese Unterscheidung war bereits im neuen Código Penal, zum Zeitpunkt der Verabschiedung, aufgehoben. Erst im Jahre 2011 hat der spanische Gesetzgeber dringend notwendige Anpassungen wie auch die Bestimmung der Betragshöhen in Euros und nicht mehr in Pesetas vorgenommen.

Das Gesetz erfüllt ebenfalls nicht vollständig die Anforderungen des Übereinkommens, weil keine Bestimmungen im Hinblick auf die Gerichtsbarkeit, die Auslieferung und Verfolgung oder die strafrechtliche Verantwortung der Unternehmensleiter getroffen werden, Artikel 3, 4 und 5 des Übereinkommens.

Die Strafen richten sich nicht nach der Höhe des gesamten Betruges, so wie im Übereinkommen vorgesehen, sondern das „Ley de Contrabando" orientiert sich nur am Wert der geschmuggelten Ware.

Das Gesetz schützt nicht ausdrücklich die über die nationalen Interessen hinausgehenden finanziellen Interessen der Europäischen Union. Es nimmt nur auf den Código Aduanero, das europäische Zollgesetz, Bezug, obwohl es ein Leichtes gewesen wäre, ausdrücklich die Europäischen Union und deren Interessen als ein durch das nationale Strafrecht zu schützendes Element in den Wortlaut des Gesetzes aufzunehmen[314].

II. Die Protokolle zum Übereinkommen

Zusätzlich zu dem Übereinkommen wurden drei Protokolle unterzeichnet, die die Mitgliedstaaten zu einem weiteren Schutz der finanziellen Interessen verpflichten.

Spanien ratifizierte das Übereinkommen am 20. Januar 2000.[315] Das Übereinkommen, das erste Protokoll und das EuGH-Protokoll sind nach der Ratifizierung durch die damaligen insgesamt fünfzehn Mitgliedstaaten am 17. Oktober 2002

314 Vgl. Santiago Senent Martínez, La incidencencia del Derecho Comunitario en el Derecho Penal, Seite 181.

315 Siehe Boletín Oficial de Estado Nr. 286vom 27. November 2009, Sec. I, Seite 100512.

in Kraft getreten.[316] Das zweite Protokoll ist nach der Ratifizierung durch Italien am 19. Mai 2009 in Kraft getreten und von Spanien übernommen worden.[317]

1. Erstes Protokoll[318]

a) Artikel 4 Absatz I, Assimilation

Das erste Protokoll trat in Spanien am 17. Oktober 2002 in Kraft.[319]

Die Mitgliedstaaten sollen die erforderlichen Maßnahmen treffen, damit die Umschreibungen der Straftaten, die eine Handlung im Sinne des Artikels I des Übereinkommens bedeuten und von den nationalen Beamten bei der Ausübung ihres Dienstes begangen werden, in der gleichen Weise für die Fälle gelten, in denen die Straftaten von Gemeinschaftsbeamten bei der Ausübung ihres Dienstes begangen werden.

Zwar hat Spanien keine unmittelbare Bestimmung dazu getroffen, doch definiert der Artikel 24 Absatz I Código Penal, dass als Amtsträger im Sinne des Strafrechts auch gilt, wer Mitglied des Europäischen Parlaments ist.

Absatz II des besagten Artikels legt fest, dass als Beamter angesehen wird, wer aufgrund unmittelbar gesetzlicher Bestimmung, durch Wahl oder Ernennung an der Ausübung öffentlicher Aufgaben beteiligt ist. Interpretiert man den Begriff weit, kann man aufgrund der Formulierung „... als Beamter wird angesehen, wer ... an der Ausübung öffentlicher Aufgaben beteiligt ist ...“ auch Beamte der Europäischen Union als Amtsträger im Sinne des Strafrechts ansehen.

Kritisch ist anzumerken, dass damit die Interessen der Europäischen Union von der Auslegung des Artikels 24 Absatz II durch die Rechtsprechung abhängig gemacht werden.

Es ist erstaunlich, dass der Gesetzgeber ausdrücklich die Mitglieder des Europäischen Parlamentes in Artikel 24 Absatz I als Amtsträger im Sinne des

---

316 Bericht der Kommission über die Umsetzung des Übereinkommens über den Schutz der finanziellen Interessen der Europäischen Gemeinschaften und seiner Protokolle durch die Mitgliedstaaten, SEK/2004/1299; Brüssel 25. Oktober 2004.

317 BOE Nr. 286, vom 27. November 2009, Sec I, Seite 100506. Vergleiche auch „Zweiter Bericht der Kommission“ über die Umsetzung des Übereinkommens über den Schutz der finanziellen Interessen der Europäischen Gemeinschaften und seiner Protokolle, SEK/2008/188; Brüssel 14. Februar 2008.

318 Amtsblatt C 313 vom 23. Oktober 1996, S. 0002–0010.

319 Verkündet im Boletín Oficial de Estado Nummer 180 vom 29. Juli 2003; unterzeichnet in Madrid am 1. Juli 2003, allerdings gemäß Schluss-Satz mit Gültigkeit für Spanien bereits ab dem 17. Oktober 2002.

Strafrechtes erwähnt hat, im Artikel 24 Absatz II aber keinen Bezug auf die Europäischen Union nimmt.

Es wäre daher angebracht, dass der Artikel 24 Absatz II des Código Penal so geändert wird, dass auch Beamte der Europäischen Union ausdrücklich darunterfallen.

b) Artikel 2, Bestechlichkeit der Gemeinschaftsbeamten („Passive Korruption")

Das Protokoll verlangt, dass die Mitgliedstaaten die erforderlichen Maßnahmen treffen, um die Bestechlichkeit zu ahnden, durch die die finanziellen Interessen der Europäischen Gemeinschaften geschädigt werden oder geschädigt werden können. Die Bestechlichkeit der Beamten ist in Artikel 419 ff Código Penal geregelt. Spanien ist den Verpflichtungen aufgrund des Protokolls endlich im Jahre 2010[320] nachgekommen, in dem es im Artikel 427 Código Penal festlegt, dass die Regeln über eine Bestechung auch Anwendung finden auf Beamte der Europäischen Union oder auf Beamte anderer Mitgliedstaaten der Europäischen Union. Ebenso wird festgelegt, dass die Bestechungsregeln Anwendung finden, wenn ein solcher Beamter entweder von einer Bestechung betroffen ist – passive Korruption – oder selbst tätig wird – aktive Korruption, siehe dazu unten nachfolgend.

Bis zur Reform des Código Penal im Jahre 2010 sprach der Tatbestand nur von „Amtsträgern oder Beamten". Gemeinschaftsbeamte erfüllten nur den Tatbestand aufgrund einer weiten Interpretation des Beamtenbegriffes gemäß Artikel 24 Código Penal.

Der Gesetzgeber hat dies erkannt und den Beamtenbegriff klarstellend im Sinne der strafrechtlichen Bestimmungen über die Bestechlichkeit dahingehend definiert, dass unter einem Beamten der Europäischen Union derjenige zu verstehen ist, der entweder gemäß Verordnung als ein solcher definiert oder der ein nationaler Beamter eines anderen Mitgliedstaates der Union ist. Ebenfalls fallen darunter die Personen, die von einem Mitgliedstaat entsandt sind und für die Europäische Union gleichwertig einem EU-Beamten arbeiten.

Der Begriff wird nun sogar so weit aufgeführt, als dass Mitglieder von Organen, die in Übereinstimmung mit den EU-Verträgen gegründet wurden, wie auch das Personal dieser Organe darunterfallen, auch wenn diese von den spezifischen EU-Verordnungen über Beamte nicht erfasst sind.[321]

---

320 Ley Organica 5/2010 vom 22. Juni

321 Artikel 427 Absatz I Código Penal.

c) Artikel 3, Bestechung („Aktive Korruption")

Das Protokoll verlangt, dass die Mitgliedstaaten die erforderlichen Maßnahmen treffen, um die Bestechung zu ahnden, durch die die finanziellen Interessen der Europäischen Gemeinschaften geschädigt werden oder geschädigt werden können.

Der Tatbestand der Bestechung ist in Artikel 419 Código Penal geregelt. Bis zur Reform des Código Penal wurde die Bestechung an Gemeinschaftsbeamten mittels einer weiten Auslegung des Beamtenbegriffes unter Artikel 24 Código Penal subsumiert. Der Gesetzgeber hat nun im Artikel 427 eine Haftung der EU-Beamten eigenständig geregelt. In der dem Gesetzesentwurf voranstehenden Begründung legte der Gesetzgeber dar, dass die bisherigen Regelungen des spanischen Gesetzbuches nicht ausreichen, die von Spanien übernommenen internationalen Verpflichtungen zu erfüllen, und nahm insofern eine Anpassung der Tatbestände der Bestechung und Korruption vor, damit auch die Beamten der Europäischen Union erfasst sind.[322]

Darüber hinaus hat der Gesetzgeber durch das Ley Orgánica 15/2003 vom 25. November 2003 den Artikel 445 in den Código Penal eingefügt.

Der Artikel behandelt die Korruption bei internationalen Handelsgeschäften, und der Gesetzgeber hat als Rubrumsüberschrift „Korruptionsstraftaten bei internationalen Handelsgeschäften" gewählt.

Der Artikel 445 ahndet die aktive Bestechung, wobei ausdrücklich auf „Beamte oder Amtsträger internationaler Organisationen" Bezug genommen wird.[323]

d) Artikel 4 Absatz 2 und 3, Amtsträger

Der Artikel bestimmt, dass im nationalen Strafrecht die Straftaten, die von oder gegenüber der Regierung, Ministern, Abgeordneten oder Mitgliedern des Rechnungshofes bei der Wahrnehmung ihrer Aufgaben begonnen werden, angeglichen werden für die Fälle, in denen die Straftaten von oder gegenüber Mitgliedern der Kommission der Europäischen Gemeinschaften, des Europäischen Parlaments, des Gerichtshofes und des Rechnungshofes der Europäischen Gemeinschaften bei der Wahrnehmung ihrer Aufgaben begangen werden.

---

322 Boletion Ofical del Estado vom 23.6.2010, Nummer 1452, Sektion I, Seite 548211

323 Erweitert durch das Ley Organica 5/2010 auch auf Haftung für juristische Personen

Die Angleichung erfolgt im spanischen Recht über die ausdrückliche Erwähnung der Mitglieder des Europäischen Parlaments im Artikel 24 Absatz I Código Penal.

Eine ausdrückliche Angleichung der übrigen Amtsträger erfolgt nicht, wenngleich auch die weite Definition des Artikels 24 Absatz II – „als Beamter wird angesehen, wer aufgrund unmittelbarer Bestimmung des Gesetzes, von Wahl oder Ernennung durch die zuständige Behörde an der Ausübung öffentlicher Aufgaben beteiligt ist" – es ermöglicht, darunter auch die Mitglieder der Kommission, des Gerichtshofes und des Rechnungshofes zu subsumieren.

e) Artikel 6, Gerichtsbarkeit

Der Artikel 6 betrifft die Verpflichtung der Mitgliedstaaten, eine Gerichtsbarkeit zu begründen. Diese Anforderungen hatte Spanien bereits mittels des Artikels 23 des Ley Orgánica 6/1985, vom 1. Juli 1985 – „Poder Judicial" – über die Justizgewalt – geregelt.

2. Zweites Protokoll[324]

a) Artikel 2

Das zweite Protokoll zum Übereinkommen verpflichtet im Artikel 2 dazu, dass die Mitgliedstaaten die erforderlichen Maßnahmen treffen, um die Geldwäsche unter Strafe zu stellen.

Spanien hat mittels Ley Orgánica 15/2003 vom 25. November 2003 und Organgesetz 5 vom 22. Juni 2010 die Tatbestände, die die Geldwäsche im Código Penal regeln – Artikel 301 bis 304 – erweitert.

Es muss sich nicht nur um „Geld" handeln, sondern der Begriff ist weit zu interpretieren, so dass auch andere Gegenstände als Geld, wie Antiquitäten oder Kunstgegenstände, erfasst werden. Als Rechtsfolge kann zusätzlich zu Geld- oder Gefängnisstrafen dem Täter zum einen auch ein Berufsverbot auferlegt werden und, Artikel 301 Absatz I Satz 2, zum anderen die zeitweilige oder endgültige Schließung des Geschäftslokales bzw. Büros des Täters angeordnet werden.

Darüber hinaus kann angeordnet werden, dass alle Gegenstände, die aus der Straftat herrühren, sowie deren Gewinne eingezogen werden, Artikel 301 Absatz V in Verbindung mit Artikel 127 Código Penal.

---

324 Amtsblatt Nr. C 221 vom 19. Juli 1997; S. 0012–0022.

b) *Artikel 3, Verantwortlichkeit von juristischen Personen – Alte Rechtslage gemäß Ley Orgánica 15/2003*

Artikel 3 des zweiten Protokolls verpflichtet die Mitgliedstaaten, sicherzustellen, dass eine juristische Person für den Betrug, die Bestechung oder Geldwäsche, die zu ihren Gunsten von einer vertretungsberechtigten Person begangen wird, verantwortlich gemacht werden kann.

Dies soll dann eintreten, wenn mangelnde Überwachung oder Kontrolle die Begehung eines Betruges, einer Bestechung oder Geldwäschehandlung ermöglicht haben, wobei eine Verantwortlichkeit der juristischen Person die Verantwortung der natürlichen Person nicht ausschließt.

Spanien hat durch das Ley Orgánica 15/2003 vom 25. November 2003 einen zweiten Absatz in den Artikel 31 des Código Penal eingeführt, der mittlerweile wieder durch das Ley Orgánica Nummer 5/2010 vom 22. Juni 2010[325] aufgehoben wurde. Die aktuelle Rechtslage wird unten unter XI. behandelt.

Der Artikel 31 Absatz I sagt aus:

> „Wer tatsächlich oder von Rechts wegen als Verwalter einer juristischen Person oder im Namen, in gesetzlicher oder gewillkürter Vertretung eines anderen handelt, ist persönlich verantwortlich, selbst wenn bei ihm die Bedingungen, Eigenschaften oder Beziehungen nicht vorliegen, welche der jeweilige Straftat- oder Übertretungstatbestand für die Täterschaft verlangt, sofern diese Umstände bei dem Unternehmen oder der Person vorliegen, in dessen Namen oder Vertretung er tätig ist."[326]

Der durch das Ley Orgánica 15/2003 eingefügte zweite Absatz des Artikels 31 legt fest, dass, wenn dem Täter eine Strafe auferlegt wird, dann für die Zahlung derselben direkt und solidarisch auch die juristische Person verantwortlich ist, in deren Namen oder für deren Rechnung der Täter gehandelt hat.

Dies führte nicht zu einer eigenen strafrechtlichen Verantwortung juristischer Personen. Diese können nicht für ein strafrechtliches Delikt verantwortlich sein, sondern der eingefügte zweite Absatz des Artikels 31 ist nur eine direkte, gesamtschuldnerische Übertragung einer Zahlungsverpflichtung, die den natürlichen Personen als Vertretern einer juristischen Person auferlegt wird. Dies bedeutet keine eigene strafrechtliche Verantwortung, sondern nur eine zivil- bzw. verwaltungsrechtliche.[327]

---

325 Boletín Oficial de Estado Nr. 152 vom 23. Juni 2010 – Secc. I – Seite 54811.

326 Übersetzung dieses Absatzes nach Markus Hoffmann, Das spanische Strafgesetzbuch.

327 Carlos Gómez-Jara Díez, El nuevo artículo 31.2. del Código Penal, Seite 3.

Die Haftung aufgrund des Artikels 31 Absatz II lag eher zwischen einer strafrechtlichen und zivil- beziehungsweise verwaltungsrechtlichen.[328] Durch die Einführung des Artikels 31.2. Código Penal wurde keine eigene strafrechtliche Verantwortung der juristischen Person begründet, weil diese nicht verurteilt werden kann, „schuldhaft" einen Straftatbestand begangen zu haben, sondern nur eine direkte und gesamtschuldnerische Übertragung der Verpflichtung zur Zahlung einer Strafe, die den Vertretern dieser juristischen Person auferlegt wurde. Nur diese, die natürlichen Personen, können schuldhaft und vorsätzlich beziehungsweise fahrlässig ein Delikt begehen.

Darüber hinaus konnte, wenn eine juristische Person betroffen ist und um der Fortsetzung einer deliktischen Tätigkeit vorzubeugen, als Nebenstrafen verhängt werden, dass das Unternehmen, seine Einrichtungen und Räume endgültig oder befristet geschlossen werden, die Tätigkeit eingestellt oder sogar die Gesellschaft, die Vereinigung oder die Stiftung aufgelöst wird, Artikel 31 in Verbindung mit Artikel 129 Código Penal.[329]

Auch dieser Artikel stellt keine eigene Strafe für die juristischen Personen dar, sondern es handelt sich nur um „consecuencias accesorias", Nebenfolgen – Artikel 129 Absatz III Satz 1 –, die der Richter verhängen kann, niemals aber konnte er die juristische Person als schuldhaft verurteilen. Diese Nebenfolgen stellen auch keine Strafen im klassischen Sinne dar, weil deren Verhängung im Ermessen des Gerichtes steht, im Gegensatz zu den Strafen, deren Auferlegung verbindlich ist, falls festgestellt wurde, dass ein Tatbestand vorliegt, der nicht gerechtfertigt ist und schuldhaft begangen wurde, womit ein Delikt im Sinne des Strafgesetzbuches vorliegt.

Entschieden wurde aber durch den Richter nicht darüber, ob die juristische Person einen Straftatbestand begangen hat, denn die juristische Person wurde nicht strafrechtlich verurteilt. Sie konnte nur zur Zahlung einer Geldstrafe verpflichtet werden, und die Zahlung derselben durch die juristische Person schließt eine Vollstreckung auch gegenüber der natürlichen Person, die im strafrechtlichen Sinne verurteilt wurde, aus.

Durch das Organgesetz Ley Orgánica 15/2003 wurde ein zweiter Absatz – inzwischen durch das Ley Orgánica Nummer 5/2010 vom 22. Juni 2010[330]aufgehoben – in den Artikel 369 eingefügt, der sich auf Straftaten gegen die öffentliche

---

328 José Muñoz Lorente, La responsabilidad penal de las personas jurídicas, Seite 29.

329 Wobei es sich um Strafen des Zivil- und Verwaltungsrechtes handelt, die aber vom Strafrichter verhängt werden können.

330 Boletín Oficial de Estado Nr. 152 vom 23. Juni 2010, Sección I, Seite 54811.

Gesundheit und Drogen-Delikte bezieht. Gemäß diesem Artikel konnten nunmehr direkt gegenüber einer Organisation, Vereinigung und gegen den Inhaber eines Betriebes, in welchem diese Delikte begangen wurden, eine Strafe bis zum Dreifachen des Wertes der Drogen, die Gegenstand des Verfahrens bilden, die Einziehung derselben sowie die Einziehung eventueller Gewinne verhängt werden. Darüber hinaus konnte der Richter aussprechen, dass eine solche Vereinigung keine öffentlichen Subventionen oder Steuererleichterungen für den Zeitraum bekommt, in welchem gegen einen der Täter eine Freiheitsstrafe verhängt wurde, wie auch die Verhängung der Möglichkeiten, die im Artikel 129 Código Penal vorgesehen sind, wie Schließung der Räumlichkeiten, Auflösung oder Verbot zukünftiger Geschäftstätigkeiten.

Der Artikel 369.2. erlaubte eine quasi strafrechtliche Verantwortung direkt der juristischen Person und ermöglichte, dass diese selbst und direkt zu einer Geldstrafe verurteilt werden konnte. Man erkannte erstaunlicherweise eine strafrechtliche Verantwortung auch von solchen Vereinigungen an, die nicht einmal eine eigene Rechtspersönlichkeit haben, wie kriminelle Vereinigungen des Drogenhandels.

Nach meiner Auffassung war es nicht schlüssig, dass eine „strafrechtliche Verantwortung“ juristischer Personen mit eigener Rechtspersönlichkeit gemäß Artikel 31.2. Código Penal nur auf eine gesamtschuldnerische Haftung der Zahlung einer Geldstrafe reduziert wurde – was eher dem Bereich des Zivilrechtes oder Verwaltungsrecht zuzuordnen ist –, allerdings bei kriminellen Vereinigungen ohne Rechtspersönlichkeit die direkte Auferlegung einer Strafe möglich sein sollte.

Der Artikel 129 Absatz I war darüber hinaus nach meiner Auffassung ungenau abgefasst, weil er vorsah, dass der Richter Maßnahmen „previa audiencia de los titulares“, „nach Anhörung der (Rechts-) Inhaber“, und „motivadamente“, „begründet“, verhängen konnte. Dies war nach meiner Auffassung überflüssig, da bereits die Strafprozessordnung[331] und die spanische Verfassung[332] die Verpflichtung zur Gewährung rechtlichen Gehörs und Begründung richterlicher Entscheidungen vorschreiben, und wurde gemäß Gesetzesreform Ley Orgánica 5/2010 vom 22. Juni 2010 geändert.

Im spanischen Strafrecht galt der Rechtsgrundsatz, dass keine juristischen Personen strafrechtlich verantwortlich sein können – Grundsatz „Societas delinquere non potest“, mit Ausnahme der dargestellten Delikte gegen die öffentliche

331 Artikel 742 Ley de Enjuiciamiento Civil, spanische Strafprozessordnung.
332 Artikel 120.3 der Constitución Española.

Gesundheit, weil niemand strafrechtlich verantwortlich sein kann, ohne dass festgestellt wurde, dass ein „dolo“ oder eine Schuld vorliegt, und dies erfordert aus strafrechtlicher Sicht ein Schuldbewusstsein und einen Willen, „voluntad“, was als eine psychische Fähigkeit einzelner, individueller Personen anzusehen ist.

Diese Fähigkeit hat eine juristische Person nicht.

Eine juristische Person handelt immer durch natürliche Personen, und im Strafrecht ist entscheidend, „wer wirklich handelt und welche Personen die Verhaltensweisen begangen haben“.[333]

Das Strafrecht beabsichtigt, verletzende oder gefährdende Verhaltensweisen zu verhindern, indem es Anreize – mittels der Auferlegung einer Strafe – schafft, diese Verhaltensweisen nicht zu begehen. Diese Anreize können sich aber nur an die Geschäftsführer beziehungsweise Vertretungsberechtigten der juristischen Personen richten, da nur natürliche Personen genügend Verstand besitzen, diese Warnungen beziehungsweise Drohungen zu verstehen.[334]

Zwar weist die Rechtsordnung einer juristischen Person bestimmte Fähigkeiten zu, aber es gibt keine Zuweisung im Strafrecht. Eine strafrechtliche Verantwortung besitzen nur natürliche Personen, wenngleich es auch, wie vorstehend aufgeführt, zivilrechtliche oder verwaltungsrechtliche Maßnahmen geben kann wie Auflösung, Geldstrafen oder das Verbot der Ausübung bestimmter Tätigkeiten, die gegenüber juristischen Personen verhängt werden können.

Es musste daher jeweils untersucht werden, welche natürliche Person gehandelt hat und verantwortlich war.

Wenn der Tatbestand keine besonderen Täterqualifikationen erfordert ist es unproblematisch, dass Täter der Vertreter der juristischen Person ist, der die im Código Penal beschriebene Straftat tatsächlich ausgeführt und begangen hat[335].

Problematisch ist es jedoch, wenn es der Tatbestand erfordert, dass bei dem Täter gewisse Bedingungen vorliegen beziehungsweise Qualifikationen vorliegen müssen, und diese Bedingungen nur bei der juristischen Person, nicht aber bei der natürlichen Person vorliegen, die im Namen der juristischen Person tatsächlich gehandelt hat. Dann kann man dieser Person keine strafrechtliche Verantwortung zuweisen, weil diese eben nicht alle durch das Gesetz geforderten Elemente erfüllt, anderenfalls wäre das Gesetzmäßigkeitsprinzip verletzt.

---

333 Sentencia Tribunal Supremo 24. März 1997.

334 Ignacio Berdugo Gomez de la Torre, Luis Arroyo Zapatero; Lecciones de Derecho Penal, Seite 140.

335 Wie zum Beispiel bei einer Urkundenfälschung oder einem Betrug zugunsten der Gesellschaft an einem Dritten.

Das spanische Verfassungsgericht urteilte, dass der Artikel 31 keine strafrechtliche, objektive Verantwortung regeln solle, sondern dass nur erreicht werden soll, strafrechtliche Handlungen, die unter dem Mantel einer juristischen Person begangen werden, nicht ungestraft zu lassen.[336]

Der Artikel 31 ist nicht anwendbar, wenn die Begehung des Deliktes keine besonderen Täterqualifikationen erfordert, sondern kann nur angewandt werden, wenn der Tatbestand, unter den die Handlung subsumiert werden kann, das Vorliegen von Täterqualifikationen erfordert.[337]

Auf jeden Fall erfordert die Verurteilung aufgrund eines Spezial- oder Allgemeindeliktes, dass ein „dolo" oder Schuld vorliegt, es gibt keine Verantwortlichkeit ohne Schuld.[338] Es reicht nicht aus, Geschäftsführer zu sein oder sonstwie eine juristische Person zu vertreten, um automatisch strafrechtlich verantwortlich zu sein, sondern das konkrete Handeln, Schuld und der dolo müssen untersucht werden.

Die Frage der Schuld hat im Bereich des Strafrechts einen subjektiven Charakter, der nur problematisch mit dieser rein objektiven Frage – verantwortlich ist, wer die juristische Person legal vertritt – in Einklang zu bringen ist. So wird der Vertreter oftmals tatsächlich Unkenntnis von den Vorgängen haben beziehungsweise dies vorbringen und sich so exkulpieren können.

Unter Anwendung des Artikels 31 Absatz I – der weiterhin gültig ist – können auch die Geschäftsführer von Muttergesellschaften oder herrschenden Unternehmen als „administrador de hecho", als tatsächlicher Geschäftsführer, der Tochterunternehmen verurteilt werden, wenn bei ihnen Schuld und Vorsatz vorliegen und ihre Beteiligung an den tatbestandlichen Handlungen nachgewiesen ist.

Täter des Deliktes ist derjenige, der faktisch oder von Rechts wegen die juristische Person vertritt und verwaltet und die Aufgabe hat, die juristische Person zu überwachen und zu kontrollieren, damit diese ihren Verpflichtungen korrekt nachkommt.[339] Dies bezieht sich auf den „administrador de hecho", also denjenigen, der tatsächlich die juristische Person leitet, obwohl er rechtlich keine Leitungsfunktion innehat und auch nicht aufgrund eines Beschlusses der Vertretungsberechtigten der juristischen Person handelt. Die Staatsanwaltschaft und die Richter verweisen zur Bestimmung des „administrador de hecho" auf äußere

336 Sentencias 150/1989 und 253/1993.

337 Sentencia del Tribunal Supremo vom 23. März 2001 und vom 18. Dezember 2000.

338 Beispielhaft Sentencia del Tribunal Supremo vom 10. April 2001.

339 Sentencia Tribunal Supremo vom 2. März 1988 und vom 10. November 1993.

Umstände oder Anzeichen. Dies kann zum Beispiel sein, wer Verträge unterschrieben hat, wer Verhandlungen führte und wer überhaupt qualifiziert war für die Übernahme von Leitungsfunktionen der juristischen Person.

Die Bestimmung des „administrador de hecho" führte zu der Rechtsfigur des „levantamiento del velo", des „Schleier-Lüftens". Diese Theorie besagt, dass dann, wenn die juristische Person nur als „Schleier" dazu dient, die tatsächlich materiell hinter der juristischen Person stehende natürliche Person zu verbergen, und durch die Zwischenschaltung zum Beispiel deren Steuerverpflichtungen verborgen werden, diese natürliche Person als verantwortlich für die Begehung des Deliktes zu sehen ist. Entscheidend dafür ist also die vermögensrechtliche Situation und nicht, ob eine juristische Person eingesetzt wurde, die formal gesehen zwar eine andere Rechtspersönlichkeit darstellt, aber tatsächlich keine wirkliche Trennung von Vermögen vorliegt, sondern nur die wirtschaftlichen Zusammenhänge einer natürlichen Person verborgen werden sollen. Daher kann nicht von einem Handeln im Namen eines anderen gesprochen werden, sondern von einem Handeln im eigenen Namen, auch wenn – formal – eine andere juristische Persönlichkeit gewählt wird.[340]

Die Begründung für die Auferlegung der Sanktionen gemäß Artikel 129 und 370 des Código Penal sind die einzelnen Handlungen, die von natürlichen Personen, die eine juristische Person gebildet haben oder mit Vollmacht in deren Namen handeln, begangen werden, wobei allerdings zur Verhinderung derartiger Handlungen Sanktionen erlassen werden können, die direkt die juristische Person, in deren Bereich die Handlung begangen wurde, betreffen.

Diese Sanktionen sind im Código Penal als „consecuencias accesorias", als „Nebenfolgen" normiert, was zum Beispiel die Schließung des Unternehmens sein kann, aber die Schließung eines Unternehmens, ist sie auch nur vorübergehend, kann derartig große Folgen für ein Unternehmen haben, dass es fragwürdig erscheint, nur von „Nebenstrafen" zu sprechen. Dieser Begriff weckt den Eindruck, dass es sich nur um untergeordnete und unbedeutende Strafen handelt.

Letztlich war der Artikel 31.2. Código Penal der Versuch des Gesetzgebers, die Zahlung einer öffentlich-rechtlichen Pflicht, die ihren Grund in einer strafrechtlichen Sanktion hat, abzusichern.[341]

---

340 Sentencia Tribunal Supremo 19. Januar 1974; 30. Dezember 1978; 24. Juli 1998; 6. März 1990 und 17. September 1990.

341 Silva.Sánchez/Ortiz de Urbina, El art. 31.2. Código Penal Seite 39.

Auch wenn die individuelle Verantwortung einer natürlichen Person der einzige Grund für eine Strafe sein kann, so erlauben es die Sanktionen des Código Penal gegenüber juristischen Personen, von einer quasi strafrechtlichen Verantwortung juristischer Personen zu sprechen, auch wenn dies keinen terminologischen Charakter, sondern einen eher materiellen hat.[342]

Im Código Penal gab es weitere Bestimmungen, die es gestatten, gegenüber juristischen Personen Nebenstrafen aufzuerlegen. Zum Beispiel gestattete der Artikel 302, der die bandenmäßige Geldwäsche ahndet, dass der Richter die Auflösung einer derartigen Organisation, die Schließung der Geschäftslokale, die Unterbrechung weiterer Geschäftstätigkeit für höchstens fünf Jahre verfügen kann wie auch das Verbot, die Tätigkeiten, Handelsgeschäfte oder Geschäfte vorzunehmen, bei deren Ausübung die Straftat erleichtert oder verdeckt wurde.

aa) Einschub: Verantwortlichkeit von Geschäftsführern

Das Übereinkommen bestimmt im Artikel 3, dass die Mitgliedstaaten die erforderlichen Maßnahmen ergreifen müssen, damit die Entscheidungsträger in den Unternehmen, falls eine ihnen unterstellte Person eine betrügerische Handlung zum Nachteil der finanziellen Interessen der Europäischen Gemeinschaften begeht, nach den Grundsätzen des innerstaatlichen Rechts des Mitgliedstaates für strafrechtlich verantwortlich erklärt werden können.

Bis zum Jahre 2010 konnten durch den Código Penal nur dann die Geschäftsführer zur Verantwortung gezogen werden, wenn die Eigenarten des Deliktes bei der juristischen Person vorliegen, in deren Namen oder Vertretung sie handeln.

Der spanische Gesetzgeber hatte keine Bestimmung eingeführt, wonach die Geschäftsführer oder leitenden Angestellten einer juristischen Person für die Handlungen ihnen untergeordneter Personen haften. Um den Bestimmungen des Übereinkommens zu genügen, konnte man eine strafrechtliche Verantwortung nur über die Figur einer mittelbaren Täterschaft, sollte ein Bewusstsein über das Begehen des Deliktes bestehen, oder mittels eines Unterlassens erreichen, wenn eine besondere Sorgfalts- oder Verantwortungspflicht vorliegt.

Die Doktrin unterschied zwei Methoden, um diese Probleme innerhalb eines Unternehmens beziehungsweise einer juristischen Person zu lösen.[343]

---

342 Francisco Muñoz Conde, Derecho Penal, Parte General, Seite 221.

343 Juan Terradillos Basoco, Derecho Penal de la empresa, Seite 39; Jesús Maria Silva Sánchez, La responsabilidad penal de las empresas, Seite 369; Carlos Martínez-Buján Pérez, Derecho Penal económico, Seite 196.

Die erste Theorie geht von dem Gedanken der Täterschaft und Teilnahme aus. Wenn das Delikt von dem Täter auf Anweisung eines Vorgesetzten begangen oder zumindest von diesem begünstigt wurde, so hat man es mit der Figur der Anstiftung oder Mittäterschaft zu tun.

Stehen hinter dem Täter Entscheidungsträger des Unternehmens, kann die Figur der mittelbaren Täterschaft vorliegen, dies auch dann, wenn zwar der ausführende Täter verantwortlich ist, aber weder die Organisation beherrscht noch einen untergeordneten Täter beauftragen kann.[344]

Handelt der ausführende Täter auf Druck beziehungsweise Weisung von ihm in der Führung übergeordneten Unternehmens-Angehörigen, so muss eine verminderte Verantwortung des Täters berücksichtigt werden.

Hat beispielsweise ein Vorgesetzter aufgrund Fahrlässigkeit die Begehung des Deliktes erleichtert oder mit Eventual-Vorsatz die Handlungen eines Untergebenen zumindest gefördert, – auch wenn Anweisungen von oben nach unten nur weitergegeben werden –, so ist es problematisch, die Figur der mittelbaren Täterschaft anzuwenden.[345]

Ein Geschäftsführer beherrscht ein Unternehmen, da er an der Spitze eines Unternehmens steht und sowohl die Angestellten als auch die Arbeits- und Informationsabläufe kontrolliert und beherrscht und insofern die Begehung zum Beispiel eines Subventionsbetruges verhindern kann. Er ist verantwortlich, wenn aufgrund dieser Garantenstellung sein Verhalten nicht auf das Verhindern eines Betruges gerichtet war, der Betrug eingetreten ist und er die Möglichkeit gehabt hätte, dies zu verhindern.

Das Amt eines Geschäftsführers beinhaltet, so zu handeln, dass betrügerische Handlungen oder Gefährdungen nicht eintreten, wenngleich man auch nicht davon ausgehen kann, dass ein Unternehmen „per se“ eine Gefahrenquelle ist. Es kommt also auf den konkreten Fall an, damit Vorgesetzte eine Garantenstellung für die Handlungen ihrer Untergebenen innehaben können.[346] Auch wenn Geschäftsführer oder Vorgesetzte Kompetenzen in einem bestimmten Fall delegieren, so entbindet es sie nicht von der Pflicht zu überwachen, dass die Untergebenen keine Delikte begehen, auch wenn gerade diese Kontrollpflicht ebenfalls delegiert wurde. Es liegt ein Handeln durch Unterlassen vor, wobei

---

344 Francisco Muñoz Conde, Problemas de autoria y participación en el derecho penal económico, Seite 223.

345 Jesús María Silva Sánchez, La responsabilidad penal de las empresas, Seite 370.

346 Juan Terradillos Basoco, Derecho Penal de la empresa, Seite 40; Juan Antonio Lascuraín Sánchez, Fundamentos y límites del deber de garantías del empresario, Seite 211.

das entsprechende Delikt als von den Vorgesetzten begangen angesehen wird, die die Begehung nicht verhindert haben, solange dies in ihrem Kompetenzbereich liegt[347] und ein Rechtsgut, in diesem Falle ein fremdes Vermögen, – das des öffentlichen Haushaltes –, gefährdet wird.

Aufgrund dieser Garantenstellung sind die Geschäftsführer verpflichtet, Gefährdungen zu verhindern, und ist diese Pflicht an einen Dritten delegiert worden, so muss ein Geschäftsführer, auch wenn er einem Dritten die notwendigen Mittel zur Ausübung einer Kontrolle zur Verfügung gestellt hat, überwachen, ob und wie dieser tatsächlich seinen Pflichten nachkommt. Zuletzt muss festgestellt werden, ob der Vorgesetzte überhaupt tatsächlich die Begehung des Deliktes hätte verhindern können.

Liegen diese Voraussetzungen vor, so ist die Verantwortung der Geschäftsführer juristischer Personen über den Artikel 11.b. – „Begehung durch Unterlassen" – des Código Penal gegeben.[348]

bb) Sanktionen für juristische Personen, Artikel 4

Der Artikel 4 des Protokolls sieht vor, dass die Mitgliedstaaten sicherstellen, gegen verantwortliche juristische Personen wirksame, angemessene und abschreckende Sanktionen verhängen zu können.

Spanien erfüllte diese Verpflichtungen über den oben unter C.II.b) erwähnten Artikel 31 Absatz II sowie durch die Anwendung des Artikels 129, der Nebenstrafen wie Schließung, Unterbindung der Geschäftstätigkeit oder Auflösung der juristischen Person zulässt.

cc) Einziehung, Artikel 5

Artikel 5 des zweiten Protokolls verpflichtet die Mitgliedstaaten, die erforderlichen Maßnahmen zu treffen, um die Beschlagnahme und – unbeschadet der Rechte gutgläubiger Dritter – die beim Betrug verwendeten Tatinstrumente und auch die durch die deliktische Handlung – wie Bestechung, Betrug, Geldwäsche, Bestechlichkeit – erlangten Gelder bzw. Vermögensgegenstände einzuziehen.

Dieser Verpflichtung kommt Spanien durch den Artikel 127, auf den der Artikel 301 und 302 verweist, nach. Der Artikel 127 verfügt, dass jede Strafe zum Verlust aller Sachen führt, die aus der Straftat hervorgehen, sowie der aus

---

347 Vgl auch Jesús María Silva Sánchez, La responsabilidad de las empresas, Seite 371.

348 Artikel 11. CP: „... Zu diesem Zwecke ist die Unterlassung einer Handlung gleichzustellen: ... b) wenn der Unterlassende durch eine vorhergehende Handlung oder Unterlassung eine Gefahrenlage für das rechtlich geschützte Gut geschaffen hat".

der Straftat erzielten Gewinne. Diese Sachen werden, falls möglich, veräußert, um die zivilrechtlichen Haftungsansprüche zu erfüllen; falls die Sachen nicht veräußert werden können, sind sie der rechtmäßigen Bestimmung zuzuführen oder ggf. unbrauchbar zu machen.

III. Blanqueo del Dinero / Geldwäsche

Der spanische Gesetzgeber behandelt den Schutz gegen Geldwäsche sowohl im Strafgesetzbuch als auch in einem eigenen Gesetz.

Die internationale Verfolgung der Geldwäsche war Gegenstand der sogenannten Wiener Konferenz vom 20. Dezember 1988 gegen den Drogenhandel[349]. Obwohl diese Konferenz den Drogenhandel zum Gegenstand hatte, war die Konferenz auch davon geprägt, gegen die Geldwäsche der aus dem unerlaubten Drogenhandel erlangten Gelder vorzugehen, und die in den Schlussprotokollen aufgeführten Definitionen hatten Einfluss auf die Tatbestände des spanischen Código Penal.

Im Gesetz Ley Orgánica 19/1993, vom 28. Dezember 1993, sobre „Blanqueo de Capitales", geändert in Umsetzung der Richtlinie 2001/97/CE durch das Ley Orgánica 19/2003, vom 4. Juli 2003, hat der spanische Gesetzgeber die Anforderungen der Richtlinie des Rates Nummer 91/308 vom 10. Juni 1991[350], geändert durch die Direktive 2001/97/CE, umgesetzt.[351]

Das Gesetz wird ergänzt durch die Durchführungsbestimmungen des Real Decreto 925/1995, vom 9. Juni 1995, zuletzt umfassend geändert durch das Real Decreto 54/2005, vom 21. Januar 2005.

Die immer weiter voranschreitende Durchdringung des Finanzsektors durch die organisierte Kriminalität hat Spanien veranlasst, im Jahre 2010 ein Gesetz zur Verhinderung der Geldwäsche und Finanzierung des Terrorismus zu erlassen. Dieses Gesetz setzte die Anforderung der EU-Richtlinie 2005/60/EU um

---

349 Übereinkommen der Vereinten Nationen gegen den unerlaubten Verkehr mit Suchtstoffen und psychotropen Stoffen vom 20. Dezember 1998; BGBL. 1993 II S. 1136.

350 LCEur 1991, 718.

351 Die Richtlinie 2005/60/EG des Europäischen Parlaments und des Rates vom 26. Oktober 2005 zur Verhinderung der Nutzung des Finanzsystems zum Zwecke der Geldwäsche und der Terrorismusfinanzierung, Amtsblatt L 309 vom 25.11.2005 erwähnt im Artikel 3 Absatz 5 ausdrücklich, dass unter „schwerer Straftat" auch ein Betrug im Sinne von Artikel 1 Absatz 1 und Artikel 2 des Übereinkommens über den Schutz der finanziellen Interessen der Europäischen Gemeinschaften, zumindest in schweren Fällen, fällt.

und fasste Bestimmungen zur Verhinderung der Finanzierung von Terrorismus und der Verhinderung von Geldwäsche in einem Gesetz zusammen.[352]

Das Gesetz verpflichtet unter anderem Kreditinstitute, Versicherungsgesellschaften, Wertpapiermakler und Kreditkartengesellschaften zur Identifizierung der Kunden, zum Aufbewahren der Dokumente, die den Gegenstand des Geschäftes bilden, sowie zur Zusammenarbeit mit der Polizei und den Behörden, insbesondere mit der SEPBLAC – „Servicio Ejecutivo de la Comision de Prevención de Blanqueo de Capitales e Infracciones Monetarios" –, der nationalen Kontrollbehörde gegen Geldwäsche. Ist ein Delikt im Código Penal mit einer Freiheitsstrafe von über drei Jahren bedroht, so unterliegt die Verhinderung der Wäsche der Güter, die aus diesem Delikt herrühren, der Kompetenz der SEPLAC. Im Falle des Verdachtes auf Geldwäsche gibt es der SEPBLAC gegenüber besondere Mitteilungs- und Aufklärungspflichten.

Die Anzahl der Verfahren, die die SEPBLAC bearbeitet, steigt stetig. Im Jahre 2012 wurden 3058 Verfahren untersucht, im Vorjahre 2011 insgesamt 2975.[353]

Das Gesetz gibt die Möglichkeit, verwaltungsrechtliche Strafen wie Geldstrafen aufzuerlegen, dies jedoch – vgl. Artikel 1 Absatz III des Gesetzes sobre Blanqueo del Dinero – unbeschadet der im Código Penal festgelegten Tatbestände.

Im Strafgesetzbuch wird die Geldwäsche in den Artikeln 301 bis 304 behandelt.

Artikel 301 Absatz I:

> „Wer Sachen erwirbt, einwechselt oder überträgt, obwohl er weiß, dass sie aus einer Straftat[354] stammen, oder eine andere Handlung vornimmt, um die rechtswidrige Herkunft der Sachen zu verbergen oder zu verdecken oder der Person, die an der Tat oder den Taten beteiligt war, zu helfen, die rechtlichen Folgen ihres Handelns zu umgehen, wird mit Gefängnis von sechs Monaten bis zu sechs Jahren und Geldstrafe in Höhe des Wertes der Sachen bis zu dessen dreifacher Höhe bestraft …"

Die Artikel 302 und 303 legen hinsichtlich der Rechtsfolgen Erschwerungen auf, wenn die Geldwäsche bandenmäßig betrieben wird oder durch einen besonderen Personenkreis wie Unternehmer, Beamte, Sozialarbeiter oder Finanzvermittler in Ausübung ihres Amtes.

---

352 Siehe die Gesetzesbegründung Ley 10/2010 vom 28. April 2010; de prevención de blanqueo de capitales y de la financiación del terrorismo; Boletín oficial del Estado número 103 Sec I vom 29. April 2010.

353 Memoria 2012 SEPBLAC. Im Jahre2003 *2228 Fälle und im Jahre 2004 *3256 Fälle, Quelle Jahresbericht SEPBLAC 2004.

354 Bis zur Gesetzesänderung durch das Ley Orgánica 15/2003 vom 25. November hieß es „schwere Straftat".

Der Richter kann auch die Schließung der Geschäftsräume sowie Berufsverbote verhängen, ebenso finden die Bestimmungen des Artikels 31 bis. Código Penal ebenfalls Anwendung, so dass auch eine juristische Person strafrechtlich verantwortlich für die Erfüllung der Bestimmungen der Geldwäsche erklärt werden kann.

Im zweiten Protokoll zum Übereinkommen zum Schutze der finanziellen Interessen der Europäischen Gemeinschaft ist im Artikel 2 aufgeführt, dass die Mitgliedstaaten die nötigen Maßnahmen ergreifen müssen, damit die Geldwäsche einen eigenen Straftatbestand darstellt. Gemäß Artikel 18 des zweiten Protokolls können sich die Mitgliedstaaten das Recht vorbehalten, dass die Geldwäsche bei Mitteln, die aus aktiver oder passiver Korruption herrühren, nur bei schweren Fällen einen Straftatbestand erfüllt, wovon Spanien Gebrauch machte.[355]

IV. Verhältnis des Fraude de Subvenciones zur Estafa (Subventionsbetrug zum Betrug)

Die Meinung in der Literatur und in der Rechtsprechung in Spanien ist uneinheitlich, inwieweit der Betrug –„estafa“ Artikel 248 Codigo Penal– von dem Subventionsbetrug – „fraude de subvenciones“ – unterschieden werden kann.

1. Literatur

Ein Teil der Doktrin verneint das Vorliegen von materiellen Gründen, die eine Trennung des „fraude de subvenciones“ von der „estafa“ begründen würden. Durch eine Täuschung wird ein Vermögen verletzt. Dieses fällt unter einen wirtschaftlichen Vermögensbegriff, der sowohl auf das öffentliche wie auch auf das private Vermögen Anwendung findet.[356] Eine Täuschung, die einen Vermögensschaden im wirtschaftlichen Sinne bewirkt, wird vom Tatbestand der „estafa“ – Betrug – umfasst. Der Vermögensschaden kann durch entgeltliche oder unentgeltliche, ein- oder mehrseitige Verfügungen entstehen, wobei einseitige Leistungen auch die Subventionstätigkeit der öffentlichen Verwaltung umfassen.

Dagegen wird eingewendet, dass bei einem Subventionsbetrug das Vermögen einem vom Vermögensinhaber festgelegten Zweck dienen soll, und durch den Tatbestand des Subventionsbetruges soll dieser festgelegte Zweck geschützt werden.

---

355 Boletín Oficial de Estado vom 27. November 2009, número 286, Sec. I, Seite 100512.

356 Enrique Bacigalupo Zapater, Evolución de los modelos legislativos europeos para la protección de las finanzas públicas y comunitarias, Seite 124.

Dies ist der Schutz der Ausgabenseite des Finanzhaushaltes der Europäischen Union und des Zwecks, der mit diesen Ausgaben verfolgt wird.

Das geschützte Rechtsgut hingegen bei dem Betrug, der „estafa", ist das Vermögen im weiten Sinne, es ist hier für die Rechtsordnung unerheblich, welchen Zweck in jedem Moment der Verfügende verfolgt.[357]

Begründet wird dieser Unterschied zwischen dem Betrug und dem Subventionsbetrug damit, dass die „estafa" innerhalb der Vermögensdelikte im Código Penal behandelt wird, der Subventionsbetrug allerdings in einem anderen Kapitel des Código Penal, den Straftaten gegen das staatliche Finanzwesen.[358]

Die Verletzung öffentlichen Vermögens liegt vor, wenn der von dem Vermögensinhaber festgelegte Zweck nicht mehr vollständig erfüllt werden kann beziehungsweise die Möglichkeit besteht, dass dies der Fall sein könnte. Da jeweils nachgewiesen werden müsse, dass die betrügerischen Handlungen es verhindern würden, die beabsichtigten und festgelegten Ziele zu erreichen, sei die Möglichkeit der Anwendung der Tatbestände der Artikel 305 ff. eingeschränkt.

Gemäß Luis Alberto Arroyo Zapatero kann der Schutz des öffentlichen Vermögens nur über die besonderen Deliktstatbestände des Subventionsbetruges erfolgen, und das öffentliche Vermögen kann nicht über die Deliktstatbestände der „allgemeinen" Delikte wie Betrug geschützt werden.[359]

Die objektive und subjektive Struktur des Subventionsbetruges muss sich nach den Anforderungen richten, die der Schutz des Rechtsgutes erfordert. Da dieses Rechtsgut ein anderes ist als das durch den Betrug geschützte, ist eine Interpretation der einzelnen Elemente in Übereinstimmung und im Hinblick auf das Interesse, das geschützt werden soll, gerechtfertigt. Es bestehen genügend unterschiedliche Elemente im objektiven Tatbestand des Subventionsbetruges, die nicht mit dem der „estafa" übereinstimmen, um eine unterschiedliche Betrachtung und unterschiedliche gesetzliche Bestimmungen zu rechtfertigen.

So muss z.B. bei der „estafa" die Vermögensverschiebung durch das betrügerische Verhalten des Täters bedingt sein, allerdings beim Subventionsbetrug nicht, zum Beispiel in den Fällen, in denen die Subvention für andere Zwecke verwendet wird als die, für die sie beantragt oder gewährt wurde. Es liegt dann

357 Adela Asúa Batarrita, Estafa común y fraude de subvenciones, Seite 138: Maria Carmen Gómez Rivero, El fraude de subvenciones, Seite 147.

358 Vives Antón, González Cussac, Delitos contra el patrimonio y el orden socio-económico, Derecho Penal, Parte Especial, Seite 474.

359 Luis A. Arroyo Zapatero, Delitos contra la Hacienda Pública en materia de Subvenciones, Seite 94; auch Sentencia del Tribunal Supremo de 22 de septiembre de 1999.

keine Täuschung vor, die die Vermögensverschiebung bewirkte, da die Täuschung erst nach der Vermögensverfügung durch die Verwaltung stattfand.

Gleiches gilt für die Fälle, in denen eine Unterlassung vorliegt, da zwar eine Unterlassung im Artikel 309 Código Penal vorgesehen ist, aber nicht bei der „estafa" des Artikels 248 Código Penal.

Die Literatur beurteilt uneinheitlich, ob zwischen beiden Delikten ein Verhältnis im Sinne von Spezialgesetz zum allgemeinen Delikt besteht.

So vertritt Carlos Martinez Bujan Perez die Auffassung, dass der Betrug das schwerwiegendere Delikt im Verhältnis zum Subventionsbetrug und demzufolge die „estafa", der Betrug, das vorrangige Delikt und der Subventionsbetrug das untergeordnete Delikt sei.[360]

Ruíz Rodríguez[361] vertritt dagegen die Auffassung, dass bei den meisten Fällen, bei denen die Verwaltung nach Aktenlage entscheidet, diese die Vermögensverschiebung bewirkende Entscheidung nicht als Folge eines auf einer Täuschung beruhenden Irrtums anzusehen ist. Die Entscheidungsvorgänge sind normalerweise standardisiert und gehen nicht über eine Prüfung des Antrages auf rein technische Fehler hinaus. Viele Sachverhalte erfüllten schon aus diesem Grund den Tatbestand des Betruges nicht und blieben straffrei.

Würde ein Subventionsbetrug als ein „normaler" Betrug im Sinne des Artikels 248 Código Penal geahndet werden, so ergäbe sich darüber hinaus ein Problem bei den Teilnahmehandlungen durch Beamte.

Ist bei der Bearbeitung des Antrages auf Subventionen eine Willenserklärung des Täters nötig und wirkt der Beamte, der den Antrag bearbeitet, bei der Ausübung des Deliktes mit, so fällt ein Tatbestandsmerkmal weg, weil die Verwaltung nicht durch den geschädigt werden könne, der ausgerechnet mit der Bearbeitung des Antrags beauftragt wurde. Wenn also der Beamte nicht getäuscht wurde, weil er bei dem Betrug mitgewirkt hat, so wäre der Tatbestand des Betruges nicht erfüllt. Das Verhalten wäre straflos, wäre der Subventions-Betrug nur eine Form des Betruges mit einem grundsätzlich gleichen Tatbestand und nur mit einer Spezialisierung im Rechtsobjekt.[362]

---

360 Carlos Martinez Bujan Perez, Las relaciones entre el delito de estafa y el delito de fraude de subvenciones en el nuevo Código Penal español de 1995, Seite 1535, ders., Derecho Penal Economico, Delitos contra la Hacienda Pública y contra la Seguridad Social, Seite 477.

361 Luis Ramón Ruiz Rodríguez, Las resoluciones judiciales sobre el delito de fraude, Seite 81.

362 So auch Sentencia de la Audiencia Provincial de Murcia de 22 de septiembre de 1999, bei dem ein Beamter einige Prüfungsberichte fälschte, damit dem Antragsteller die

Daher ist die unterschiedliche Behandlung der Tatbestände der „estafa" (Betrug) und des Subventionsbetruges gerechtfertigt. Zwischen beiden Delikten besteht keine Gleichheit im Tatbestand, die nur von der Spezialität des verletzten Rechtsgutes unterschieden wird; das geschützte Rechtsgut ist nicht das gleiche.

Das geschützte Rechtsgut bei dem Tatbestand der „estafa", des Betruges, ist unter einer wirtschaftlichen Betrachtung das individuelle Vermögen, und bei dem Subventionsbetrug das öffentliche Vermögen, welches über dem Individuum steht und einen Zweck erfüllen soll.[363]

Im Gegensatz zur „estafa", Artikel 248 Código Penal, erfordert der Subventionsbetrug keine Täuschung mit einer Bereicherungsabsicht, sondern es genügt ein Betrug mittels einer bloßen Nichterfüllung von formalen Verpflichtungen, die der Täter oder eine dritte Person zu erfüllen haben. Sollte das Steuerdelikt mit Bereicherungsabsicht und mittels einer Täuschung begangen werden, so ist die allgemeine Regel des Artikels 8 Código Penal anzuwenden, wonach dem Verurteilten die Strafe auferlegt wird, welche die Norm mit einer höheren Strafbedrohung vorsieht.[364]

2. Rechtsprechung

Die spanische Rechtsprechung hat den Konflikt zwischen der Anwendung des Betruges und des Subventionsbetruges uneinheitlich gelöst, zumal es nur sehr wenig Urteile gibt, die sich mit dieser Problematik befassen.

Da der Subventionsbetrug Mindestbeträge voraussetzt und somit schon aus diesem Grunde eine Strafbarkeit in einigen Fällen nicht gegeben sein könnte, hat man den Eindruck, dass gleiche Sachverhalte unter unterschiedliche Tatbestände subsumiert werden, nur um zu einer Strafbarkeit zu gelangen.[365]

Der Mindestbetrag scheint ein kriminalpolitisches Element in den Händen der Richter zu sein, um Straflosigkeit zu verhindern, wenn ein Vermögensschaden zu Lasten der öffentlichen Hand gegeben ist.[366]

Subvention gewährt wurde. Der Beamte wurde nur als Täter einer Fälschung von öffentlichen Dokumenten bestraft.

363 Virginia Sanchez López, El delito de fraude de subvenciones en el nuevo Código Penal, Seite 36; Luis Ramón Ruiz Rodriguez, Las resoluciones judiciales sobre el delito de fraude, Seite 83.

364 Maria Asunción Francaño Martín, El delito de defraudación tributaria, Seite 154.

365 Audiencia Provincial de Córdoba, 21 de Junio de 1999.

366 Luis Ramón Ruiz Rodriguez, Las Resoluciones judiciales sobre el delito de fraude, Seite 79.

Das Tribunal Supremo[367] vertritt im Urteil vom 13. April 1999 die Auffassung, dass es zwischen dem Betrug –„estafa"– und dem Subventionsbetrug –„fraude de subvenciones" – keinen Unterschied im objektiven Tatbestand gebe, der einzige Unterschied sei, dass der Vermögensschaden nicht eingetreten sein müsse. Dadurch, dass es keine gravierenden Unterschiede zwischen beiden Delikten gebe, die Rechtsfolgen aber unterschiedlich seien – die angedrohten Freiheitsstrafen sind unterschiedlich hoch –, müsse im Sinne des Angeklagten das Delikt Anwendung finden, welches in den Rechtsfolgen für den Angeklagten günstiger ist, mithin also die „estafa", der Betrug.

Das Tribunal Supremo wendet in diesem Fall den für den Angeklagten in den Rechtsfolgen günstigeren Tatbestand an, obwohl es damit sowohl gegen die Regel des Artikels 8.1. Código Penal verstößt, wonach die besondere Bestimmung der allgemeinen vorgeht, als auch gegen Artikel 8.4 Código Penal, wonach die schwerere Strafbestimmung die Bestimmung ausschließt, welche die Tat mit einer niedrigeren Strafe bedroht.

Leider ist die Rechtsprechung aber nicht gefestigt, so wendet das Tribunal Supremo in einem Urteil aus dem gleichen Jahr den Tatbestand des Subventionsbetruges an, ohne dies jedoch ausführlich zu begründen.[368]

Das Interesse an einem strafrechtlichen Schutz sei nicht das gleiche in beiden Delikten, und das geschützte Rechtsgut in den beiden Delikte sei ein anderes mit einem jeweils anderen Sinn, sodass ein Rückgriff auf das Prinzip des Spezialgesetzes zum allgemeinen Gesetz vollkommen ungeeignet sei.[369]

Letztlich überwiegt aber in der Rechtsprechung die Auffassung, dass der Subventionsbetrug Spezialgesetz zum Betrug und demzufolge im Bereich von Subventionen keine Möglichkeit der Würdigung eines Betruges gegeben sei[370]. Dies wird auch im Urteil 13/2003 des spanischen Verfassungsgerichtes – „Tribunal Constitucional" – vom 28. Januar 2003 bestätigt. Das Gericht stellt fest: Wenn der Subventionsbetrug Spezialgesetz zum Betrug ist, kann konsequenterweise bei Nichterreichen des Mindestbetrages der Tatbestand des Betruges nicht angewandt werden, weil das Spezialgesetz die Anwendung des Betrugstatbestandes verdrängt.

---

367 Sentencia Tribunal Supremo 13 de abril de 1999.

368 Sentencia del Tribunal Supremo de 1 de febrero de 1999.

369 Sentencia del Tribunal Supremo de 29 de septiembre de 1997.

370 Sentencias del Tribunal Supremo vom 19. April 1997; vom 4. Juli 1997; vom 29. September 1997; vom 25. November und 1. Dezember 1998.

3. Ergebnis

Nach meiner Auffassung bestehen zwischen den Tatbeständen, die die finanziellen Interessen der Europäischen Union schützen sollen, und dem Tatbestand des Betruges – „estafa" –, Artikel 248, derartige Unterschiede, dass man nicht von einem Verhältnis des Spezialgesetzes zum allgemeinen Gesetz ausgehen kann.

Würde man dies zulassen, so würde man tatsächlich versuchen, bei Nichterreichen gewisser Mindestbetrags-Höhen auf jeden Fall zu einer Bestrafung des Täters zu gelangen, indem man dann den Tatbestand des Betruges, Artikel 248, anwendet.

Dies kann aber kriminalpolitisch nicht gewollt sein.

Die Tatbestände, die explizit auf die Europäischen Union Bezug nehmen, schützen ein anderes Vermögen, nämlich das, welches von der Union gewährt wird, um damit wirtschaftliche oder soziale Zwecke zu fördern, insofern liegt ein anderes Schutzgut als beim Tatbestand des Betruges vor. Darüber hinaus erfordern die Tatbestände des Artikels 305 ff. Código Penal keine Vermögensverfügung, im Gegensatz zum Artikel 248 Código Penal.

Wäre der Subventionsbetrug ein Spezialgesetz zum Betrug, so würde der Schutz des öffentlichen Vermögens erst eintreten, wenn gewisse Mindestbeträge erreicht werden, wobei für diese Schlechterstellung kein Grund ersichtlich ist. Auch die dogmatischen Unterschiede zwischen den Tatbeständen sind zu groß. Der Betrug ist ein Delikt der „Selbstverletzung", das heißt, dass das Opfer mittels der Vermögensverfügung selbst die Verletzung seines Vermögens herbeiführt. Dies geschieht aber im Fall der „Unterlassung von Beträgen, die zu zahlen wären" nicht, da keine Täuschung und demzufolge auch keine irrtumsbedingte Vermögensverfügung erforderlich ist. Die Unterlassung der Zahlung ist nicht ausreichend für das Vorliegen einer Täuschung, und niemand muss täuschen oder getäuscht werden, um nicht zu zahlen. Derjenige, der nicht das erhält, was er erhalten müsste, realisiert auch keine Vermögensverfügung, anderenfalls könnte jedes Mal, wenn einer Verpflichtung zur Zahlung nicht nachgekommen wird, ein Betrug angenommen werden.[371]

Dafür spricht auch, dass der Gesetzgeber sich entschieden hat, bei Einführung in den Código Penal die Tatbestände, die den Betrug an Subventionen, auch den von der Europäischen Union gewährten, in einem anderen Kapitel des Código Penal zu regeln als dem, in welchem der Betrug behandelt wird.

---

371 Vergleiche auch Enrique Bacigalupo in Conde-Pumpido/ López Barja, Comentarios al Código Penal, Seite 2313.

Der Betrug ist im zweiten Buch des Código Penal unter dem Titel „Straftaten gegen das Vermögen" geregelt. Der Gesetzgeber hat jedoch, als er in den Código Penal einen eigenen Tatbestand einführte, der den Betrug an Subventionen schützt[372], diesen systematisch in den Titel XIV des zweiten Buches des Código Penal unter „Straftaten gegen das staatliche Finanzwesen" eingeordnet. Dies spricht nach meiner Auffassung dafür, dass der Gesetzgeber nicht von einem Verhältnis Spezial- zu allgemeinem Gesetz ausgeht, sondern von zwei unterschiedlichen Tatbeständen.

Daher müssen immer dann, wenn die Interessen der Europäischen Union betroffen sind, die Tatbestände der Artikel 305 ff. angewendet werden, ohne dass Raum für den Tatbestand des Artikels 248 gegeben ist.

V. Haftung der juristischen Person

Spanien hat mit der Verabschiedung des Organgesetzes Ley Orgánica 5/2010 vom 22. Juni 2010 den Código Penal dahingehend reformiert, dass nun in dem neu eingeführten Artikel 31 bis eine Strafbarkeit juristischer Personen eingeführt wurde. Ungeachtet dessen besteht weiterhin die Strafbarkeit der handelnden natürlichen Person.

Wie in der Begründung zum Gesetz dargelegt, wollte der Gesetzgeber dem Phänomen der wachsenden organisierten Kriminalität, welche unter Einschaltung juristischer Person begangen wird, Einhalt gebieten, und den internationalen Anforderungen wie auch den Anforderungen der Europäischen Union genügen. So gab es Empfehlungen an die Mitgliedsländer des Ministerrates der Europäischen Union zur Bekämpfung der Wirtschaftskriminalität die strafrechtliche Verantwortung juristischer Personen zu normieren bereits im Jahre 1981[373].

Nachfolgend gab es im Jahre 1988 eine unverbindliche Empfehlung des EU-Ministerrates zur Einführung einer Unternehmens-Strafbarkeit über „die strafrechtliche Verantwortlichkeit von Unternehmen mit Rechtspersönlichkeit für Delikte, die in Ausübung Ihrer Tätigkeit begangen wurden".[374] Die Mitgliedsländer wurden darin aufgefordert, eine umfassende Verantwortlichkeit von Unternehmen sicherzustellen.

372 Ley Orgánica 2/1985 vom 29. April, der den Artikel 350 in den Código Penal 1973 einführte.

373 Empfehlung des Ministerrates vom 25.6.1981 (81) 12.

374 Empfehlung des Ministerrates vom 20.10.1988 (88) 18.

Die Empfehlung des Rates enthielt speziell auf Unternehmen zugeschnittene Sanktionen, und der Punkt 7 der Empfehlung (88)-18 listete Maßnahmen und Strafen für Unternehmen auf wie Verweis, Verwarnung, Ausschluss von steuerlichen Vorteilen und Sanktionen, Entschädigung bzw. Schadensersatz für die Opfer, Veröffentlichung des Urteiles und Schließung bzw. Liquidierung des Unternehmens.

Man unterstrich die Notwendigkeit, eine eigene strafrechtliche Verantwortung von Unternehmen in Abstimmung mit anderen Rechtsgebieten, wie dem Zivil- und öffentlichen Recht, zu schaffen.

Im Artikel 3 des Protokolls zum Schutz der finanziellen Interessen der Europäischen Union vom 19. Juni 1997, Artikel 4.2. über die Einführung der Strafbarkeit der Unternehmen, werden die Mitgliedstaaten erneut gehalten, sicherzustellen, dass juristische Personen für Bestechung, Geldwäsche und Betrug verantwortlich gemacht werden können, wobei ein gewisser Mindeststandard gewährt werden soll. Die in Artikel 4 vorgeschlagenen Sanktionen erinnern an die bereits in der Empfehlung aus dem Jahre 1988 vorgeschlagenen Sanktionen.

Spanien hat sich im Jahre 2010 mit den in den Código Penal eingeführten Gesetzesänderungen vom Grundsatz „societas delinquere non potest" – „eine Gesellschaft kann sich nicht vergehen" – abgewandt und ist damit auch den Vorgaben der Europäischen Union und des Übereinkommens zum Schutze der Finanziellen Interessen der Europäischen Union nachgekommen.

Es geht damit weiter als die vorherigen Reformen des Código Penal, welcher in der Reform des Código Penal von 1995 über den Artikel 129 zwar eine strafrechtliche Verantwortung von Unternehmen möglich machte, jedoch nur nach vorheriger Feststellung der strafrechtlichen Verantwortung einer natürlichen Person. Dies ist jetzt aufgehoben. Der Artikel 129 wurde seitens der Gerichte nur wenig angewandt, was vermutlich damit begründet ist, dass die Anwendung des Artikels 129 im Ermessen der Richter lag. Die Bestimmungen des Artikels 31 sind nun allerdings zwingend anzuwenden. Es ist nicht die Absicht des Gesetzgebers, dass über den Artikel 31 bis nur eine „Neben"-Strafbarkeit bzw. eine nur untergeordnete Strafbarkeit begründet wird.[375]

Es ist klar, dass es in den heutigen Zeiten so große Unternehmen gibt, dass man nicht realistisch davon ausgehen kann, dass in einem Zeitraum, der einer würdigen Rechtsprechung angemessen ist, die Gerichte so in die Struktur eines Unternehmens einsteigen können, dass sie feststellen können, wer tatsächlich gehandelt hat.

---

375 Fermín Morales Prats, La responsabilidad penal de las personas jurídicas, Seite 4.

Daher ist eine Haftung einer juristischen Person nicht nur einem heutigen Staate angemessen, sondern auch für eine lebensfähige Strafrechtstruktur nötig.[376] Wenn eine juristische Person die Fähigkeit hat, aufbauend auf einer Organisationsstruktur – und mit einem wirtschaftlichen Zweck – Träger von Rechten und Pflichten zu sein, so kann sie auch strafrechtlich verantwortlich sein[377].

Carlos Gómez-Jara Díez meint, dass der spanische Gesetzgeber formal eine Haftung der juristischen Person normiert hat, aber doch letztlich eine strafrechtliche Verantwortung des Unternehmers regeln wollte, da von Maßnahmen gegen eine juristische Person immer auch natürliche Personen betroffen seien, sei es als Angestellte oder Anteilseigner; und eine vernünftige Kriminalpolitik zum Anliegen haben muss, natürliche Personen zu bestrafen.[378]

1. Artikel 31 bis

Der im Jahre 2010 durch das Organgesetz 5/2010 vom 22. Juni 2010 in das spanische Strafrechtsbuch eingeführte Artikel 31 bis lautet wie folgt:

> „I. Unter den in diesem Strafgesetzbuch vorgesehenen Umständen sind juristische Personen strafrechtlich verantwortlich für die Straftatbestände, die im Namen oder für Rechnung derselben und zu ihrem Nutzen von den gesetzlichen Vertretern und den faktischen oder rechtlichen Geschäftsführern begangen wurden.
> Die juristischen Personen sind unter denselben Umständen auch strafrechtlich verantwortlich für die im Rahmen der Ausübung ihrer Geschäftstätigkeit, für dessen Rechnung und zu dessen Nutzen von denjenigen begangenen Taten, die unter der Verantwortung der im vorhergehenden Absatz beschriebenen Personen stehen und die Taten begehen konnten, weil über sie nicht die den konkreten Umständen angepasste ausreichende Kontrolle ausgeübt wurde … .
> II. Die strafrechtliche Verantwortung der juristischen Person ist immer dann gegeben, wenn ein Delikt von demjenigen begangen wurde, der die im vorstehenden Absatz beschriebenen Ämter oder Funktionen innehat, auch wenn die konkret verantwortliche natürliche Person nicht individuell bestimmt werden kann, oder wenn das Verfahren nicht gegen sie gerichtet werden kann. Wenn als Strafe wegen derselben Handlungen sowohl gegen die juristische Person als auch gegen die natürliche Person eine Geldstrafe verhängt wird, so passen die Richter und Gerichte die entsprechenden

376 So auch Mercedes García Quintas, Una „culpa in vigilando“ penal para las personas jurídicas; Seite 5, José Miguel Martínez-Carrasco Pignatelli, La responsabilidad penal de las personas jurídicas por la comisión de delitos contra la Hacienda Pública.

377 Miguel Ángel Sanchez Huete, La modificación del Código Penal, Seite 19.

378 Carlos Gómez-Jara Díez, La nueva responsabilidad de las personas jurídicas en el derecho penal español; Seite 8.

Beträge an, damit die gesamte Summe im Verhältnis zu der Schwere der Tat nicht unangemessen ist … .
III. …
IV. …
V. Die Bestimmungen im Hinblick auf die strafrechtliche Verantwortung der juristischen Personen ist nicht anwendbar auf den Staat, die institutionellen und territorialen Verwaltungen, auf die Aufsichtsbehörden, öffentliche Wirtschaftsunternehmen, auf internationale Organisationen öffentlichen Rechts, und nicht auf diejenigen, die Hoheitsbefugnisse oder verwaltungsrechtliche Befugnisse ausüben, oder wenn es sich um staatliche Wirtschaftsgesellschaften handelt, die politische Belange ausüben, oder die Dienstleistungen von allgemeinem wirtschaftlichen Interesse ausüben.
In diesen Fällen können die Organe der Rechtsprechung eine strafrechtliche Verantwortung aussprechen in den Fällen, von denen sie ausgehen, dass es sich um eine juristische Person handelt, die von ihren Gründern, Förderern, Geschäftsführern oder Vertretern mit dem Zweck gegründet wurden, eine mögliche strafrechtliche Verantwortung zu verhindern."

Es gibt also zwei Arten von Verstößen, einmal die Delikte, die im Namen oder auf Rechnung der juristischen Person oder zu Ihrem Vorteil von den gesetzlichen Vertretern oder den faktischen oder rechtlichen Geschäftsführern begangen werden. Und zum anderen die Delikte, die von Mitarbeitern begangen wurden, wobei das Unternehmen bzw. die Verantwortlichen des Unternehmens dies insofern ermöglichten, weil keine ausreichende Kontrolle verübt wurde.

Bei der Begehung durch Organe wird eine Strafbarkeit daher bereits durch die Begehung einer Straftat begründet, ohne dass dem Unternehmen eine mangelnde Aufsichtspflicht nachgewiesen werden muss. Eine solche Verletzung der Aufsichtspflicht oder Organisationsverschulden muss nur berücksichtigt werden, wenn die Mitarbeiter, die nicht gesetzlich das Unternehmen vertreten, eine Straftat auf Rechnung oder zum Vorteil der juristischen Person begehen.

Ohne dass die Strafbarkeit einer natürlichen Person gegeben ist oder dass ein Verfahren gegen sie eröffnet wurde, kann bereits eine strafrechtliche Verantwortung der juristischen Person gegeben sein.

Es besteht also eine unabhängige strafrechtliche Verantwortung der juristischen Person. Eine strafrechtliche Verantwortung der juristischen Person schließt aber eine strafrechtliche Verantwortung der natürlichen Person nicht aus, wobei dies auch umgekehrt gilt. Es können beide Verantwortlichkeiten nebeneinander bestehen, müssen aber nicht.

So ist auch in der Begründung des Organgesetzes 5/2010 vom 22. Juni 2010 unter VII festgelegt:

> „…es wird klargestellt, dass die strafrechtliche Verantwortung der juristischen Person unabhängig davon erklärt wird, ob man die strafrechtliche Verantwortung der natürlichen Person feststellen kann oder nicht…“[379]

2. Artikel 31 bis Absatz III

Für diese eigenständige und unabhängige strafrechtliche Verantwortung spricht auch der Absatz III des Artikels 31 Código Penal:

> „Die Konkurrenz von Umständen bei den Personen, die tatsächlich die Handlungen begangen haben oder diese ermöglicht haben, weil sie nicht die gebotene Kontrolle ausgeübt haben, und die die Schuld des Beklagten beeinflussen oder seine strafrechtliche Verantwortung erschweren, oder der Umstand, dass diese Personen verstorben sind oder sich der Justiz entzogen haben, schließt weder die strafrechtliche Verantwortung der juristischen Personen aus noch verändert sie diese, ungeachtet der im folgenden Absatz aufgeführten Bestimmungen.“

Man muss also unterscheiden zwischen Handlungen, die von den Vertretern der juristischen Person vorgenommen wurden, und Handlungen, die von Angestellten vorgenommen wurden, ohne dass diese eine direkte rechtliche Vertretung innehaben.

a) Handlungen, die von den gesetzlichen Vertretern begangen wurden

Dies sind Handlungen, die von den Personen vorgenommen werden, die die juristische Person vertreten und die die Handlung in deren Namen und zu deren Vorteil begangen haben. Die Handlung, die die Vertretungsorgane vornehmen, ist eine eigene Handlung, auch wenn diese von einer anderen natürlichen Person tatsächlich begangen wird. Die Zuweisung der Handlung zu einer juristischen Person ist eine rechtliche Konstruktion, was bei einer juristischen Person erfordert, dass diese durch natürliche Personen handelt[380].

Damit allerdings diese Handlung als eine eigene Handlung der juristischen Person angesehen werden kann, muss diese von einer Person, die in Vertretung der juristischen Person gehandelt hat, begangen werden, im Zusammenhang mit der geschäftlichen Aktivität des Unternehmens stehen und in deren Interesse begangen werden.

---

379 Boletín Oficial del Estado, número 152, Secc I, Seite 54814.

380 Miguel Ángel Sánchez Huete, La modificación del Código Penal, Seite 17.

Problematisch könnte es sein, wenn der Handelnde nicht im Rahmen seiner Vertretungsbefugnisse handelt, diese also formal überschreitet, weil seine Handlung nicht von seinen Befugnissen gedeckt ist[381]. Dies kann auch vorliegen, wenn der Handelnde zwar im Rahmen seiner Befugnisse handelt, aber er eindeutig gegen die Unternehmenspolitik verstößt; von einer Handlung in Vertretung einer juristischen Person kann gesprochen werden, wenn die Handlung auch von der Unternehmens-politik gedeckt ist.

b) Handlungen, die von Vertretern oder Angestellten begangen werden

In diesem Falle hat das Unternehmen nicht die ausreichende Kontrolle ausgeübt und es liegt ein schuldhaftes Organisationsverschulden vor. Man wirft dem Unternehmen vor, eine defizitäre Organisationsstruktur zu haben, weil das Unternehmen die Pflicht hat, ausreichende Maßnahmen zu ergreifen, um Gesetzesverstöße zu vermeiden. Es handelt sich daher um eine eigene Verpflichtung und um das schuldhafte Unterlassen, die gebotenen Maßnahmen zu ergreifen.

Die Rechtsprechung hat wiederholt festgelegt, dass ein Unternehmen nicht nur die entsprechenden Sicherheitsmaßnahmen ergreifen muss, sondern sein Personal auch zur Einhaltung und Erfüllung der Sicherheitsauflagen anhalten und verpflichten muss.[382] Letztlich hat man in das Strafrecht den Grundsatz des „culpa in vigilando" übertragen, wenn festgelegt ist, dass die Handlungen begangen werden konnten, weil das Unternehmen nicht die ausreichende, den Umständen angemessene Kontrolle ausgeübt hat, Artikel 31 bis Absatz I.

Dieser Grundsatz besteht im Zivilrecht und wird aus den Artikeln 1902 und 1903 des spanischen bürgerlichen Gesetzbuches abgeleitet:

Artikel 1902 Código Civil, Spanisches Bürgerliches Gesetzbuch:

> „Wer durch Handeln oder Unterlassen einen anderen schädigt, ist verpflichtet, wenn Verschulden oder Fahrlässigkeit vorliegt, den verursachten Schaden wiedergutzumachen."

Artikel 1903 Código Civil:

> „Die sich aus dem vorhergehenden Paragraphen ergebende Verpflichtung kann nicht nur für eigene Handlungen und Unterlassungen bestehen, sondern auch für diejenigen Personen, für die man haften muss.

---

381 „Exzesstat".

382 Sentencia Tribunal Supremo 30. April 1979, RJ Westlaw Aranzadi 1979, 2237. Sentencia Tribula Supremo 20. Juni 1983; RJ 1983, 3611. Sentencia Tribunal Supremo 20. Mai 1992, RJ 1992, 3655

… Gleichfalls sind die Eigentümer oder Direktoren von Unternehmen und Gesellschaften für die Schäden verantwortlich, die von den Angestellten bei der Ausübung der Tätigkeiten, für die sie eingestellt sind, oder bei der Gelegenheit ihrer Tätigkeit verursacht werden … "

Damit die fehlerhafte Aufsicht oder Kontrolle strafrechtlich relevant ist, genügt es nicht, dass dadurch nur das Risiko der Begehung einer Straftat erhöht wurde, die mangelnde Aufsicht muss auch konkret zu der fehlerhaften Handlung geführt haben.[383]

Das Strafrecht verbietet die Haftung für fremde Handlungen. Wenn bei einer natürlichen Person, die vertreten wird, zumindest irgendeine eigene Handlung des Vertretenen erforderlich ist, damit eine Handlung seines Vertreters eine strafrechtliche Haftung des Vertretenen begründen kann, so muss dies auch bei der juristischen Person erforderlich sein.

Im spanischen Strafrecht liegt eine eigene Haftung vor: Die Umstände, die eine Strafbarkeit der natürlichen Person erschweren oder mildern, schließen nicht die Strafbarkeit der juristischen Person aus oder verändern diese, Artikel 31 bis Absatz IV.

Wenn diese bei der handelnden natürlichen Person vorliegenden strafmildernden oder straferschwerenden Umstände nicht auf die juristische Person übertragen werden können, weil der Absatz IV des Artikels 31 bis dies nicht vorsieht, so ist es nur richtig, dass die Strafbarkeit der juristischen Person als eine eigene angesehen werden muss. Es ist nicht logisch, zu erklären, dass einerseits strafausschließende oder strafmildernde Umstände der natürlichen Person nicht auf die juristische Person übertragen werden können, andererseits aber z.B. weitere Merkmale wie eine Schuld der natürlichen Person auf die juristische Person übertragen werden können.

Demzufolge ist die Strafbarkeit der juristischen Person getrennt von der Strafbarkeit der natürlichen Person zu sehen. Eine Strafbarkeit der juristischen Person kann vorliegen, auch wenn die handelnde natürliche Person nicht konkretisiert werden kann, Artikel 31 bis Absatz II.

3. Zum Nutzen der juristischen Person

Das Delikt muss zum Nutzen der juristischen Person begangen worden sein. Dies muss nicht zwingend ein geldlicher Vorteil sein, der sich in der Gewinn- und Verlustrechnung des Unternehmens niederschlägt, sondern kann auch

383 Auch Carlos Gómez-Jara Díez; La nueva responsabilidad penal de las personas jurídicas en el Derecho Penal Español, Seite 18.

andere Aspekte mit umfassen, wie z.B. eine besonders günstige Marktstellung, Ausschalten von Mitbewerbern, Image-Verbesserung usw. Wenn also durch die Handlung kein Vorteil oder Nutzen der juristischen Person besteht, sondern nur zugunsten der handelnden natürlichen Person, so kann man von keiner strafrechtlichen Verantwortung der natürlichen Person ausgehen. Es muss jedoch zu keinem dauerhaften Vorteil der juristischen Person gekommen sein, sondern es genügt bereits die Absicht, einen dauerhaften Vorteil herbeigeführt haben zu wollen.[384]

Dieses Kriterium führt nach meiner Auffassung zu Auslegungsschwierigkeiten, wenn zum Beispiel ein Angestellter, um sich selbst Vorteile zu verschaffen, für das Unternehmen auf unrechte Weise Aufträge einholt, so dass das Unternehmen davon profitiert, aber auch er, weil er aufgrund der guten Zahlen in der Hierarchie des Unternehmens aufsteigt und höhere Gehaltszahlungen bekommt. Ebenso liegt nach meiner Auffassung ebenfalls eine Ungenauigkeit im Gesetz vor, weil gemäß Gesetzeswortlaut nur die strafrechtliche Verantwortung gegeben ist, wenn sich der Vorteil für das Unternehmen auch realisiert hat. Ein nur möglicher, aber nicht eingetretener Nutzen würde keine strafrechtliche Verantwortung begründen.

4. Numerus Clausus der Straftaten

Die Straffolge richtet sich jeweils nach dem, was in den Tatbeständen des Besonderen Teiles des Strafgesetzbuches festgelegt ist. Der Gesetzgeber hat sich dafür entschieden, jeweils festzuschreiben „... wenn in Übereinstimmung mit dem Artikel 31 bis) die Strafbarkeit der juristischen Person gegeben ist ... “. Es gibt einen „numerus clausus“ der möglichen Straftaten, beschränkt auf solche, die üblicherweise von einer juristischen Person begangen werden können.

Insofern ist eine mögliche Strafbarkeit bei folgenden Delikten gegeben:

- Organhandel, Artikel 156 bis
- Menschenhandel Artikel 177 bis
- Prostitution, Artikel 189 bis
- Datendiebstahl, Artikel 197.III
- Betrug, Artikel 251 bis
- Strafbare Insolvenzen und Konkurse, Artikel 261 bis
- Datenbeschädigung und -sabotage, Artikel 264 IV

384 Carlos A. Suárez-Mira Judel Piñol. Responsabilidad penal de las personas jurídicas; Seite 10.

- Geldwäsche, Artikel 302.II
- Delikte gegen die öffentliche Finanzverwaltung und Sozialversicherung, Artikel 310 bis
- Straftaten gegen die Rechte der Arbeitnehmer, Artikel 318 IV
- Straftaten gegen die Raumordnung, Artikel 319 IV
- Umweltschutzdelikte, Artikel 327 und 328 VI
- Straftaten im Zusammenhang mit Müllbeseitigung oder ionisierender Strahlung, Artikel 343 III
- Herstellung, Verarbeitung, Transport, Besitz oder Vermarktung von Sprengstoffen, Artikel 348. III
- Delikte im Zusammenhang mit Drogen oder Betäubungsmitteln, Artikel 369 bis
- Fälschung von Kreditkarten oder Reiseschecks, Artikel 399 bis
- Bestechung, Artikel 427 II
- Unerlaubte Einflussnahmen, Artikel 430
- Korruptionsstraftaten im Zusammenhang mit ausländischen Beamten oder internationalen Organisationen, Artikel 445 II
- Bildung krimineller Vereinigungen, Artikel 570 quater
- Finanzierung von Terrorismus, Artikel 576 bis 2

5. Strafmildernde Umstände, Artikel 31 bis IV Código Penal

Artikel 31 bis Absatz IV:

> „Es werden als strafmildernde Umstände bei der Bemessung der strafrechtlichen Verantwortung der juristischen Person nur angesehen, wenn, nachdem der Straftatbestand begangen wurde, ihre rechtlichen Vertreter folgendes unternehmen:
>
> a) wenn sie vor Kenntnis, dass ein Strafverfahren gegen sie eingeleitet wurde, den Verstoß den Behörden gemeldet haben
> b) bei der Untersuchung der Tatbestände kooperieren, indem sie Beweise, egal zu welchem Zeitpunkt, beibringen, die neue und entscheidende Erkenntnisse, für die sich aus den Handlungen ergebenden strafrechtlichen Verantwortung ergeben
> c) In jedem Verfahrensstadium und vor dem mündlichen Verfahren dazu beigetragen zu haben, den durch das Delikt verursachten Schaden zu beseitigen oder zu vermindern
> d) Vor Beginn des mündlichen Verfahrens wirksame Maßnahmen erlassen haben, um zukünftig Delikte aufzudecken oder zu verhindern, die mit Mitteln oder gedeckt von der juristischen Person begangen werden.“

Nach meiner Auffassung hätte der spanische Gesetzgeber strafmildernde Umstände auch zulassen sollen, wenn die juristische Person mit den Behörden erst nach Kenntnis der Aufnahme des Strafverfahrens zusammenarbeitet,- ex post-, um einen Anreiz zu schaffen, Straftaten zu verhindern.

Ebenso muss kritisch eingewandt werden, dass gemäß Artikel 31 bis Absatz III Código Penal Umstände, die bei der natürlichen Person vorliegen und deren Strafbarkeit beeinflussen, keinen Einfluss auf die strafrechtliche Verantwortung der juristischen Person haben. Der Gesetzgeber hat es versäumt festzuhalten, dass bei der natürlichen Person schuldausschließende Gründe dann auch Einfluss auf die strafrechtliche Verantwortung der juristischen Person haben müssten und diese auch ausschließen sollten. Der Gesetzgeber wollte zwar dadurch klarstellen, dass die Haftung der juristischen Person eine eigenständige Haftung neben der Haftung der natürlichen Person ist, hätte aber die strafmildernden Umstände auch bei der Bewertung der Strafe der juristischen Person zulassen sollen.

Das System der strafmildernden Umstände wird im vierten Absatz des Artikels 31 bis festgelegt. Der spanische Gesetzgeber hat sich dafür entschieden, zu begünstigen, wer mit den Strafverfolgungsbehörden zusammenarbeitet. Fermín Morales[385] merkt zu Recht an, dass die Gefahr besteht, dass mittels derartiger „Anreize“ die verfassungsmäßigen Grundsätze – normiert im Artikel 24 Absatz II der spanischen Verfassung – des Strafverfahrens, wie das Recht, nicht gegen sich selbst auszusagen, sich nicht schuldig zu erklären und die Unschuldsvermutung, ausgehebelt werden können.

Ein Geständnis muss freiwillig erfolgen und vor Kenntnis der Aufnahme eines strafrechtlichen gerichtlichen Verfahrens umfassend abgelegt werden. Es kann vor jedem Organ der öffentlichen Verwaltung abgelegt werden, weil es gemäß Gesetz ausreicht, wenn es vor irgendeiner Stelle der Verwaltung abgegeben wird. Es genügt daher, dass dieses auch noch vor der Staatsanwaltschaft während der Ermittlungen abgegeben wird, weil streng genommen in diesem Verfahrensstadium es noch zu keinem gerichtlichen Verfahren gekommen ist.

Strafmildernd kann ferner sein, wenn Beweise beigebracht werden, die neu sind und noch nicht seitens der ermittelnden Behörden bekannt sind. Diese können zu jedem Verfahrenszeitpunkt vorgelegt werden, wobei die Anforderungen hoch sind. Sind es nur Beweise, die zum Beispiel eine bereits festgestellte strafrechtliche Verantwortung nur bestätigen, aber keine neuen Beweise bringen, so ist ein strafmildernder Umstand nicht gegeben. Kritisch ist anzumerken, dass diese Beweise in jedem Verfahrensstadium vorgebracht werden können, also auch noch kurz vor der Urteilsverkündung. Der Gesetzgeber hätte sich hier

---

385 Fermín Morales Prats, La responsabilidad de las personas jurídicas, Seite 23.

genauer definieren müssen, so wie er es bei dem strafmildernden Umstand der Wiedergutmachung getan hat, Artikel 31 bis Absatz IV c). Hier muss prozessual die Wiedergutmachung vor Beginn der mündlichen Verhandlung erfolgen.

Probleme können auftreten, wenn zum Beispiel durch die Übergabe von Beweisen fundamentale Rechte der juristischen Person verletzt werden. Maßnahmen, die verhindern sollen, dass zukünftig weitere Delikte seitens der juristischen Person begangen werden, müssten vor Aufnahme der mündlichen Verhandlung ergriffen werden. Die Unschärfe in diesem Tatbestand rührt daher, dass zum einen eine Prognose in die Zukunft abgegeben werden muss, und ebenso ist unklar, wer bestimmt, ob die ergriffenen Maßnahmen tatsächlich ausreichend sind.

6. Haftungsausschluss, Artikel 31 Absatz V Código

Der Absatz 5 des Artikels 31 bis erklärt einen Ausschluss der Haftung für gewisse juristische Personen:

Artikel 31 Absatz V:

> „Die Bestimmungen im Hinblick auf die strafrechtliche Verantwortung der juristischen Personen ist nicht anwendbar auf den Staat, die institutionellen und territorialen Verwaltungen, auf die Aufsichtsbehörden, öffentliche Wirtschaftsunternehmen, auf internationale Organisationen öffentlichen Rechts, und nicht auf diejenigen, die Hoheitsbefugnisse oder verwaltungsrechtliche Befugnisse ausüben, oder wenn es sich um staatliche Wirtschaftsgesellschaften handelt, die politische Belange ausüben, oder die Dienstleistungen von allgemeinem wirtschaftlichen Interesse ausüben.
> In diesen Fällen können die Organe der Rechtsprechung eine strafrechtliche Verantwortung aussprechen in den Fällen, von denen sie ausgehen, dass es sich um eine juristische Person handelt, die von ihren Gründern, Förderern, Geschäftsführern oder Vertreter mit dem Zweck gegründet wurden, eine mögliche strafrechtliche Verantwortung zu verhindern.“

Dass der Staat von einer strafrechtlichen Haftung ausgenommen ist, kann man nachvollziehen, da er sich ansonsten selbst Strafen auferlegen würde, und der Verweis auf die öffentliche Verwaltung ist auch überflüssig, da diese Teil des Staates ist.

In der Literatur wird ebenfalls die Auffassung vertreten, dass eine öffentliche Körperschaft im Bereich des Subventionsbetruges bei der Verwaltung von Geldern der Europäischen Union keine strafrechtliche Verantwortung haben könne.[386]

---

386 Virginia Sánchez López, Obtención indebida de fondos comunitarios, Seite 299; Luis Arroyo Zapatero, Delitos contra la Hacienda Pública en materia de

Begründet wird dies damit, dass unter den Begriff der Subventionen nicht die Verschiebungen innerhalb von öffentlichen Körperschaften fallen.

Diese Auffassung ist nach meiner Meinung heute nicht mehr tragbar, da nunmehr durch die verschiedenen Deliktstatbestände im Código Penal, die ausdrücklich die Finanzen der Europäischen Union schützen, die nationalen Finanzen beziehungsweise der nationale Haushalt von den Finanzen, dem Haushalt und den Subventionen der Europäischen Union zu trennen ist, sodass die verschiedenen Institutionen, die bei der Verteilung und Verwaltung der Gelder mitwirken, auch eigenständig und unabhängig voneinander strafrechtlich verantwortlich sein können, auch wenn sie nicht zu ihrem eigenen Vorteil, sondern zum Vorteil von Dritten gehandelt haben.

Geht man sogar davon aus, dass geschütztes Rechtsgut die Freiheit des Subventionsgebers ist, über seine Ausgaben selbst zu bestimmen, so können auch öffentliche Körperschaften, die diese Freiheit stören, Täter sein.[387]

Geht man weiter davon aus, dass das geschützte Rechtsgut immer im Zusammenhang mit einem Zweck zu sehen ist, und werden Gelder nur von einer öffentlichen Einheit an eine andere übertragen, so hat zwar der öffentliche Haushalt, global gesehen, keinen Verlust erlitten, jedoch trennt der Código Penal den nationalen von dem europäischen Haushalt, sodass demzufolge auch die nationale Verwaltung verantwortlich sein kann.

Bei der Einführung des Artikels schloss dieser eine Haftung von Parteien oder Gewerkschaften aus.

Auch wenn Parteien und Gewerkschaften in den Artikeln Sechs beziehungsweise Sieben der spanischen Verfassung erwähnt werden und ihnen verfassungsmäßige Aufgaben zukommen, waren keine Gründe ersichtlich, warum keine strafrechtliche Haftung gegeben sein solle, wenn doch im spanischen Parteiengesetz „Ley Orgánica 6/2002“ vom 27. Juni 2002 in den Artikeln Zehn und folgende vorgesehen ist, dass eine Partei auf richterliche Anordnung aufgelöst werden kann. Insofern kann eine Partei Gegenstand richterlicher Anordnungen wie Auflösung oder Schließung sein und sollte daher ebenso wie eine juristische Person haften können.

Durch das Ley Orgánica 7/2012 wurde der Artikel 31 bis Absatz V dahingehend geändert, dass nunmehr eine Haftung politischer Parteien und Gewerkschaften nicht mehr ausgeschlossen ist.

---

subvenciones, Seite 23; Maria Carmen Gómez Rivero, El fraude de subvenciones, Seite 41.

387 Carlos Martínez-Buján Perez, Delitos contra la hacienda pública, Seite 675.

Der Gesetzgeber hätte ebenso festlegen müssen, wenn die juristische Person nur zum Zwecke der Verschleierung gegründet wurde und somit doch eine strafrechtliche Verantwortung gegeben ist, ob dann die Haftung ausgeweitet wird auf sie selbst oder auf ihre Gründer und rechtlichen Vertreter.

7. Rechtsfolgen, Artikel 33 VII Código Penal

Artikel 33 VII Código Penal:

„Die auf juristische Personen anwendbaren Strafen, die alle als schwerwiegend angesehen werden, sind wie folgt:

a) Geldstrafe in Sätzen oder anteilige Strafen.
b) Auflösung der juristischen Person. Die Auflösung führt zu der definitiven Auflösung der juristischen Person, wie auch zu dem Verlust, auf jedwede Art und Weise am Rechtsverkehr teilzunehmen, oder jedwede Aktivität durchzuführen, auch wenn diese rechtmäßig ist.
c) Unterbrechung ihrer Aktivitäten für einen Zeitraum nicht über fünf Jahren
d) Schließung ihrer Geschäftsräume und Betriebsstätten für einen Zeitraum, der fünf Jahre nicht übersteigt
e) Verbot, zukünftig die Aktivitäten auszuüben, bei deren bisheriger Ausübung das Delikt begangen, begünstigt oder verdeckt wurde. Dieses Verbot kann vorübergehend oder definitiv sein. Ein vorübergehendes Verbot darf nicht länger als fünf Jahre sein
f) Verbot auf maximal fünf Jahre, Subventionen oder öffentliche Beihilfen zu bekommen, oder Aufträge aus dem öffentlichen Sektor. Ebenso werden keine Steuererleichterungen oder Vergünstigungen der Sozialversicherung gewährt.
g) Richterliches Einschreiten auf maximal fünf Jahre, um die Rechte der Arbeitnehmer oder der Gläubiger für den Zeitraum, der nötig ist, zu sichern.

Das Einschreiten kann sich auf die gesamte Organisationseinheit erstrecken oder sich auf einige Installationen, Teilbereiche oder Geschäftszweige beschränken. Der Richter oder das Gericht bestimmt im Urteil oder in anschließender Verfügung exakt den Inhalt des Einschreitens und legt auch fest, wer sich um das Einschreiten kümmert und in welchen Zeitabständen an das rechtsprechende Organ berichtet wird. Das Einschreiten kann verändert oder ausgesetzt werden nach vorherigem Bericht des Inspekteurs und der Staatsanwaltschaft. Der Inspekteur hat das Recht, zu allen Geschäftseinrichtungen des Unternehmens oder der juristischen Person Zugang zu haben und alle Informationen zu bekommen, die er für die Ausübung seiner Funktionen für nötig ansieht. Durch Verordnung werden die Aspekte im Hinblick auf die Ausübung seiner Funktionen geregelt, wie Vergütung und nötige Qualifikation.
Die vorübergehende Schließung der Geschäftsräume und Betriebstätten sowie die Unterbrechung der Geschäftstätigkeit können auch von dem Ermittlungsrichter als vorläufige Maßnahme während der Ermittlungen festgelegt werden.“

Derartige Maßnahmen waren bereits im Código Penal von 1995 im Artikel 129 eingefügt worden, wobei die theoretische Bedeutung viel größer war als die Tatsächliche. Nebenstrafen wurden seitens der Gerichte nur selten verhängt, was auch damit zusammen hängen mag, dass die spanischen Richter die Auffassung vertraten, dass Strafen nur an natürliche Personen und nicht an juristische Personen verhängt werden dürfen und ein „Kulturwandel", dass auch eine juristischen Person haften kann, noch nicht eingetreten war. Darüber hinaus hat oftmals die Verhängung sogenannter Nebenstrafen wie Unterbrechung des Geschäftsbetriebes gegenüber einer juristischen Person Einfluss und Folgen auf eine große Anzahl von Arbeitnehmern, weswegen die Verhängung einer Unterbrechung der Geschäftstätigkeit als Ausnahme angesehen werden muss. Die Verhängung von Nebenstrafen hat weitreichende handelsrechtliche und arbeitsrechtliche Folgen, womit die bisher sehr zurückhaltende Anwendung begründet werden kann.[388]

8. Strafbestimmung

Der Código Penal gibt Kriterien vor, wie auf juristische Personen anwendbare Strafen bestimmt werden sollen.

Mittels Ley Orgánica 5/2010 wurde ein neuer Artikel 66 bis eingefügt:

> „Bei der Bestimmung der den juristischen Personen aufzuerlegenden Strafen müssen die Bestimmungen der Ziffern 1 bis 4 und 6 bis 8 der ersten Abteilung des Artikels 66 berücksichtigt werden, wie auch die folgenden:
>
> 1. Bei den Bestimmungen, die aufgrund der Bestimmungen des zweiten Buches festgelegt werden, um über die Auferlegung und die Reichweite der in den Buchstaben b) bis g) des Absatzes 7 des Artikels 33, muss folgendes berücksichtigt werden:
>   a) die Notwendigkeit, um die Fortführung der kriminellen Aktivität oder deren Folgen zu verhindern
>   b) die wirtschaftlichen und sozialen Folgen, und im Besonderen die Folgen für die Arbeitnehmer
>   c) den Posten, den innerhalb der Struktur der juristischen Person die natürliche Person oder das Organ, das seinen Kontrollpflichten nicht nachgekommen ist, innehat
> 2. Wenn die in den Buchstaben c) bis g) des Absatzes 7 des Artikels 33 auf eine begrenzte Zeit festgelegt werden, so kann dieser Zeitraum nicht die maximale Zeit der Freiheitstrafe übersteigen, die für den Fall vorgesehen ist, falls eine natürliche Person das Delikt begeht

388 Jesús-Maria Silva Sánchez, La aplicación judicial de las consecuencias accesorias para las empresas, Seite 12.

Bei der Auferlegung der in den Buchstaben c) bis g) vorgesehenen Strafen bei einem Zeitraum von über zwei Jahren ist es erforderlich, dass eine der folgenden beiden Umstände gegeben ist:
a) dass die juristische Person rückfällig geworden ist
b) dass die juristische Person organisiert für die Begehung von rechtswidrigen Handlungen benutzt wird. Man geht davon aus, dass dieser letzte Tatbestand gegeben ist, wenn die legale Tätigkeit weniger bedeutend ist als ihre illegale Tätigkeit.

Für die dauerhafte Auferlegung der in den Buchstaben b) und e) vorgesehenen Strafen und für die Auferlegung für einen Zeitraum von über fünf Jahren der in den Buchstaben e) und f) des Absatzes VII des Artikels 33 vorgesehenen Strafen ist es notwendig, das eine der beiden folgenden Umstände gegeben ist:
a) dass man sich in einem der Sachverhalte gemäß Ziffer der ersten Nummer des Artikels 66 befindet
b) dass die juristische Person organisiert für die Begehung von rechtswidrigen Handlungen benutzt wird. Man geht davon aus, dass dieses letzte Tatbestandsmerkmal gegeben ist, wenn die legale Tätigkeit weniger bedeutend ist als ihre illegale Tätigkeit."

Der Gesetzgeber hat versucht, die Bestimmung der Strafen für juristische Personen anders zu gestalten als für natürliche Personen, allerdings ohne sich ganz von den auf natürliche Personen anwendbaren Vorschriften zu lösen, weil auf die Bestimmungen des Artikels 66 in allen seinen Bestimmungen, mit Ausnahme der Ziffer 5, Bezug genommen wird. Der Artikel 66 regelt die Bestimmung der Strafe bei natürlichen Personen.

Darüber hinaus bestimmt Artikel 31 bis Nummer 2, dass die jeweiligen Geldstrafen angepasst werden sollen, wenn sowohl eine Strafbarkeit der natürlichen wie auch der juristischen Person gegeben ist. Dies ist von Vorteil für kleine Unternehmen, in denen es oftmals keine Trennung zwischen dem Vermögen der Gesellschaft und dem Vermögen des Unternehmers gibt, der gehandelt hat. Würden die Geldstrafen kumuliert werden, so könnte eine Bestrafung unverhältnismäßig schwer ausfallen.[389]

Im Bereich der Straftaten gegen das Finanzwesen und die Sozialversicherung normiert der Gesetzgeber in Artikel 310 bis die Rechtsfolgen, die durch das Organgesetz 7/2012 – Das Gesetz gegen den Kampf gegen den Sozialversicherungs- und Steuerbetrug – verschärft wurden:

389 Carlos A. Suárez-Mira Judel Piñol; Responsabilidad de las personas jurídicas, Seite 10

Artikel 310 bis:

„Wenn in Übereinstimmung mit dem Artikel 31 bis eine juristische Person für eine in diesem Abschnitt erwähnte Straftat verantwortlich ist, werden die folgenden Strafen auferlegt:

a) Geldstrafe in Höhe des hinterzogenen oder ungerechtfertigt erlangten Betrages bis zum doppelten Betrag, wenn das Delikt, dass die natürliche Person begangen hat, eine Gefängnisstrafe von mehr als zwei Jahren vorsieht.
b) Geldstrafe des doppelten bis zum vierfachen des hinterzogenen oder ungerechtfertigt erlangen Betrages, wenn das Delikt, dass die natürliche Person begangen hat, eine Gefängnisstrafe von mehr als fünf Jahren vorsieht.
c) Geldstrafe von sechs Monaten bis zu einem Jahr in dem im Artikel 310 vorgesehenen Sachverhalten.

Zusätzlich zum dargelegten wird der verantwortlichen juristischen Person der Verlust der Möglichkeit, Subventionen oder öffentliche Zuschüsse zu bekommen, auferlegt, und der Verlust des Rechtes, Steuervorteile oder Erleichterungen bei der Sozialversicherung zu genießen, für einen Zeitraum von drei bis sechs Jahre. Es kann auch das Verbot, Verträge mit der Verwaltung abzuschließen, auferlegt werden … "

Nach meiner Auffassung hat der spanische Gesetzgeber versucht, nicht gegen den Grundsatz des „ne bis in idem" zu verstoßen[390] und keine Doppelbestrafung zu ermöglichen, indem er eine Anpassung der Geldstrafen vorsieht. Allerdings hätte er diese Anpassung nicht nur auf Geldstrafen beschränken sollen, sondern hätte dies auch für gegebenenfalls andere Strafen festlegen sollen, und sich diesbezüglich nicht nur hinsichtlich der Rechtsfolgen äußern müssen.

Es bleibt weiterhin unklar, vergleiche Artikel 31 III Código Penal, ob wegen ein und desselben Straftatbestandes die juristische Person beschuldigt werden und auch eine Haftungsabwälzung auf die natürliche Person erfolgen kann, die im Namen der juristischen Person gehandelt hat oder die die entsprechende Kontrolle in der juristischen Person hätte ausüben müssen. Das Risiko besteht, dass ein und derselbe Tatbestand bei verschiedenen Personen zu einer Verurteilung führt, und das somit der Grundsatz des „ne bis in idem" verletzt wird.

9. Zivilrechtliche Haftung

Neu ist ebenfalls, dass im spanischen Strafgesetzbuch nunmehr auch die juristischen Personen gesamtschuldnerisch mit den natürlichen Personen zivilrechtlich haften:

---

390 Ne bis in idem: „Nicht zwei Mal in derselben Sache"

Artikel 116 Absatz III Código Penal:

„Die strafrechtliche Verantwortung einer juristischen Person bringt die zivilrechtliche Haftung in den im § 110 dieses Gesetzbuches festgelegten Bestimmungen mit sich, wonach man solidarisch mit den natürlichen Personen haftet, die aus denselben Gründen verurteilt wurden."

Artikel 109 Código Penal:

„1. Die Ausübung eines in diesem Gesetz als Verbrechen oder Vergehen beschriebenen Tatbestände verpflichtet, die durch sie entstandenen Schäden oder Nachteile nach Maßgabe der Gesetze wiederherzustellen.
2. Der Geschädigte kann auf jeden Fall wählen, die zivilrechtliche Haftung vor der Zivilrechtsprechung zu fordern."

Artikel 110:

„Die im vorstehenden Artikel bestimmte Haftung umfasst

1. die Rückgabe
2. die Wiedergutmachung des Schadens
3. die Entschädigung für materielle und immaterielle Schäden."

Es handelt sich hier um eine direkte Haftung mit der Besonderheit, dass eine Gesamthaftung mit der zivilrechtlichen Haftung der natürlichen Personen, die gehandelt hat und aus denselben Gründen verurteilt wurde, festgelegt wird.

Darüber hinaus gibt es im spanischen Strafgesetzbuch weitere Hinweise auf eine zivilrechtliche Haftung, wie in den Artikeln 118 und 120, die ebenfalls bereits vor der Reform des spanischen Strafgesetzbuches eine Haftung nach den Bestimmungen des Zivilrechtes festlegten.

Der Artikel 129 Código Penal ist nach der Reform durch das Ley Orgánica 5/2010 vom 22. Juni 2010 nur noch anwendbar auf Zusammenschlüsse von Personen, Unternehmen usw., die über keine eigene juristische Rechtspersönlichkeit verfügen. Im Unterschied zum Artikel 31 bis, der eine eigene direkte und unabhängige Strafbarkeit der juristischen Person begründet, erfordert der Artikel 129 eine vorherige Feststellung der strafrechtlichen Verantwortung eines Täters. Ebenso ist festzuhalten, dass der Artikel 129 im Gegensatz zum Artikel 31 bis nicht zwingend angewandt werden muss.

10. Erlöschen der Haftung

Bei der Reform des Código Penal im Jahre 2010 wurde dem Artikel 130 ein zweiter Absatz zugefügt:

Artikel 130 Absatz II:

„Die Umwandlung, Fusion, Absorbierung oder Abspaltung einer juristischen Person lässt ihre strafrechtliche Verantwortung nicht erlöschen, die auf die Gesellschaft oder Gesellschaften übertragen wird, in die die juristische Person umgewandelt wird, in welche sie fusioniert oder absorbiert wird und weitet sich auch auf die Gesellschaften aus, die infolge der Spaltung entstehen. Der Richter oder das Gericht kann die Überwälzung der Strafe auf die juristische Person im Verhältnis des Anteiles, welches die ursprünglich verantwortliche juristische Person in dieser hat, mäßigen.
Auch die verdeckte oder augenscheinliche Auflösung der juristischen Person lässt ihre Verantwortung nicht beenden.
Man geht davon aus, dass in jedem Falle eine verdeckte oder klare Auflösung der juristischen Person vorliegt, wenn diese ihre wirtschaftliche Tätigkeit weiter ausübt und der wesentliche Teil der Kunden, Lieferanten und Angestellten oder der wichtigste Teil von diesen beibehalten wird."

Es ist einleuchtend, dass man eine Umgehung der strafrechtlichen Verantwortung der juristischen Person durch Umwandlung der Gesellschaftsform verhindern wollte. Man muss sehen, wie bestimmt werden kann, ob eine juristische Person benutzt wurde, um Straftatbestände zu begehen. Um strafrechtlich verantwortlich zu sein, ist eine innere Komplexität erforderlich. Handelt es sich nur um Scheingesellschaften oder um Gesellschaften, die praktisch keinerlei Organisations-Struktur haben, werden diese als der „verlängerte" Arm der natürlichen Personen angesehen und können insofern ohne irgendwelche Schwierigkeiten aufgelöst werden. Die Grenze, ab wann eine juristische Person als eine vollkommen unabhängige Einheit angesehen werden kann und nicht nur als bloßes „Instrument" einer natürlichen Person, bestimmt sich nicht nur durch die formale Stellung einer anderen juristischen Person, sondern durch die tatsächliche Struktur und Organisation.[391] Zwar sind diese rein „formalen" juristischen Personen vom Artikel 31 bis erfasst, weil die Möglichkeit einer Auflösung vorgesehen ist, jedoch muss gesehen werden, ob der rein formale Grund des Vorliegens einer juristischen Person es rechtfertigt, dass eine unterschiedliche Betrachtung der Haftung einer juristischen und einer natürlichen Person Anwendung findet.

Der Gesetzgeber hat sich hier von einem rein formalen Kriterium gelöst, weil er nicht nur auf die Rechtspersönlichkeit der juristischen Person achtet, sondern zusätzlich eine materielle Betrachtung anstellt: sind die Kunden oder Lieferanten auf eine neue Gesellschaft übergegangen, so kann diese „neue" juristische Person haften, obwohl es sich nicht um die gleiche Rechtspersönlichkeit gehandelt hat.

391 Vergleiche auch Carlos Gómez-Jara Díez; La nueva responsabilidad penal de las personas jurídicas en el Derecho Penal Español, Seite 11.

11. Prozessuale Anforderungen Ley 37/2011, de 10 de Octubre 2011, de Medidas de Agilización Procesal

Die Annahme einer strafrechtlichen Verantwortung der juristischen Person erfordert eigene strafprozessuale Bestimmungen.

Die Probleme, die der Gesetzgeber lösen musste, waren, ob die juristische Person die gleichen prozessualen Rechte gemäß Artikel 24 der spanischen Verfassung wie eine natürliche Person hat, also das Recht auf effektiven Rechtschutz, das Recht auf den gesetzlichen Richter, auf Verteidigung und einen Anwalt, das Recht, dass die Anklage bekannt gegeben wird, das Recht auf einen öffentlichen Prozess, das Recht, alle Beweismittel auszuschöpfen, das Recht nicht gegen sich selbst auszusagen, sich nicht für schuldig zu erklären, und die Unschuldsvermutung.

Ebenso stellt sich die Frage, ob eine juristische Person das Recht auf kostenlosen Rechtschutz bzw. einen Pflichtverteidiger hat, und es stellt sich die Frage, wer die juristische Person vertritt und was passiert, wenn diese dem Prozess fernbleibt, und ob Grundrechte, wie Untersuchung der Geschäftsräume, Mitschnitt von Telefongesprächen usw. eingeschränkt werden können.

Erst über ein Jahr später nach Inkrafttreten der vorstehend beschriebenen Bestimmungen hat der Gesetzgeber diese Fragen teilweise im „Ley 37/2011, de 10 de Octubre, de Medidas de Agilización Procesal", – Gesetz 37/2011 vom 10. Oktober 2011 über Maßnahmen zur Beschleunigung von Prozessen – gelöst.

Dieses Gesetz führte verschiedene Bestimmungen in die spanische Strafprozessordnung ein. Somit muss die erste Zustellung und Ladung am Gesellschaftssitz des Unternehmens erfolgen, und das Unternehmen muss aufgefordert werden, einen Repräsentanten zu benennen. Ebenfalls muss das Unternehmen einen Anwalt und Procurador – Prozessvertreter – benennen, erfolgt dies nicht, werden Pflichtverteidiger bestellt. Wird kein Vertreter für das Verfahren bestellt, so verhindert das nicht die Fortführung des Verfahrens. Vor Gericht muss der zu diesem Zwecke ernannte Vertreter des Unternehmens erscheinen, wobei bei dessen Abwesenheit das Verfahren über den Anwalt durchgeführt wird. Die juristische Person muss über die Anschuldigungen schriftlich informiert werden, oder es muss eine Kopie der Anzeige oder Strafanzeige übergeben werden, Artikel 119 der spanischen Strafprozessordnung.

Die Beweisermittlung soll ebenfalls im Beisein des zu diesem Zweck bestimmten Vertreters der juristischen Person erfolgen, erscheint dieser nicht, kann die Beweisermittlung über den Anwalt durchgeführt werden, Artikel 120 der spanischen Strafprozessordnung.

Der juristischen Person wird auch das Recht gewährt, nicht gegen sich selbst auszusagen, die Aussage zu verweigern und sich nicht schuldig zu bekennen. Bei Nicht-Erscheinen des Vertreters der juristischen Person geht man davon aus, dass diese von dem Recht, die Aussage zu verweigern, Gebrauch macht, Artikel 409 bis, und vorläufige Maßnahmen können erlassen werden, Artikel 544 quáter.

Sollte die juristische Person nicht persönlich geladen werden können, so ist die öffentliche Zustellung mittels Veröffentlichung im Mitteilungsblatt des Handelsregisters oder mittels Veröffentlichung in einer Zeitung möglich. Bei Nichterscheinen ist der Erlass eines Versäumnisurteiles möglich, Artikel 839 bis der spanischen Strafprozessordnung.

12. Würdigung

Bereits vor der Reform des spanischen Strafgesetzbuches im Jahre 2010 gab es in der spanischen Rechtsordnung Regeln, die sich an die Unternehmen wandten, wie die Bestimmungen über die Geldwäsche, Mobbing, die Anforderungen an börsennotierte Gesellschaften usw. Waren es bis jetzt aber zivilrechtliche und verwaltungsrechtliche Vorschriften, so gibt es jetzt erstmalig direkt anzuwendende strafrechtliche Vorschriften. Die bereits bestehende Tendenz des spanischen Verwaltungs- und Zivilrechts, dass auch Unternehmen haften sollen, wird in das Strafrecht übertragen.[392]

Unternehmen, sei es Familien- oder börsennotierte Unternehmen, müssen zukünftig ihre Unternehmenspolitik ändern, damit in Anbetracht möglicher strafrechtlicher Untersuchungen Vorkehrungen zur Verhinderung von Straftaten getroffen werden können.

Letztlich hat Spanien mit der Umsetzung im Strafgesetzbuch der Haftung auch von juristischen Personen die Unternehmen verpflichtet, die internationalen „Corporate Compliance“ Regeln anzuwenden. Nur wenn nachgewiesen werden kann, dass das Unternehmen intern so aufgestellt ist, dass es Verstöße vermeiden kann, könnte ein Strafausschluss gegeben sein. Dadurch, dass die Strafprozessordnung es erlaubt, dass das Unternehmen während eines Strafverfahrens und in der Untersuchungsphase nicht von den gesetzlichen Vertretern, die als solche in das Handelsregister eingetragen sind, vertreten wird, sondern von den Personen, die zu diesem Zweck benannt werden können, wird sich zukünftig die Unternehmenspolitik in spanischen Unternehmen ändern müssen

392 Mercedes García Quintas, Una „culpa in vigilando“ penal para las personas jurídicas; Seite 7.

und es werden Abteilungen eingeführt werden, die dafür sorgen, dass das Unternehmen und die darin arbeitenden Personen sowohl die gesetzlichen Bestimmungen als auch die intern von dem eigenen Unternehmen aufgestellten Regeln beachten.

Man darf nicht vergessen, dass ein Strafverfahren oder nur die Ankündigung bei Unternehmen verheerende Folgen haben kann. So kann bei börsennotierten Unternehmen der Aktienkurs einbrechen, und ebenso verlieren Kunden und Lieferanten das Vertrauen in das Unternehmen, so dass es letztlich zur Schließung und zum Verlust von Arbeitsplätzen kommen kann.

Spanien ist jedoch jetzt im Hinblick auf die Strafbarkeit juristischer Personen den Bestimmungen des Übereinkommens zum Schutz der finanziellen Interessen der Europäischen Union nachgekommen.

D. Gegenüberstellung der Regelungen im Spanischen Recht zum § 264 Strafgesetzbuch

Im Folgenden wird eine kurze Übersicht über die Unterschiede und Gemeinsamkeiten der Regelungen im Código Penal im Verhältnis zu den Regelungen des deutschen Strafgesetzbuches gegeben.

In Spanien war zwar der Subventionsbetrug als ein eigener Tatbestand in einem Gesetzesvorschlag aus dem Jahre 1980 und in einem Regierungsvorschlag aus dem Jahre 1983 behandelt, wurde aber erstmals im Jahre 1985 durch das Ley Orgánica 2/1985 vom 29. April 1985 in das spanische Strafgesetzbuch eingeführt.[393] Dieses Gesetz führte in das zweite Buch des Código Penal einen neuen Abschnitt – „Vergehen gegen die Finanzverwaltung" – ein, in welchem neben den Steuer- und Bilanzfälschungsdelikten auch der Subventionsbetrug im § 350 geregelt wurde.

In Deutschland wurde hingegen viel früher die Notwendigkeit erkannt, den Schutz der Subventionen zu regeln. Bereits im Jahre 1972 berief das Wirtschaftsministerium eine Expertenkommission, die sich der Bewältigung der steigenden Wirtschaftskriminalität widmen sollte. Aus der Arbeit dieser Kommission entstand der Gesetzesvorschlag des „Ersten Gesetzes zur Bekämpfung der Wirtschaftskriminalität" vom 29. Juli 1976, welches nach dem entsprechenden Gesetzgebungsverfahren am 1. September 1976 in Kraft trat.[394]

Infolge des Übereinkommens zum Schutze der finanziellen Interessen der Europäischen Gemeinschaft passten beide Länder ihre jeweiligen Strafgesetzbücher an, um die daraus resultierenden Verpflichtungen zu erfüllen[395].

Im deutschen Recht sind der Subventionsbetrug und die verschiedenen möglichen Tathandlungen beziehungsweise Begehungsformen – § 264 I Nummer 1 bis 4 –, in nur einem Paragraphen, dem § 264 StGB, zusammengefasst. Im spanischen Recht hingegen ist dies – die Begehungsformen decken sich –, in

393 Ley Orgánica 2/1985, de 29 de Abril.

394 Vergleiche Fischer, StGB Kommentar, § 264 Rdn. 1.

395 Aufgrund des EG-Finanzschutzgesetzes vom 30. April 1998 wurde der § 264 StGB modifiziert, in den Código Penal wurden die aufgrund des Übereinkommens zum Schutze der finanziellen Interessen der Europäischen Gemeinschaft übernommenen Verpflichtungen durch das Ley Orgánica 6/1995 vom 25. Juni eingebracht.

mehreren, wenngleich auch aufeinander folgenden, Paragraphen normiert. Das deutsche Recht ist daher nach meiner Auffassung übersichtlicher als das spanische, und durch die Zusammenfassung in nur einem Paragraphen werden auch mögliche Probleme eines ungleichen Schutzes von nationalen und EG Subventionen – weitgehend – vermieden. Allerdings gibt es auch im deutschen Recht Unterschiede bei Subventionen aus EG-Mitteln und aus nationalen Mitteln: Die nationalen Subventionen sind im StGB so definiert, dass sie einem Zweck dienen müssen, der Förderung der Wirtschaft.

Infolge der durch das EG-Finanzschutzgesetz erlassenen Änderungen wurde bei den aus dem Haushalt der EG gewährten Mitteln auf dieses Merkmal verzichtet, und die EG- Subventionen müssen nunmehr keine finale Absicht haben, § 264 Absatz VII Nr. 2 StGB.

Damit werden von dem Tatbestand auch die Leistungen erfasst, die von der Europäischen Union zum Beispiel aus Gründen des Umweltschutzes, aus sozialen oder kulturellen Gründen gewährt werden, ohne jedoch eine unternehmerische Tätigkeit zu fördern.

Gemäß § 264 Absatz VII Nummer 2 StGB müssen es Leistungen sein, die „wenigstens zum Teil ohne marktmäßige Gegenleistung" gewährt werden, sie müssen also nicht vollständig ohne eine entsprechende marktmäßige Gegenleistung gewährt werden.

Nach meiner Auffassung vermeidet der Gesetzgeber damit die Schwierigkeiten einer eventuellen Abgrenzung, was als „marktmäßige Gegenleistung" angesehen werden muss und was in einem freien Markt eine angemessene Gegenleistung wäre.

Dadurch, dass gemäß § 264 Absatz VII Nummer 2 nur „wenigstens zum Teil" auf diese marktmäßige Gegenleistung verzichtet wird, ist es wesentlich leichter, weitgehend alle Leistungen darunter zu subsumieren, ohne in die Problematik der Bestimmung der marktgerechten Gegenleistung zu fallen.

Gerade im Bereich öffentlicher Finanzierungen und Finanzhilfen werden Subventionen und entgeltliche Leistung beziehungsweise öffentlich-rechtliche Entschädigung vermischt, sodass es bei der gewählten Formulierung keine Schwierigkeiten gibt, auch diese Subventionen unter den Tatbestand zu subsumieren[396].

Der deutsche Gesetzgeber verzichtet ferner darauf, dass die Leistungen aus den öffentlichen Mitteln nach dem Recht der Europäischen Union „Betrieben oder Unternehmen" gewährt werden. Es sind daher auch Leistungen an

---

396 Walter Perron in Schönke/ Schröder, Strafgesetzbuch, Kommentar; § 264 Rdn 10.

Privatpersonen erfasst, sofern diese als Einzelunternehmen auftreten und unternehmerisch tätig sind.

Damit können durch den § 264 StGB auch Leistungen an Einzelpersonen erfasst werden.

Die Bestimmungen im deutschen Strafgesetzbuch stimmen mit den Bestimmungen des Übereinkommens überein, welches die Subventionen schützt, ohne auf einen bestimmten Zweck abzustellen, der durch die Subventionen verfolgt werden soll.

Dies deckt sich mit den Bestimmungen des spanischen Gesetzbuches. Auch hier wurde auf das Merkmal verzichtet, dass die Gelder einem Betrieb oder Unternehmen zur Förderung der Wirtschaft gewährt werden müssen.

Lediglich im Artikel 306 wird festgehalten, dass die Gelder einem bestimmungsmäßigen Zweck dienen müssen, ohne jedoch im Tatbestand festzulegen, worin dieser Zweck liegen soll; das kann jeweils in den Vergabebedingungen festgelegt werden.

Der auffälligste Unterschied zum spanischen Recht besteht darin, dass im deutschen Recht auch „leichtfertiges Handeln" im subjektiven Tatbestand genügt.

Dies kann mit einer erhöhten Verantwortung desjenigen zu rechtfertigen sein, der öffentliche Mittel zumindest teilweise unentgeltlich in Anspruch nimmt.

Gemäß § 264 Absatz VII Nummer 1 StGB, welcher sich auf die Subventionen nach nationalem, deutschem Recht bezieht, sollen diese der „Förderung der Wirtschaft" dienen, und Empfänger sind Betriebe und Unternehmen, von denen – beziehungsweise den sie vertretenden Personen – ein Mindestmaß an Sorgfalt verlangt werden kann.

Durch die Änderungen infolge des EG-Finanzschutzgesetzes genügt nunmehr auch für Einzelpersonen „Leichtfertigkeit" im Hinblick auf den Subventionsbetrug an EG-Mitteln

Zwar ist auch in der deutschen Doktrin die Ausweitung des Merkmales „leichtfertig" auf Privatpersonen umstritten[397] und sollte daher eng ausgelegt werden, letztlich genügt aber im deutschen Recht eine leichtfertige Begehung.

Das spanische Recht verlangt hingegen für den Betrug an EG-Mitteln „Vorsatz".

Leichtfertiges oder fahrlässiges Handeln ist im Zusammenhang mit den Delikten zum Schutze der finanziellen Interessen der Europäischen Union nicht strafbewehrt.

397 Theodor Lenckner, Walter Perron in Schönke/Schröder, Strafgesetzbuch, Kommentar, § 264 Rdn 2.

Auch das Übereinkommen zum Schutze der finanziellen Interessen der Europäischen Gemeinschaften verlangt nicht, dass fahrlässiges Handeln strafbewehrt sei[398], zumal im spanischen Strafrecht der Grundsatz der „Intervencion mínima“[399] herrscht, der besagt, dass vom Strafrecht nur relativ schwere Fälle erfasst werden sollen. Fälle geringer Tragweite bzw. Ausmaßes sollen auf das Verwaltungsrecht beziehungsweise Zivilrecht verwiesen und dann mit den Mitteln dieses Rechtsgebietes geahndet werden.

Im spanischen Strafrecht bleibt nur die Möglichkeit, dieses Verhalten über den „dolo eventual“, den Eventualvorsatz, zu ahnden.

Es sollte allerdings auch im spanischen Strafrecht „Leichtfertigkeit“ im Zusammenhang mit den Delikten gegen die finanziellen Interessen der Europäischen Union geahndet werden können.

Die jetzigen Bestimmungen erleichtern es zu sehr, dass sich ein Täter auf Fahrlässigkeit berufen kann, zumal zugegebenermaßen Vergabebestimmungen komplex, umfangreich und für jemanden, der sich nicht ständig mit der Materie beschäftigt, schwer verständlich sind.

Wegen des nach meiner Auffassung bedeutenden Schutzgutes – der Haushalt der Europäischen Union – sollte aber von jedem Antragsteller, der Subventionen beantragt, erwartet werden, dass er sich gründlich über alle Bedingungen informiert und gegebenenfalls professionelle Hilfe in Anspruch nimmt, unabhängig davon, ob es sich um Unternehmen, Privatpersonen oder Personenvereinigungen handelt.

Verfügt der Antragsteller über besondere Qualifikationen, Ausbildungen oder Erfahrungen, so hat er auch besondere Sorgfaltspflichten, sodass man zumindest für diesen Personenkreis auch fahrlässiges Handeln ahnden sollte. Lediglich bei völlig unbedarften Antragstellern sollte dies einschränkend ausgelegt werden, weil ansonsten die Beantragung von Subventionen zu einem für den Antragsteller nicht einschätzbaren Strafbarkeitsrisiko führen würde. Hier sollte dann aber auch immer untersucht werden, ob der Antragsteller sich darüber bewusst war und demzufolge auf Dritte hätte zurückgreifen müssen.

Es fällt auf, dass im deutschen Recht der Schutz der Mittel aus dem Haushalt der EG weiter geht als der Schutz an nationalen Mitteln, da diese nur geschützt sind, wenn sie einem Betrieb oder Unternehmen mit dem Ziel der Wirtschaftsförderung gewährt werden.

---

398 Artikel 1 des Übereinkommens zum Schutze der finanziellen Interessen der Europäischen Gemeinschaften.

399 Siehe dazu oben unter B.I.8.

Spanien hingegen hat den Schutz der EG-Mittel, wie oben dargestellt, dem Schutz an nationalen Mitteln nur gleichgestellt.

Das Übereinkommen verpflichtet die Mitgliedstaaten nur zu einem gleichen Schutz und legt Mindeststandards fest, verbietet aber nicht, dass der Schutz weiter geht als der an nationalen Interessen.

Letztlich sind beide Staaten aber den Verpflichtungen des Übereinkommens nachgekommen.

Im Gegensatz zum spanischen Recht nimmt das deutsche Recht keinen Bezug auf konkrete Betragshöhen beziehungsweise Mindestbeträge.

Nur der Absatz 2 Absatz I des § 264 StGB bestimmt für die Qualifizierung des „besonders schweren Falles", dass eine „nicht gerechtfertigte Subvention großen Ausmaßes erlangt wird". Das deutsche Gesetz ist aber hier ungenau und gibt Anlass zu – nach meinem Dafürhalten unnötigen – Interpretationsmöglichkeiten, was unter „großem Ausmaß" zu verstehen ist.

Insofern ist das spanische Recht genauer, indem es die Mindestbeträge in den einzelnen Tatbeständen festlegt, und auf unklare Definitionen verzichtet. Der spanische Gesetzgeber hat sich aber auch nur darauf beschränkt, die Betragshöhen aus dem Übereinkommen zu übernehmen.

Sowohl das deutsche als auch das spanische Recht schützen die Mittel, die direkt von der Europäischen Union oder in deren Auftrag von den nationalen Stellen verwaltet werden: Deutschland definiert Subventionen als Leistungen aus öffentlichen Mitteln nach dem Recht der Europäischen Gemeinschaften[400], und Spanien schützt die Gelder, die aus den allgemeinen Haushalten der EG oder von dieser verwalteten Mitteln vergeben werden[401], beide Länder gewähren also umfassenden Schutz.

Der Subventionsbetrug im deutschen Recht ist ein abstraktes Gefährdungsdelikt[402], hingegen ist das Delikt in den unterschiedlichen Artikeln des spanischen Rechts, wie dargestellt, ein Erfolgsdelikt.

Das Delikt im Sinne des § 264 StGB ist vollendet, wenn die tatbestandmäßige Handlung vollzogen ist, ohne dass es zu einem Ergebnis gekommen sein muss. Es ist nicht entscheidend, ob der Täter die beantragte Subvention bekommen hat oder nicht, auch nicht, ob die Leistungen aus dem EG-Haushalt tatsächlich konkret gefährdet waren. Lediglich im Falle des Absatzes I Nummer 2 wird ein

---

400 § 264 Absatz VII Nummer 2 StGB.

401 Vgl. Artículo 306 und 309 CP.

402 Martin Heger in Lackner / Kühl, Strafgesetzbuch Kommentar, § 264 Rdn 2; Wessels / Hillenkamp, Strafrecht Besonderer Teil, Band 2; § 17 I.1. Rdn 685.

Erfolg gefordert: Die Verwendung der gewährten Mittel entgegen den Bestimmungen.

Beide Rechtsordnungen verfügen über Regelungen im allgemeinen Teil, die einen strafbefreienden Rücktritt ermöglichen[403], darüber hinaus gibt es jeweils bei den einzelnen Delikten Sonderregelungen[404], die über die allgemeinen Regelungen hinausgehen beziehungsweise im Hinblick auf das konkrete Delikt Klarstellungen vornehmen.

Die Regelung des § 264 Absatz V StGB entspricht der des § 24 Absatz I, Satz 1, zweite Alternative StGB, wobei an die Stelle der Verhinderung der Vollendung die Subventionsgewährung tritt. Der erfolgreichen Verhinderung steht nach Satz 2 auch hier – entsprechend § 24 I 2 – das freiwillige und ernsthafte Bemühen um die Verhinderung der Subventionsgewährung gleich, wenn die Subvention ohne Zutun des Täters nicht gewährt wird[405].

Der Código Penal regelt im Artikel 305 Absatz IV den strafbefreienden Rücktritt im Hinblick auf die Straftaten gegen die Finanzverwaltung, wobei es auch hier dieser speziellen Regelung nicht bedurft hätte, sondern die Regelungen über den Rücktritt vom Versuch hätten nach meiner Auffassung ausgereicht, dies zu regeln. Im Übrigen gibt es, wie in der obigen Arbeit dargestellt, eine eigenständige Regelung über den Rücktritt – außer im allgemeinen Teil – nur als vierten Absatz des Artikels 305 Código Penal und nicht bei dem Artikel 306 Código Penal.

---

403 § 24 StGB sowie Articulo 16 Absatz II Código Penal.

404 § 264 V StGB; Artikel 306 Absatz IV Código Penal.

405 Walter Perron in Schönke/ Schröder, Strafgesetzbuch Kommentar, § 264 Rdn 67.

E. Zivilrecht

Über die strafrechtliche Verantwortung hinaus regelt der Código Penal in den Artikeln 109 ff. zivilrechtliche Folgen. So normiert der Artikel 109, dass die Ausführung einer Tat, die vom Gesetz als Straftat oder Vergehen beschrieben ist, verpflichtet, die durch sie entstandenen Schäden und Nachteile „nach Maßgabe der Gesetze" wieder-gutzumachen, wobei sich gemäß Artikel 109 Absatz II der Geschädigte dafür entscheiden kann, die zivilrechtliche Haftung vor den Zivilgerichten geltend zu machen. Die Entschädigung umfasst auch die Haftung für einem Dritten zugefügten materiellen oder immateriellen Schaden und die Haftung für die Rückgabe der Sache.

Die Richter und die Gerichte legen, wenn nach ihrer Auffassung eine zivilrechtliche Haftung besteht, in ihrer Entscheidung die Grundlagen dar, auf die sie die Höhe der Schäden und Entschädigungen stützen. Dies kann im Zeitpunkt der Entscheidung oder erst im Moment der Vollstreckung geschehen. Die Richter können die Zahlung eines Geldbetrages für die Schäden, die durch das Begehen eines Deliktes begangen wurden, auferlegen.

Am geeignetsten im Bereich des Betruges an Subventionen erscheint die „Rückgabe" der Sache, also die Rückzahlung einer fälschlicherweise erhaltenen Subvention, wobei der Richter berücksichtigen muss, ob dies schon von dem Organ, welches die Subvention gewährt hat, gefordert wurde. Anderenfalls ist es problematisch, da ansonsten zwei Mal aufgrund desselben Sachverhaltes verurteilt und gegen das Prinzip des „non bis in idem" verstoßen würde.

Der Artikel 110 legt fest, dass die Haftung die Wiedergutmachung des Schadens oder die Entschädigung für den entgangenen Gewinn umfasst.[406]

Da es sich um Geldleistungen handelt, umfasst die Höhe der Wiedergutmachung den Geldbetrag zuzüglich Zinsen. Problematisch könnte jedoch sein, dass ein Dritter vorbringen könnte, dass aufgrund der fehlerhaften Subventionsvergabe ihm keine Subventionen mehr gewährt wurden oder gewährt werden konnten und ihm dadurch ein Schaden entstanden sei, den er nunmehr geltend macht. Entscheidungen darüber sollten nach meiner Auffassung aber aufgrund des Umfanges und der Komplexität Zivilrichtern vorbehalten sein.

Die Rechtsprechung und die Verwaltung gehen davon aus, dass aus dem Delikt die zivilrechtliche Verantwortung auf Zahlung entsteht und dass diese

406 Dies ergibt sich aus dem Begriff „prejuicio", Artikel 110 Nummer 3, der so übersetzt und interpretiert werden muss.

Verpflichtung dann die ursprüngliche Verbindlichkeit aus dem Subventionsrecht ersetzt. Das strafrechtliche Urteil begründet einen neuen Rechtsanspruch, um die Forderung einzutreiben, sodass sich die gesetzliche, subventionsrechtliche Verbindlichkeit durch die Begehung des Deliktes in eine eigenständige zivilrechtliche Verpflichtung aus dem Schaden umwandelt.[407]

Man könnte die Kompetenz der Strafgerichte, sich über zivilrechtliche Ansprüche zu äußern, bezweifeln, wenn es sich um Delikte gegen das öffentliche Finanzwesen handelt, da eine steuer- oder subventionsrechtliche Verbindlichkeit einen früheren Ursprung hat als eine strafrechtliche, anders aufgebaut und in ihrer Substanz unabhängig von einem kriminellen Vorgang beziehungsweise Verfahren ist.

Man kann damit die Problematik vermeiden, dass es zu einer Verurteilung im Strafverfahren kommt, obwohl verwaltungsrechtlich das Delikt bereits verjährt ist und die Verwaltung eine Zahlung nicht fordern kann. Sollte eine Zahlung bereits erfolgt sein, kann diese dann wegen „ingresos indebidos", wegen ungerechtfertigter Zahlung, zurückgefordert werden.

Die Rechtsprechung geht aber weiterhin davon aus, dass auch eine Verjährung kein Hindernis darstellt, eine zivilrechtliche Verantwortung zu erklären, weil im Rahmen des zivilrechtlichen Verfahrens der genaue Betrag der Verbindlichkeit erst bestimmt werden könne. Ist der Straftatbestand bewiesen, sei der zivilrechtliche Anspruch vollkommen selbständig und unabhängig davon zu sehen.[408]

Gefordert werden kann der Hauptbetrag zuzüglich der gesetzlichen Zinsen, allerdings ohne Verzugszinsen und Strafbeträge aufgrund verspäteter Zahlung.

Der Ausschluss der Forderung von Verzugszinsen und Strafen begründet sich damit, dass diese wiederum einen bestrafenden Charakter hätten und daher gegen das Prinzip „ne bis in idem" verstoßen würden[409], was bedeute, dass jemand nicht wegen der gleichen Tat zwei Mal bestraft werden dürfe.

Der Gesetzgeber hat mittels Gesetzesänderungen[410] klargestellt, dass die zivilrechtliche Verantwortung bei den Delikten gegen die Finanzverwaltung die Gesamtheit der nicht gezahlten Steuerschuld umfasst, einschließlich der Verzugszinsen. Die Verzugszinsen stellen demzufolge keine Strafe im technischen Sinne dar, sondern haben nur einen entschädigenden Charakter für die verspätete Zahlung.

---

407 „Teoría de la mutación del título de ejecución", „Theorie der Verwandlung des Vollstreckungstitels", Sentencia Tribunal Supremo 1940/2000 vom 18. Dezember 2000; Sentencia Tribunal Supremo 1337/2002 vom 26. Dezember 2002.

408 Sentencia Tribunal Supremo Nummer 1336/2002 vom 5. Juli 2002.

409 Sentencia Tribunal Supremo 539/2003 vom 3. April; Nummer 1268/2003 vom 4. Dezember.

410 Ley 58/2003 vom 17. Dezember, Ley General Tributario, Allgemeine Abgabenordnung, Disposición adicional décima.

F. Kontrollorgane / Strafverfahren

I. Dirección General de Aduanas e Impuestos Especiales de la Agencia Estatal de la Administración Tributaria

Die „Dirección General de Aduanas e Impuestos Especiales de la Agencia Estatal de la Administración Tributaria“[411] ist das nationale Organ in Spanien, welches beauftragt ist, die Rechte der Europäischen Union beim Außenhandel und damit für deren Einnahmenseite wahrzunehmen.

Die Agencia Tributaria – die allgemeine Finanzverwaltung – bekommt im Gegenzug dafür eine Prämie für die Beitreibung, wobei die Agencia Tributaria auch die Verantwortung für mögliche Versäumnisse bei dieser Aufgabe hat. Beamte der Union kontrollieren die Arbeit der „Dirección General de Aduanas“, der General-Direktion des Zollwesens.

II. Für Subventionen

1. Einmalige Subventionen

Die Subventionen, die aus Geldleistungen bestehen, d.h. hauptsächlich diejenigen aus dem Europäischen Regional-Entwicklungsfonds sowie aus dem Kohäsionsfonds, werden vor Verteilung von dem für die Vergabe zuständigen Organ kontrolliert.

Nach Vergabe werden die Projekte, für deren Durchführung beziehungsweise Errichtung diese Subventionen vergeben wurden, durch die „Intervención General de la Administración del Estado“, den Rechnungshof, kontrolliert, Artikel 45 Ley General de Subvenciones und Artikel 141 Ley General Presupuestaria.[412]

Die Verantwortung für die korrekte Verwendung der Gelder, die aus Fonds der Europäischen Union stammen, wird dabei von dem Organ der nationalen Verwaltung übernommen, welches die Gelder vergeben und verwaltet hat, Artikel 7 Ley General de Subvenciones.

Das jeweilige Organ, welches die Gelder vergeben hat, übernimmt dabei die Kontrolle über den korrekten Nachweis der Gelder, die Durchführung der Aktivität wie auch das Erfüllen des Zweckes, Artikel 32, wobei das nationale Organ,

---

411 Real Decreto 319/192 vom 12. Februar 1982.

412 Ley 47/2003, vom 26. November.

welches zuständig für die Vergabe und Gewährung der Gelder war, auch für ein eventuelles Rückzahlungsverfahren zuständig ist, Artikel 41 Absatz III.

Die Koordinierung der Kontrollen wie auch der Kontakt zu den Organen der Europäischen Union obliegen der „Intervención General de la Administración del Estado", Artikel 45 Absatz I Ley General de Subvenciones.

Zu diesem Zweck soll eine Datenbank bei dem Rechnungshof errichtet werden, Artikel 20 des Ley General de Subvenciones, um die Subventionen sowohl zu planen als auch zu kontrollieren. Diese Daten dürfen nicht weitergegeben werden, außer zum Zwecke des Kampfes gegen den Betrug an Geldern aus dem Haushalt der Europäischen Union, Artikel 20, Absatz IV a). Der Rechnungshof soll dafür Abkommen auf der Ebene des Verwaltungsrechts zur Kontrolle der Gelder, die ganz oder teilweise von der Union finanziert werden, abschließen, Disposición Adicional Segunda - zweite Zusatzbestimmung - zum Gesetz.

2. Laufende Subventionen

Die laufenden Subventionen, hauptsächlich aus dem Europäischen Sozial-Fonds und dem Europäischen Ausrichtungs- und Garantiefonds für die Landwirtschaft, werden vor Vergabe von dem entsprechenden Organ der autonomen Region bzw. der Staatsverwaltung kontrolliert. Eine Einheit ist z.B. im Bereich des Olivenanbaues die „Agencia de Aceite de Oliva", die „Agentur für Olivenöl", geschaffen durch Ley 28/1987 vom 11. Dezember 1987, deren Befugnisse durch das Real Decreto 257/1999, vom 12. Februar 1999, festgelegt werden. Ab dem 1. Januar 2014 sind die Befugnisse und Kompetenzen der „Agencia de Aceite de Oliva" von der durch das Gesetz neu geschaffenen „Agencia de Información y Control Alimentarios" vollständig übernommen worden.[413]

Nach Auszahlung werden die gewährten Subventionen von der Innenrevision beziehungsweise dem Rechnungshof des Staates überprüft[414].

---

413 Disposional Adicional Primera, La Agencia de Información y Control Alimentarios, Ley 12/2013 del 2 de Agosto de medidas para el funcionamiento de la cadena alimentaria. Mit Wirkung dieses Gesetzes am 1. Januar 2014 ist das Ley 28/1987 außer Kraft gesetzt

414 Intervención General de la Administración del Estado, Art. 141 Ley General Presupuestaria, 47/2003, 26 de noviembre.

III. Einleitung des Strafverfahrens

Das Strafverfahren aufgrund eines Deliktes gegen die staatliche Finanzverwaltung kann eingeleitet werden[415]:

- durch die Staatsanwaltschaft, ohne oder mit Privatkläger, sobald diese von Tatsachen Kenntnis hat, die einen Deliktstatbestand bilden können, Artikel 105 „Ley de Enjuicamiento Criminal - LECr"[416] - spanisches Strafverfahrensprozessrecht -,
- durch jeden spanischen Bürger in Ausübung der „acción Penal pública", Artikel 101 LECr, der allgemeinen Privat-Strafklage als Folge von Ermittlungen der „policia judicial",
- von Hilfsbeamten der Staatsanwaltschaft bzw. der Kriminalpolizei, welche über Sonderabteilungen für die Verfolgung von Wirtschaftsdelikten verfügt und die darüber an die Staatsanwaltschaft - Ministerio Fiscal - oder an die Gerichte berichtet, Artikel 282 LECr,
- durch jeden, der eine Anzeige erhebt, weil er aufgrund seines Amtes, seiner Stellung oder seines Berufes Kenntnis eines Deliktes hat, Artikel 262 LECr, welches sich besonders auf Beamte oder Bedienstete der öffentlichen Verwaltung bezieht.

Die Europäische Kommission kann im Verfahren als Kläger auftreten. Die spanische Strafprozessordnung[417] erlaubt es, dass neben der Staatsanwaltschaft auch die durch das Delikt Geschädigten oder Benachteiligten als Kläger auftreten können, und die Rechtsprechung gestattet es, dass juristische Personen als Privatkläger auftreten können[418].

---

415 Vgl. Lorenzo Merino Sáenz, La Inspección de los tributos ante el delito fiscal, in: „El Delito Fiscal", Gaceta Fiscal 2000, Seite 1.

416 Ley Orgánica 10/1992 vom 30. April.

417 Artikel 110 Ley de Enjuiciamiento Criminal.

418 Jahresbericht der Sonderstaatsanwaltschaft Wirtschafts- und Korruptionsdelikte 1998, Seite 163; Ángeles Gutiérrez Zarza, Investigación y enjuicamiento de los delitos económicos, Seite 148. Sentencia Tribunal Constitucional de 2 de marzo de 1998, 50/1998; Sentencia Tribunal Constitucional 34/1994 vom 31. Januar 1994, Sentencia Tribunal Constitucional Nummer 241/1992 vom 21. Dezember 1992.

IV. Cuerpo Nacional de Policia / Comisaría General de Policia Judicial

Gemäß dem „Ley Orgánica de Fuerzas y Cuerpos de Seguridad“[419] liegt die ausschließliche Zuständigkeit für die Zusammenarbeit mit den Polizeibehörden der anderen EU-Mitgliedstaaten und deren Unterstützung bei dem „Cuerpo Nacional de Policia“, der dem Innenministerium unterstellt ist und gemeinsam mit den ausländischen Polizeibehörden in zahlreichen wirtschaftsbezogenen Fällen, insbesondere gegen auf Steuer- und Wirtschaftskriminalität spezialisierte Gruppierungen der organisierten Kriminalität, ermittelt.

Der Guardia Civil obliegt die gesetzliche Pflicht, über die Einhaltung der Steuergesetze des Staates zu wachen, dies fällt in den Zuständigkeitsbereich der „Jefatura de Fiscal y Frontera“. Sowohl die Policía Nacional als auch die Guardia Civil verfügen über spezielle Abteilungen, die zusammengefasst unter der „Wirtschaftskriminalität“ diese Gesetze überwachen.[420]

V. Die Staatsanwaltschaft

Vor dem Hintergrund des Abkommens von Amsterdam[421] und der Entwicklung im Bereich der Betrügereien muss der Artikel 3 Nummer 15 des Organisationsstatutes der Staatsanwaltschaft, Gesetz 50/81[422], gesehen werden, der festlegt, dass „... im Hinblick auf die in Artikel I festgelegten Aufgaben es der Staatsanwaltschaft zusteht, internationale juristische Amtshilfe zu fordern und zu leisten, so wie es in den Gesetzen, internationalen Vereinbarungen und Abkommen festgelegt ist ...“.

Die Ermittlungshandlungen der Sonderstaatsanwaltschaft sind vorprozessuale Untersuchungen, wobei die ersten Informationen zum Beispiel von den Anti-Betrugs- Einrichtungen der Kommission stammen können.

Gemäß Artikel 5 Absatz II des Organstatuts der Staatsanwaltschaft von 1981 „... kann zur Aufklärung von angezeigten Taten oder aufgrund von Aussagen der Staatsanwalt Ermittlungen durchführen oder anordnen, für die er aufgrund der Strafprozessordnung legitimiert ist, welche aber nicht die Anordnung von Eilverfügungen oder Beschränkungen von Rechten beinhalten dürfen“.

---

419 Artikel 12; Ley Orgánica 2/1986, vom 13. März.

420 Antonio Gil Martínez, Instrucción de los delitos fiscales y contra la Hacienda Pública, Seite 313.

421 Amtsblatt der Europäischen Gemeinschaften 97 C 340/01 vom 10.11.1997

422 Estatuto Orgánico del Ministerio Fiscal, Ley 50/81.

Der Artikel 105 bis der Strafprozessordnung[423] sowie der Artikel 3 bis 5 des „Estatuto Orgánica del Ministerio fiscal" bestimmen, dass bei Kenntnis der Staatsanwaltschaft von Umständen, die einen Straftatbestand bilden können, sei es aufgrund direkter Kenntnis, einer Anzeige oder Aussage, die Staatsanwaltschaft selbst die Ermittlungshandlungen, die sie für geeignet erachtet, um den Sachverhalt aufzuklären und die Verantwortung der Beteiligten festzustellen, durchführen kann. Die Staatsanwaltschaft ist auch befugt, anzuordnen, dass die Polizei geeignete Ermittlungshandlungen durchzuführen hat.

Der Staatsanwalt verfügt die Einstellung, wenn nicht ausreichend Anzeichen für das Vorliegen eines Deliktes gegeben sind. Dies wird dann demjenigen mitgeteilt, der vorgibt, beeinträchtigt oder verletzt zu sein, damit dieser ggf. seine Anzeige vor dem Untersuchungsrichter wiederholen kann.

Sind Anzeichen für das Vorliegen einer Straftat gegeben, so übermittelt die Staatsanwaltschaft dem Ermittlungsrichter den Vorgang mit der Bitte um Eröffnung des gerichtlichen Vorverfahrens („diligencias previas"), und sollte es eine Festnahme gegeben haben, so wird der Festgenommene dem Untersuchungsrichter vorgeführt. Der Staatsanwalt kann eine richterliche Vernehmung anordnen, um Informationen zu erhalten, und stellt seine Ermittlungen ein, sobald er Kenntnis von der Einleitung eines Strafverfahrens aufgrund derselben Tatsachen hat.

VI. Fiscalía Especial para la Represión de los Delitos Económicos relacionados con la Corrupción, Ley Orgánica 10/1995 vom 24 de Abril 1995

– „Sonderstaatsanwaltschaft zur Bekämpfung von Wirtschaftsdelikten in Verbindung mit der Korruption" –

Mit Ley Orgánica vom 24. April 1995 wurde eine Sonderstaatsanwaltschaft geschaffen, die die Bekämpfung von Wirtschafts- und Korruptionsdelikten zur Aufgabe hat und bei Strafprozessen, die von dem Generalstaatsanwalt als von besonderer Bedeutung eingestuft werden, wie auch bei Delikten gegen die öffentliche Finanzverwaltung – „Delitos contra la Hacienda Pública" – direkt einzuschreiten und Ankläger zu sein hat.

Dieses Gesetz änderte das Gesetz Ley 50/1981 vom 30. Dezember 1981, welches das Organisationsstatut der Staatsanwaltschaft regelt.

423 Ley de Enjuiciamiento Criminal.

In dessen Artikel 19 IV ist festgelegt, dass diese Sonderabteilung der Staatsanwaltschaft bei Delikten gegen das öffentliche Finanzwesen, im Bereich des Schmuggels und der Devisenüberwachung zuständig ist.

Der Schutz der finanziellen Interessen der Europäischen Gemeinschaft und der Kampf gegen den Betrug an Gemeinschafts-Mitteln ist auch Gegenstand der Anweisung I/1996 vom 15. Januar 1996 des Generalstaatsanwaltes – „Instruccion 1/1996 de 15 de enero de Fiscalía General Estado“ –, in welcher die Kompetenzen und die Organisation der Sonderabteilung der Staatsanwaltschaft festgelegt werden. In Abteilung II.2.e) wird festgelegt:

> „So stehen der ‚Fiscalia Especial‘, der Sonderstaatsanwaltschaft, die Ermittlungen der Betrügereien an den finanziellen Interessen der Europäischen Union wegen ihrer offensichtlichen Bedeutung zu, dies nicht nur wegen der Verpflichtung des spanischen Staates als Mitgliedstaat, in Übereinstimmung mit Artikel 209. A des Abkommens über die Europäische Union und die Beschlüsse des Rates vom 11. Juli 1994 über den Kampf gegen den Betrug und vom 26. Juli 1995 über den Schutz der finanziellen Interessen der Gemeinschaft, sondern auch wegen der besonderen Eigenschaften des Betroffenen, es sei denn, dass der Betrug aufgrund seiner Beschaffenheit oder seines Betrages nur von geringer Bedeutung ist.“

Diese Sonderabteilung der Staatsanwaltschaft beklagt sich in ihren Jahresberichten über die zu geringe Personalausstattung ihrer Behörde und der großen Arbeitsbelastung, zumal es bei den Korruptionsverfahren oftmals viele Angeklagte gibt, die jeder einzeln getrennt von Anwälten verteidigt werden, und insofern es viele Schriftsätze zu sichten und zu erstellen gibt und man bei vielen Gerichtsterminen anwesend sein muss.[424]

Im Jahre 2012 gingen bei der Staatsanwaltschaft insgesamt 1468 Schriftstücke ein, mit Hinweisen auf einen Korruptionsfall. Diese führten zu insgesamt fünf Strafanzeigen, gegenüber 47 im Vorjahre 2011, und zu 21 Anklageschriften gegenüber 36 im Jahre 2011. Im Jahre 2012 gab es 41 neue Strafverfahren, die in die Kompetenz der Fiscalia contra la Corrupción fielen, gegenüber 39 im Vorjahre 2011; insgesamt war die Staatsanwaltschaft im Jahre 2012 in 290 Strafverfahren beteiligt.

Die „Fiscalia Especial“ ist also das Organ der Staatsanwaltschaft mit Spezialkompetenz in dem Bereich der Delikte, die die finanziellen Interessen der Europäischen Union betreffen.

Diese Sonderstaatsanwaltschaft ist das Kommunikationsorgan zwischen dem Rat – bzw. den Organen des Rates, die den Betrug bekämpfen – und den

---

424 Vgl Memoria 2013 Fiscal contra la corrupción y Criminalidad Organizada

strafrechtlichen Organen Spaniens. Es sammelt Informationen über betrügerische Handlungen zu Lasten der Europäischen Union, beugt diesen vor und ist auch das Instrument, welches die juristische Zusammenarbeit zwischen den Mitgliedstaaten fördern soll.[425]

In der Praxis werden Betrugsfälle, die Spanien betreffen und die vom Europäischen Amt für Betrugsbekämpfung ermittelt werden, an diese Sonderabteilung abgegeben, es sei denn, es handelt sich nach Einschätzung des Europäischen Amts für Betrugsbekämpfung um einen Fall von nur geringer Bedeutung, dann informiert dieses in der Regel direkt die regional zuständige Staatsanwaltschaft in Spanien.

Am 24. Januar 2008 haben die spanische Generalstaatsanwaltschaft und das Europäische Amt für Betrugsbekämpfung ein Abkommen unterzeichnet, das die Zusammenarbeit zwischen der spanischen Korruptions-Staatsanwaltschaft und dem Amt für Betrugsbekämpfung regelt.[426] Die Vereinbarung soll die praktische Zusammenarbeit fördern, es wird aber festgelegt, dass besagte Vereinbarung keine Gesetzeskraft hat, den gesetzlichen Rahmen weder verändert noch normiert noch irgendwelche rechtlichen Vereinbarungen zwischen den beiden unterzeichneten Einheiten – der spanischen Generalstaatsanwaltschaft und dem Europäischen Amt für Betrugsbekämpfung – beinhaltet.

Die Vereinbarung regelt, dass beide Organe sich bei der Bewältigung ihrer gesetzlich zugewiesenen Aufgaben unterstützen und zum Beispiel Informationen austauschen sollen, ebenso ist die gegenseitige Schulung vorgesehen.

Die Staatsanwaltschaft gegen Korruption wird unterstützt von der „Unidad de Apoyo de la Agencia Estatal de Administración Tributaria", der Sondereinheit zur Unterstützung, eingesetzt von der staatlichen Finanzverwaltung.

Diese Einheit wurde auf Beschluss der Finanzverwaltung am 8. Januar 1996 gebildet.[427] Gemäß der Vereinbarung zur Zusammenarbeit mit der Staatsanwaltschaft, um diese bei ihrem Kampf gegen Wirtschaftsdelikte zu unterstützen,

---

425 Vgl. María Teresa Gálvez Díez, De los mecanismos de cooperación, asistencia y coordinación existentes, Seite 43.

426 Arreglo de Cooperación entre la Fiscalía General del Estado de España y la oficina Europea de Lucha contra el Fraude (OLAF) del 24 de enero 2008.

427 Resolución de 8 de enero de 1996, de la agencia Estatal de Administración Tributaria, por la que se crea la Unidad de Apoyo a la Fiscalía Especial para la represión de los Delitos Económicos relacionados con la Corrupción, Boletín Oficial del Estado 11, vom 12. Januar 1996, Sección I,. Seite 824.

leistet diese Sonderabteilung der Finanzverwaltung Hilfestellung in den buchhalterischen und steuerlichen Bereichen bzw. allgemein in wirtschaftlichen Belangen.[428] Diese Abteilung besteht im Jahre 2012 aus zehn Steuerprüfern, und hat in diesem Jahr 78 Gutachten verfasst und insgesamt dreizehn Auskunftsersuchen anderer Länder beantwortet.[429]

---

428 Convenio de Colaboración suscrito entre el Ministerio de Justicia y Interior, el Ministerio de Economía y Hacienda y la Agencia Estatal de la Agencia Tributaría, en materia de apoyo al Ministerio Fiscal en la lucha contra los delitos económicos relacionados con la corrupción. Madrid 27. Dezember 1995.

429 Memoria 2013 Fiscalia Especial contra la corrupción.

G. Zusammenfassung / Würdigung

Zusammenfassend ist zu sagen, dass Spanien die Anforderungen, die die Europäische Union in Bezug auf den Schutz ihrer finanziellen Interessen aufstellen, zum überwiegenden Teil erfüllt hat, obwohl in einigen Bereichen der spanische Gesetzgeber technische Unstimmigkeiten nicht gelöst hat.

Der Unterschied der strafrechtlichen Behandlung, die allein davon abhängt, ob es sich um Gelder des nationalen Haushaltes oder aus Mitteln der Union handelt, ist nicht erklärbar und garantiert keinen angemessenen Schutz der Interessen Europas.

Durch die Einführung eigener Tatbestände beziehungsweise eigener Absätze bei den einzelnen Artikeln hat der Gesetzgeber keine Gleichheit zwischen den nationalen und europäischen Interessen erreicht.

Zwar gestattet Artikel 9 des Übereinkommens zum Schutze der finanziellen Interessen der Europäischen Gemeinschaften, dass die Mitgliedstaaten innerstaatliche Rechtsvorschriften erlassen, die über die Verpflichtungen aus dem Übereinkommen hinausgehen, trotzdem widersprechen meines Erachtens die vorstehend in der obigen Untersuchung aufgezeigten Ungleichheiten dem Prinzip der „asimilación", der Angleichung, welches besagt, dass die Mitgliedstaaten zum Schutze der Interessen der Europäischen Union die gleichen Mittel ergreifen müssen, wie sie es zum Schutz der nationalen Interessen tun.

Es ist nicht verständlich, dass bei Verstößen zu Lasten der Europäischen Union bei einer Betragshöhe schon ab 4.000,- Euro ein strafrechtlicher Tatbestand Anwendung finden kann, hingegen es bei Verstößen gegen die nationalen Interessen ein deliktischer Tatbestand erst bei einem Betrag von 120.000,- Euro in Betracht kommt und bei Beträgen darunter nur eine Ahndung über das Verwaltungsrecht möglich ist.

Auch wenn diese Betragsangaben aus den Vorgaben des Übereinkommens zum Schutze der finanziellen Interessen herrühren, so hätte man doch, um Unterschiede zu vermeiden, diese Betragshöhen bei Vergehen zu Lasten der nationalen Finanzverwaltung den Beträgen zu Lasten der Europäischen Union anpassen können und sollen.

Es wäre ein Leichtes gewesen, zum Beispiel die nationalen und die europäischen Interessen unter dem Begriff der „intereses financieros públicos", des öffentlichen Finanzinteresses, zu schützen, ohne zwischen nationalen und europäischen Interessen zu unterscheiden, um so tatsächlich die vom Abkommen verlangte Gleichstellung nationaler und europäischer Interessen vollständig zu erlangen.

Es hätte auch zweifelsohne ausgereicht, so wie es diskutiert, aber letztlich nicht in einem zur Abstimmung im Kongress bestimmten Gesetzesentwurf gefasst wurde, dass die „Hacienda de la Comunidad Europea“, die Finanzverwaltung der Europäischen Gemeinschaft, als Betroffene neben der nationalen Finanzverwaltung in den Tatbeständen aufgeführt würde, die die nationalen Interessen schützen. So hat man jetzt bedauerlicherweise einzelne Vorschriften geschaffen, die sich teilweise überlappen.

Die im Artikel 1 des Übereinkommens definierten Handlungen hätte man in nur einem Tatbestand in das spanische Strafgesetzbuch übernehmen sollen, ohne diese in verschiedenen Tatbeständen quasi zu zersplittern:

So typisiert der Artikel 1 a) des Übereinkommens im Wesentlichen drei Handlungen im Zusammenhang mit Ausgaben, erstens die Erlangung von Geldern unter der Vorlage falscher oder unrichtiger Erklärungen oder Unterlagen, zweitens das Verheimlichen einer Information, sodass Gelder erhalten werden, und drittens die missbräuchliche Verwendung solcher Mittel zu anderen Zwecken als denen, für die sie bestimmt sind.

Diese Handlungen werden im Artikel 306 des spanischen Código Penal kodifiziert, zusammen mit dem Tatbestand der Umgehung der Zahlung von Geldern, die zu entrichten sind, welcher im Zusammenhang mit den Einnahmen der Europäischen Union steht und als solcher an anderer Stelle im Übereinkommen, nämlich im Artikel 1.b), behandelt ist.

Die Unterscheidung zwischen nationalen und europäischen Interessen entspricht nicht dem Prinzip der Interessen-Gleichheit, da der Haushalt der Europäischen Union unter anderem aus den Beiträgen der Mitgliedstaaten finanziert und gleichfalls auch wieder von den Mitgliedstaaten ausgegeben wird.

Es erstaunt ferner, dass die Problematik der sogenannten „gemischten Subventionen“, das heißt Subventionen, bei denen Gelder sowohl von der Europäischen Union als auch vom nationalen Haushalt als eine einheitliche Subvention gewährt werden, nicht genauer vom Gesetzgeber erkannt und behandelt wird.

Dies wirft Probleme auf, wenn zwar jeweils in den einzelnen Posten nicht die Mindestbeträge erreicht werden, allerdings in der Gesamt-Summe schon.

Der Gesetzgeber hat dafür keine Regelung vorgesehen, und das Prinzip der Gesetzmäßigkeit im Strafrecht verbietet, Tatbestände analog anzuwenden und über den Wortlaut hinaus zu interpretieren.

Zusätzlich entstehen Probleme, wenn z.B. im Bereich der nationalen Subventionen gegen Sanktionen, die die Verwaltung auferlegt hat, durch die Möglichkeiten des Verwaltungsrechtes vorgegangen werden kann, hingegen gegen

Sanktionen im europäischen Bereich nur durch die Möglichkeiten, die das Strafprozessrecht bietet.

Besser wäre gewesen, bei gemischten Subventionen jeweils die Beträge der nationalen und der europäischen Subventionen zu addieren und dann für die strafrechtliche Behandlung nur von diesem Betrag auszugehen.

Dann wäre auch das Problem gelöst, wie verfahren werden soll, wenn der Täter den unrechtmäßig erlangten Betrag zurückzahlen will. Da bei Verstößen zu Lasten der Europäischen Union im Gesetz der strafbefreiende Rücktritt, die „excusa absolutoria", nicht vorgesehen ist, entsteht das Problem, dass zwar im Hinblick auf den Anteil an dem Betrag, der auf nationale Interessen entfällt, keine Strafverfolgung mehr gegeben ist, hingegen in Bezug auf die europäischen Interessen bei Erreichen der Mindestbeträge schon.

Der Artikel 306 ist nicht identisch aufgebaut wie der Artikel 308, der den Subventionsbetrug an nationalen Subventionen zum Gegenstand hat. Es wäre einfacher und logischer gewesen, den Schutz der Europäischen Union dem Artikel 308 hinzuzufügen, zumal damit tatsächlich die Gleichstellung der nationalen und der europäischen Interessen erlangt worden wäre und man Überlappungen und wenig exakte Beschreibungen hätte vermeiden können.

Eine leicht zu korrigierende Ungleichbehandlung ergibt sich daraus, dass ein Betrug an Mitteln der Union, der einen Betrag von 120.000,- Euro und damit die Schwelle des Betruges an nationalen Subventionen des Artikels 308 übersteigt, in den Rechtsfolgen niedriger bestraft wird als ein Betrug an nationalen Geldern gleicher Betragshöhe. Die Artikel, die ausdrücklich die europäischen Interessen schützen, sehen Gefängnis von einem Jahr bis zu fünf Jahren und Geldstrafe bis zum sechsfachen Betrag vor, der Artikel 308 – wie im Übrigen auch die anderen Artikel, die nationale Interessen schützen – jedoch darüber hinausgehend die Möglichkeit des Verlustes, für die Dauer von drei bis sechs Jahren Subventionen oder öffentliche Beihilfen zu erhalten oder Vergünstigungen bei der Steuerzahlung oder bei der Berechnung der Sozialversicherungsbeiträge in Anspruch nehmen zu können.

Zwar kann das nationale Recht nicht in den supranationalen Rechtskreis eintreten, nach meiner Auffassung kann der nationale Gesetzgeber aber anordnen, dass es demjenigen, der europäische Mittel veruntreut hat, zukünftig nicht gestattet ist, nationale Subventionen oder Sozialversicherungsvorteile zu erhalten oder Steuervorteile zu genießen, besonders, wenn die Subventionen auch von nationaler Seite mitfinanziert werden.

Allerdings ist es überhaupt fraglich, inwieweit das Ziel eines einheitlichen Europas erreicht wird, wenn zwar der Artikel 280 des Vertrages über die

Europäische Union in der Amsterdamer Fassung[430] und in der Fassung des Vertrages von Nizza[431] beziehungsweise der Artikel 325 des Vertrages in der Fassung von Lissabon[432] die Mitgliedstaaten verpflichtet, zur Bekämpfung von Betrugshandlungen, die sich gegen die finanziellen Interessen der Union richten, die gleichen Maßnahmen zu ergreifen, die sie auch zur Bekämpfung von Betrügereien ergreifen, die sich gegen ihre eigenen finanziellen Interessen richten, aber die Tatbestände und Rechtsfolgen in den einzelnen Mitgliedstaaten unterschiedlich sind.

Eine Strafe bzw. Rechtsfolge kann in einem einheitlichen Europa nur sinnvoll sein, wenn ein Täter im Falle einer Aufdeckung einer Straftat in diesem Land nicht mit einer milderen Strafe als in einem anderen Land der EU bestraft werden würde.

Ein Staat, der die finanziellen Interessen nicht so hart bestraft wie ein anderer Staat, gefährdet die Effektivität der strafrechtlichen Systeme in den anderen Mitgliedsländern.

Ein Beispiel dafür sind die Unterschiedlichkeiten der strafrechtlichen Folgen in Deutschland und Spanien. Ein Betrug an Mitteln der Union in einer Höhe von bis zu 50.000,- Euro würde in Spanien nur mit einer Gefängnisstrafe von drei Monaten bis zu einem Jahr geahndet werden können, hingegen ist in Deutschland die Verhängung von Freiheitsstrafen bis zu fünf Jahren oder in schweren Fällen bis zu zehn Jahren möglich, § 264 Absatz I und II StGB. Für einen Täter erscheint es daher „attraktiver", einen Betrug in Spanien zu begehen.

Der Gesetzgeber hat die Problematik der „Amtsträger", der Beamten, nicht ausdrücklich geregelt und kommt den Anforderungen der Europäischen Union nur durch eine weite Interpretation des Beamtenbegriffes durch die Rechtsprechung nach.

Es erstaunt ferner, dass es Widersprüche zwischen Straf- und Verwaltungsrecht gibt. Einerseits soll gemäß den verwaltungsrechtlichen Bestimmungen – Artikel 180 Absatz I Ley General Tributario, die allgemeine spanische Abgabenordnung – die Verwaltung, wenn sie davon ausgeht, dass ein Straftatbestand erfüllt sein könnte, den Vorgang unterbrechen und an die Staatsanwaltschaft bzw. die Organe der Rechtsprechung abgeben und keine weiteren

430 „Vertrag von Amsterdam" Amtsblatt der Europäischen Gemeinschaften 97 C 340/01 vom 10.11.1997.

431 „Vertrag von Nizza" Amtsblatt der Europäischen Gemeinschaften 80 2001/C 80/01 vom 10.0.2001

432 „Vertrag von Lissabon", Amtsblatt der Europäischen Union 2007/C 306/01 vom 17.12.2007

Vollstreckungsmaßnahmen mehr durchführen können, andererseits erlaubt nun das Strafrecht – Paragraph 305 Absatz V –, dass die Verwaltung, um einen Täter nicht besser als einen einfachen Steuerschuldner zu stellen, weiterhin Vollstreckungsmaßnahmen oder andere Handlungen, die auf Zahlung gerichtet sind, durchführen kann.

Die Anpassung beziehungsweise die Umsetzung der aus dem Übereinkommen zum Schutze der finanziellen Interessen der Europäischen Gemeinschaft übernommenen Verpflichtungen in das spanische Strafgesetzbuch ist aus unverständlichen Gründen systematisch inkorrekt und sollte vom Gesetzgeber überprüft werden.

H. Anhang – Spanische Gesetzestexte

Folgende Gesetzestexte werden in der vorhergehenden Arbeit zitiert und dort teilweise in deutscher Übersetzung wiedergegeben:

I. Código Penal Ley Orgánica 10/1995, de 23 de noviembre, del Código Penal

Folgende zum Zeitpunkt der Abgabe dieser Arbeit gültige Artikel des Codigo Penal sind im Text zitiert und in deutscher Uebersetzung wiedergegeben:

Artículo 12

Las acciones u omisiones imprudentes sólo se castigarán cuando expresamente lo disponga la Ley.

Artículo 13

1. Son delitos graves las infracciones que la Ley castiga con pena grave.
2. Son delitos menos graves las infracciones que la Ley castiga con pena menos grave.
3. Son faltas las infracciones que la Ley castiga con pena leve.

Artículo 14

1. El error invencible sobre un hecho constitutivo de la infracción penal excluye la responsabilidad criminal. Si el error, atendidas las circunstancias del hecho y las personales del autor, fuera vencible, la infracción será castigada, en su caso, como imprudente.
2. El error sobre un hecho que cualifique la infracción o sobre una circunstancia agravante, impedirá su apreciación.
3. El error invencible sobre la ilicitud del hecho constitutivo de la infracción penal excluye la responsabilidad criminal. Si el error fuera vencible, se aplicará la pena inferior en uno o dos grados.

Artículo 15

1. Son punibles el delito consumado y la tentativa de delito.
2. Las faltas sólo se castigarán cuando hayan sido consumadas, excepto las intentadas contra las personas o el patrimonio.

Artículo 21

Son circunstancias atenuantes:

- **1.ª** Las causas expresadas en el capítulo anterior, cuando no concurrieren todos los requisitos necesarios para eximir de responsabilidad en sus respectivos casos.
- **2.ª** La de actuar el culpable a causa de su grave adicción a las sustancias mencionadas en el número 2.º del artículo anterior.
- **3.ª** La de obrar por causas o estímulos tan poderosos que hayan producido arrebato, obcecación u otro estado pasional de entidad semejante.
- **4.ª** La de haber procedido el culpable, antes de conocer que el procedimiento judicial se dirige contra él, a confesar la infracción a las autoridades.
- **5.ª** La de haber procedido el culpable a reparar el daño ocasionado a la víctima, o disminuir sus efectos, en cualquier momento del procedimiento y con anterioridad a la celebración del acto del juicio oral.
- **6.ª** La dilación extraordinaria e indebida en la tramitación del procedimiento, siempre que no sea atribuible al propio inculpado y que no guarde proporción con la complejidad de la causa.

Artículo 24

1. A los efectos penales se reputará autoridad al que por sí solo o como miembro de alguna corporación, tribunal u órgano colegiado tenga mando o ejerza jurisdicción propia. En todo caso, tendrán la consideración de autoridad los miembros del Congreso de los Diputados, del Senado, de las Asambleas Legislativas de las Comunidades Autónomas y del Parlamento Europeo. Se reputará también autoridad a los funcionarios del Ministerio Fiscal.
2. Se considerará funcionario público todo el que por disposición inmediata de la Ley o por elección o por nombramiento de autoridad competente participe en el ejercicio de funciones públicas.

Artículo 31

1. El que actúe como administrador de hecho o de derecho de una persona jurídica, o en nombre o representación legal o voluntaria de otro, responderá personalmente, aunque no concurran en él las condiciones, cualidades o relaciones que la correspondiente figura de delito o falta requiera para poder ser sujeto activo del mismo, si tales circunstancias se dan en la entidad o persona en cuyo nombre o representación obre.

Artículo 31 bis

1. En los supuestos previstos en este Código, las personas jurídicas serán penalmente responsables de los delitos cometidos en nombre o por cuenta de las mismas, y en su provecho, por sus representantes legales y administradores de hecho o de derecho.
   En los mismos supuestos, las personas jurídicas serán también penalmente responsables de los delitos cometidos, en el ejercicio de actividades sociales y por cuenta y en provecho de las mismas, por quienes, estando sometidos a la autoridad de las personas físicas mencionadas en el párrafo anterior, han podido realizar los hechos por no haberse ejercido sobre ellos el debido control atendidas las concretas circunstancias del caso.
2. La responsabilidad penal de las personas jurídicas será exigible siempre que se constate la comisión de un delito que haya tenido que cometerse por quien ostente los cargos o funciones aludidas en el apartado anterior, aun cuando la concreta persona física responsable no haya sido individualizada o no haya sido posible dirigir el procedimiento contra ella. Cuando como consecuencia de los mismos hechos se impusiere a ambas la pena de multa, los jueces o tribunales modularán las respectivas cuantías, de modo que la suma resultante no sea desproporcionada en relación con la gravedad de aquéllos.
3. La concurrencia, en las personas que materialmente hayan realizado los hechos o en las que los hubiesen hecho posibles por no haber ejercido el debido control, de circunstancias que afecten a la culpabilidad del acusado o agraven su responsabilidad, o el hecho de que dichas personas hayan fallecido o se hubieren sustraído a la acción de la justicia, no excluirá ni modificará la responsabilidad penal de las personas jurídicas, sin perjuicio de lo que se dispone en el apartado siguiente.
4. Sólo podrán considerarse circunstancias atenuantes de la responsabilidad penal de las personas jurídicas haber realizado, con posterioridad a la comisión del delito y a través de sus representantes legales, las siguientes actividades:
   - **a)** Haber procedido, antes de conocer que el procedimiento judicial se dirige contra ella, a confesar la infracción a las autoridades.
   - **b)** Haber colaborado en la investigación del hecho aportando pruebas, en cualquier momento del proceso, que fueran nuevas y decisivas para esclarecer las responsabilidades penales dimanantes de los hechos.
   - **c)** Haber procedido en cualquier momento del procedimiento y con anterioridad al juicio oral a reparar o disminuir el daño causado por el delito.

- **d)** Haber establecido, antes del comienzo del juicio oral, medidas eficaces para prevenir y descubrir los delitos que en el futuro pudieran cometerse con los medios o bajo la cobertura de la persona jurídica.

5. Las disposiciones relativas a la responsabilidad penal de las personas jurídicas no serán aplicables al Estado, a las Administraciones Públicas territoriales e institucionales, a los Organismos Reguladores, las Agencias y Entidades Públicas Empresariales, a las organizaciones internacionales de derecho público, ni a aquellas otras que ejerzan potestades públicas de soberanía, administrativas o cuando se trate de Sociedades mercantiles Estatales que ejecuten políticas públicas o presten servicios de interés económico general. En estos supuestos, los órganos jurisdiccionales podrán efectuar declaración de responsabilidad penal en el caso de que aprecien que se trata de una forma jurídica creada por sus promotores, fundadores, administradores o representantes con el propósito de eludir una eventual responsabilidad penal.

Artículo 33

Las penas aplicables a las personas jurídicas, que tienen todas la consideración de graves, son las siguientes:

- a) Multa por cuotas o proporcional.
- b) Disolución de la persona jurídica. La disolución producirá la pérdida definitiva de su personalidad jurídica, así como la de su capacidad de actuar de cualquier modo en el tráfico jurídico, o llevar a cabo cualquier clase de actividad, aunque sea lícita.
- c) Suspensión de sus actividades por un plazo que no podrá exceder de cinco años.
- d) Clausura de sus locales y establecimientos por un plazo que no podrá exceder de cinco años.
- **e)** Prohibición de realizar en el futuro las actividades en cuyo ejercicio se haya cometido, favorecido o encubierto el delito. Esta prohibición podrá ser temporal o definitiva. Si fuere temporal, el plazo no podrá exceder de quince años.
- **f)** Inhabilitación para obtener subvenciones y ayudas públicas, para contratar con el sector público y para gozar de beneficios e incentivos fiscales o de la Seguridad Social, por un plazo que no podrá exceder de quince años.
- **g)** Intervención judicial para salvaguardar los derechos de los trabajadores o de los acreedores por el tiempo que se estime necesario, que no podrá exceder de cinco años.

La intervención podrá afectar a la totalidad de la organización o limitarse a alguna de sus instalaciones, secciones o unidades de negocio. El Juez o Tribunal, en la sentencia o, posteriormente, mediante auto, determinará exactamente el contenido de la intervención y determinará quién se hará cargo de la intervención y en qué plazos deberá realizar informes de seguimiento para el órgano judicial. La intervención se podrá modificar o suspender en todo momento previo informe del interventor y del Ministerio Fiscal. El interventor tendrá derecho a acceder a todas las instalaciones y locales de la empresa o persona jurídica y a recibir cuanta información estime necesaria para el ejercicio de sus funciones. Reglamentariamente se determinarán los aspectos relacionados con el ejercicio de la función de interventor, como la retribución o la cualificación necesaria.

La clausura temporal de los locales o establecimientos, la suspensión de las actividades sociales y la intervención judicial podrán ser acordadas también por el Juez Instructor como medida cautelar durante la instrucción de la causa.

Artículo 66 bis

En la aplicación de las penas impuestas a las personas jurídicas se estará a lo dispuesto en las reglas 1.ª a 4.ª y 6.ª a 8.ª del primer número del artículo 66, así como a las siguientes:

- 1.ª En los supuestos en los que vengan establecidas por las disposiciones del Libro II, para decidir sobre la imposición y la extensión de las penas previstas en las letras b) a g) del apartado 7 del artículo 33 habrá de tenerse en cuenta:
  - **a)** Su necesidad para prevenir la continuidad de la actividad delictiva o de sus efectos.
  - **b)** Sus consecuencias económicas y sociales, y especialmente los efectos para los trabajadores.
  - **c)** El puesto que en la estructura de la persona jurídica ocupa la persona física u órgano que incumplió el deber de control.
- 2.ª Cuando las penas previstas en las letras c) a g) del apartado 7 del artículo 33 se impongan con una duración limitada, ésta no podrá exceder la duración máxima de la pena privativa de libertad prevista para el caso de que el delito fuera cometido por persona física.

  Para la imposición de las sanciones previstas en las letras c) a g) por un plazo superior a dos años será necesario que se dé alguna de las dos circunstancias siguientes:

  a) Que la persona jurídica sea reincidente.

  b) Que la persona jurídica se utilice instrumentalmente para la comisión de ilícitos penales. Se entenderá que se está ante este último supuesto

siempre que la actividad legal de la persona jurídica sea menos relevante que su actividad ilegal.
Para la imposición con carácter permanente de las sanciones previstas en las letras b) y e), y para la imposición por un plazo superior a cinco años de las previstas en las letras e) y f) del apartado 7 del artículo 33, será necesario que se dé alguna de las dos circunstancias siguientes:

- **a)** Que se esté ante el supuesto de hecho previsto en la regla 5.ª del primer número del artículo 66.
- **b)** Que la persona jurídica se utilice instrumentalmente para la comisión de ilícitos penales. Se entenderá que se está ante este último supuesto siempre que la actividad legal de la persona jurídica sea menos relevante que su actividad ilegal

Artículo 109

1. La ejecución de un hecho descrito por la Ley como delito o falta obliga a reparar, en los términos previstos en las Leyes, los daños y perjuicios por él causados.
2. El perjudicado podrá optar, en todo caso, por exigir la responsabilidad civil ante la Jurisdicción Civil.

Artículo 110

La responsabilidad establecida en el artículo anterior comprende:

- **1.º** La restitución.
- **2.º** La reparación del daño.
- **3.º** La indemnización de perjuicios materiales y morales.

Artículo 116

1. …
2. …
3. La responsabilidad penal de una persona jurídica llevará consigo su responsabilidad civil en los términos establecidos en el artículo 110 de este Código de forma solidaria con las personas físicas que fueren condenadas por los mismos hechos.

Artículo 127

1. Toda pena que se imponga por un delito o falta dolosos llevará consigo la pérdida de los efectos que de ellos provengan y de los bienes, medios o instrumentos con que se haya preparado o ejecutado, así como las ganancias provenientes del delito o falta, cualesquiera que sean las transformaciones que hubieren podido experimentar. Los unos y las otras serán decomisados, a no ser que pertenezcan a un tercero de buena fe no responsable del delito que los haya adquirido legalmente.
   El Juez o Tribunal deberá ampliar el decomiso a los efectos, bienes, instrumentos y ganancias procedentes de actividades delictivas cometidas en el marco de una organización o grupo criminal o terrorista, o de un delito de terrorismo. A estos efectos se entenderá que proviene de la actividad delictiva el patrimonio de todas y cada una de las personas condenadas por delitos cometidos en el seno de la organización o grupo criminal o terrorista o por un delito de terrorismo cuyo valor sea desproporcionado con respecto a los ingresos obtenidos legalmente por cada una de dichas personas.
2. En los casos en que la ley prevea la imposición de una pena privativa de libertad superior a un año por la comisión de un delito imprudente, el Juez o Tribunal podrá acordar la pérdida de los efectos que provengan del mismo y de los bienes, medios o instrumentos con que se haya preparado o ejecutado, así como las ganancias provenientes del delito, cualesquiera que sean las transformaciones que hubieran podido experimentar.
3. Si por cualquier circunstancia no fuera posible el comiso de los bienes señalados en los apartados anteriores de este artículo, se acordará el comiso por un valor equivalente de otros bienes que pertenezcan a los criminalmente responsables del hecho.
4. El Juez o Tribunal podrá acordar el comiso previsto en los apartados anteriores de este artículo aun cuando no se imponga pena a alguna persona por estar exenta de responsabilidad criminal o por haberse ésta extinguido, en este último caso, siempre que quede demostrada la situación patrimonial ilícita.
5. Los que se decomisan se venderán, si son de lícito comercio, aplicándose su producto a cubrir las responsabilidades civiles del penado si la ley no previera otra cosa, y, si no lo son, se les dará el destino que se disponga reglamentariamente y, en su defecto, se inutilizarán.

Artículo 129

1. En caso de delitos o faltas cometidos en el seno, con la colaboración, a través o por medio de empresas, organizaciones, grupos o cualquier otra clase de entidades o agrupaciones de personas que, por carecer de personalidad jurídica, no estén comprendidas en el artículo 31 bis de este Código, el Juez o Tribunal podrá imponer motivadamente a dichas empresas, organizaciones, grupos, entidades o agrupaciones una o varias consecuencias accesorias a la pena que corresponda al autor del delito, con el contenido previsto en los apartados c) a g) del artículo 33.7. Podrá también acordar la prohibición definitiva de llevar a cabo cualquier actividad, aunque sea lícita.
2. Las consecuencias accesorias a las que se refiere en el apartado anterior sólo podrán aplicarse a las empresas, organizaciones, grupos o entidades o agrupaciones en él mencionados cuando este Código lo prevea expresamente, o cuando se trate de alguno de los delitos o faltas por los que el mismo permite exigir responsabilidad penal a las personas jurídicas.
3. La clausura temporal de los locales o establecimientos, la suspensión de las actividades sociales y la intervención judicial podrán ser acordadas también por el Juez Instructor como medida cautelar durante la instrucción de la causa a los efectos establecidos en este artículo y con los límites señalados en el artículo 33.7.

Artículo 130

2. La transformación, fusión, absorción o escisión de una persona jurídica no extingue su responsabilidad penal, que se trasladará a la entidad o entidades en que se transforme, quede fusionada o absorbida y se extenderá a la entidad o entidades que resulten de la escisión. El Juez o Tribunal podrá moderar el traslado de la pena a la persona jurídica en función de la proporción que la persona jurídica originariamente responsable del delito guarde con ella.

No extingue la responsabilidad penal la disolución encubierta o meramente aparente de la persona jurídica. Se considerará en todo caso que existe disolución encubierta o meramente aparente de la persona jurídica cuando se continúe su actividad económica y se mantenga la identidad sustancial de clientes, proveedores y empleados, o de la parte más relevante de todos ellos.

Artículo 248

1. Cometen estafa los que, con ánimo de lucro, utilizaren engaño bastante para producir error en otro, induciéndolo a realizar un acto de disposición en perjuicio propio o ajeno.

2. También se consideran reos de estafa:

- **a)** Los que, con ánimo de lucro y valiéndose de alguna manipulación informática o artificio semejante, consigan una transferencia no consentida de cualquier activo patrimonial en perjuicio de otro.
- **b)** Los que fabricaren, introdujeren, poseyeren o facilitaren programas informáticos específicamente destinados a la comisión de las estafas previstas en este artículo.
- **c)** Los que utilizando tarjetas de crédito o débito, o cheques de viaje, o los datos obrantes en cualquiera de ellos, realicen operaciones de cualquier clase en perjuicio de su titular o de un tercero.

Artículo 301

1. El que adquiera, posea, utilice, convierta, o transmita bienes, sabiendo que éstos tienen su origen en una actividad delictiva, cometida por él o por cualquiera tercera persona, o realice cualquier otro acto para ocultar o encubrir su origen ilícito, o para ayudar a la persona que haya participado en la infracción o infracciones a eludir las consecuencias legales de sus actos, será castigado con la pena de prisión de seis meses a seis años y multa del tanto al triplo del valor de los bienes. En estos casos, los jueces o tribunales, atendiendo a la gravedad del hecho y a las circunstancias personales del delincuente, podrán imponer también a éste la pena de inhabilitación especial para el ejercicio de su profesión o industria por tiempo de uno a tres años, y acordar la medida de clausura temporal o definitiva del establecimiento o local. Si la clausura fuese temporal, su duración no podrá exceder de cinco años.
   La pena se impondrá en su mitad superior cuando los bienes tengan su origen en alguno de los delitos relacionados con el tráfico de drogas tóxicas, estupefacientes o sustancias psicotrópicas descritos en los artículos 368 a 372 de este Código. En estos supuestos se aplicarán las disposiciones contenidas en el artículo 374 de este Código.
   También se impondrá la pena en su mitad superior cuando los bienes tengan su origen en alguno de los delitos comprendidos en los Capítulos V, VI, VII, VIII, IX y X del Título XIX o en alguno de los delitos del Capítulo I del Título XVI.
2. Con las mismas penas se sancionará, según los casos, la ocultación o encubrimiento de la verdadera naturaleza, origen, ubicación, destino, movimiento o derechos sobre los bienes o propiedad de los mismos, a sabiendas de que proceden de alguno de los delitos expresados en el apartado anterior o de un acto de participación en ellos.

3. Si los hechos se realizasen por imprudencia grave, la pena será de prisión de seis meses a dos años y multa del tanto al triplo.
4. El culpable será igualmente castigado, aunque el delito del que provinieren los bienes, o los actos penados en los apartados anteriores hubiesen sido cometidos, total o parcialmente, en el extranjero.
5. Si el culpable hubiera obtenido ganancias, serán decomisadas conforme a las reglas del artículo 127 de este Código.

Artículo 302

1. En los supuestos previstos en el artículo anterior se impondrán las penas privativas de libertad en su mitad superior a las personas que pertenezca a una organización dedicada a los fines señalados en los mismos, y la pena superior en grado a los jefes, administradores o encargados de las referidas organizaciones.
2. En tales casos, cuando de acuerdo con lo establecido en el artículo 31 bis sea responsable una persona jurídica, se le impondrán las siguientes penas:

   - **a)** Multa de dos a cinco años, si el delito cometido por la persona física tiene prevista una pena de prisión de más de cinco años.
   - **b)** Multa de seis meses a dos años, en el resto de los casos.

   Atendidas las reglas establecidas en el artículo 66 bis, los jueces y tribunales podrán asimismo imponer las penas recogidas en las letras b) a g) del apartado 7 del artículo 33.

Artículo 303

Si los hechos previstos en los artículos anteriores fueran realizados por empresario, intermediario en el sector financiero, facultativo, funcionario público, trabajador social, docente o educador, en el ejercicio de su cargo, profesión u oficio, se le impondrá, además de la pena correspondiente, la de inhabilitación especial para empleo o cargo público, profesión u oficio, industria o comercio, de tres a diez años. Se impondrá la pena de inhabilitación absoluta de diez a veinte años cuando los referidos hechos fueren realizados por autoridad o agente de la misma.

A tal efecto, se entiende que son facultativos los médicos, psicólogos, las personas en posesión de títulos sanitarios, los veterinarios, los farmacéuticos y sus dependientes.

Artículo 304

La provocación, la conspiración y la proposición para cometer los delitos previstos en los artículos 301 a 303 se castigará, respectivamente, con la pena inferior en uno o dos grados.

Artículo 305

1. El que, por acción u omisión, defraude a la Hacienda Pública estatal, autonómica, foral o local, eludiendo el pago de tributos, cantidades retenidas o que se hubieran debido retener o ingresos a cuenta, obteniendo indebidamente devoluciones o disfrutando beneficios fiscales de la misma forma, siempre que la cuantía de la cuota defraudada, el importe no ingresado de las retenciones o ingresos a cuenta o de las devoluciones o beneficios fiscales indebidamente obtenidos o disfrutados exceda de ciento veinte mil euros será castigado con la pena de prisión de uno a cinco años y multa del tanto al séxtuplo de la citada cuantía, salvo que hubiere regularizado su situación tributaria en los términos del apartado 4 del presente artículo.
   La mera presentación de declaraciones o autoliquidaciones no excluye la defraudación, cuando ésta se acredite por otros hechos.
   Además de las penas señaladas, se impondrá al responsable la pérdida de la posibilidad de obtener subvenciones o ayudas públicas y del derecho a gozar de los beneficios o incentivos fiscales o de la Seguridad Social durante el período de tres a seis años.
2. A los efectos de determinar la cuantía mencionada en el apartado anterior:
   - a) Si se trata de tributos, retenciones, ingresos a cuenta o devoluciones, periódicos o de declaración periódica, se estará a lo defraudado en cada período impositivo o de declaración, y si éstos son inferiores a doce meses, el importe de lo defraudado se referirá al año natural. No obstante lo anterior, en los casos en los que la defraudación se lleve a cabo en el seno de una organización o grupo criminal, o por personas o entidades que actúen bajo la apariencia de una actividad económica real sin desarrollarla de forma efectiva, el delito será perseguible desde el mismo momento en que se alcance la cantidad fijada en el apartado 1.
   - b) En los demás supuestos, la cuantía se entenderá referida a cada uno de los distintos conceptos por los que un hecho imponible sea susceptible de liquidación.
3. Las mismas penas se impondrán cuando las conductas descritas en el apartado 1 de este artículo se cometan contra la Hacienda de la Unión Europea, siempre que la cuantía defraudada excediera de cincuenta mil euros en el

plazo de un año natural. No obstante lo anterior, en los casos en los que la defraudación se lleve a cabo en el seno de una organización o grupo criminal, o por personas o entidades que actúen bajo la apariencia de una actividad económica real sin desarrollarla de forma efectiva, el delito será perseguible desde el mismo momento en que se alcance la cantidad fijada en este apartado.

Si la cuantía defraudada no superase los cincuenta mil euros, pero excediere de cuatro mil, se impondrá una pena de prisión de tres meses a un año o multa del tanto al triplo de la citada cuantía y la pérdida de la posibilidad de obtener subvenciones o ayudas públicas y del derecho a gozar de los beneficios o incentivos fiscales o de la Seguridad Social durante el período de seis meses a dos años.

4. Se considerará regularizada la situación tributaria cuando se haya procedido por el obligado tributario al completo reconocimiento y pago de la deuda tributaria, antes de que por la Administración Tributaria se le haya notificado el inicio de actuaciones de comprobación o investigación tendentes a la determinación de las deudas tributarias objeto de la regularización o, en el caso de que tales actuaciones no se hubieran producido, antes de que el Ministerio Fiscal, el Abogado del Estado o el representante procesal de la Administración autonómica, foral o local de que se trate, interponga querella o denuncia contra aquél dirigida, o antes de que el Ministerio Fiscal o el Juez de Instrucción realicen actuaciones que le permitan tener conocimiento formal de la iniciación de diligencias.

   Asimismo, los efectos de la regularización prevista en el párrafo anterior resultarán aplicables cuando se satisfagan deudas tributarias una vez prescrito el derecho de la Administración a su determinación en vía administrativa.

   La regularización por el obligado tributario de su situación tributaria impedirá que se le persiga por las posibles irregularidades contables u otras falsedades instrumentales que, exclusivamente en relación a la deuda tributaria objeto de regularización, el mismo pudiera haber cometido con carácter previo a la regularización de su situación tributaria.

5. Cuando la Administración Tributaria apreciare indicios de haberse cometido un delito contra la Hacienda Pública, podrá liquidar de forma separada, por una parte los conceptos y cuantías que no se encuentren vinculados con el posible delito contra la Hacienda Pública, y por otra, los que se encuentren vinculados con el posible delito contra la Hacienda Pública.

   La liquidación indicada en primer lugar en el párrafo anterior seguirá la tramitación ordinaria y se sujetará al régimen de recursos propios de toda liquidación tributaria. Y la liquidación que en su caso derive de aquellos

conceptos y cuantías que se encuentren vinculados con el posible delito contra la Hacienda Pública seguirá la tramitación que al efecto establezca la normativa tributaria, sin perjuicio de que finalmente se ajuste a lo que se decida en el proceso penal.
La existencia del procedimiento penal por delito contra la Hacienda Pública no paralizará la acción de cobro de la deuda tributaria. Por parte de la Administración Tributaria podrán iniciarse las actuaciones dirigidas al cobro, salvo que el Juez, de oficio o a instancia de parte, hubiere acordado la suspensión de las actuaciones de ejecución, previa prestación de garantía. Si no se pudiese prestar garantía en todo o en parte, excepcionalmente el Juez podrá acordar la suspensión con dispensa total o parcial de garantías si apreciare que la ejecución pudiese ocasionar daños irreparables o de muy difícil reparación.

6. Los Jueces y Tribunales podrán imponer al obligado tributario o al autor del delito la pena inferior en uno o dos grados, siempre que, antes de que transcurran dos meses desde la citación judicial como imputado satisfaga la deuda tributaria y reconozca judicialmente los hechos. Lo anterior será igualmente aplicable respecto de otros partícipes en el delito distintos del obligado tributario o del autor del delito, cuando colaboren activamente para la obtención de pruebas decisivas para la identificación o captura de otros responsables, para el completo esclarecimiento de los hechos delictivos o para la averiguación del patrimonio del obligado tributario o de otros responsables del delito.
7. En los procedimientos por el delito contemplado en este artículo, para la ejecución de la pena de multa y la responsabilidad civil, que comprenderá el importe de la deuda tributaria que la Administración Tributaria no haya liquidado por prescripción u otra causa legal en los términos previstos en la Ley 58/2003, General Tributaria, de 17 de diciembre, incluidos sus intereses de demora, los Jueces y Tribunales recabarán el auxilio de los servicios de la Administración Tributaria que las exigirá por el procedimiento administrativo de apremio en los términos establecidos en la citada Ley.

Artículo 305 bis

1. El delito contra la Hacienda Pública será castigado con la pena de prisión de dos a seis años y multa del doble al séxtuplo de la cuota defraudada cuando la defraudación se cometiere concurriendo alguna de las circunstancias siguientes:
   - a) Que la cuantía de la cuota defraudada exceda de seiscientos mil euros.
   - b) Que la defraudación se haya cometido en el seno de una organización o de un grupo criminal.

- c) Que la utilización de personas físicas o jurídicas o entes sin personalidad jurídica interpuestos, negocios o instrumentos fiduciarios o paraísos fiscales o territorios de nula tributación oculte o dificulte la determinación de la identidad del obligado tributario o del responsable del delito, la determinación de la cuantía defraudada o del patrimonio del obligado tributario o del responsable del delito.

2. A los supuestos descritos en el presente artículo les serán de aplicación todas las restantes previsiones contenidas en el artículo 305..
   En estos casos, además de las penas señaladas, se impondrá al responsable la pérdida de la posibilidad de obtener subvenciones o ayudas públicas y del derecho a gozar de los beneficios o incentivos fiscales o de la Seguridad Social durante el período de cuatro a ocho años.

Artículo 306

El que por acción u omisión defraude a los presupuestos generales de la Unión Europea u otros administrados por ésta, en cuantía superior a cincuenta mil euros, eludiendo, fuera de los casos contemplados en el apartado 3 del artículo 305, el pago de cantidades que se deban ingresar, dando a los fondos obtenidos una aplicación distinta de aquella a que estuvieren destinados u obteniendo indebidamente fondos falseando las condiciones requeridas para su concesión u ocultando las que la hubieran impedido, será castigado con la pena de prisión de uno a cinco años y multa del tanto al séxtuplo de la citada cuantía.

Si la cuantía defraudada o aplicada indebidamente no superase los cincuenta mil euros, pero excediere de cuatro mil, se impondrá una pena de prisión de tres meses a un año o multa del tanto al triplo de la citada cuantía y la pérdida de la posibilidad de obtener subvenciones o ayudas públicas y del derecho a gozar de los beneficios o incentivos fiscales o de la Seguridad Social durante el período de seis meses a dos años.

Artículo 308

1. El que obtenga subvenciones o ayudas de las Administraciones Públicas en una cantidad o por un valor superior a ciento veinte mil euros falseando las condiciones requeridas para su concesión u ocultando las que la hubiesen impedido será castigado con la pena de prisión de uno a cinco años y multa del tanto al séxtuplo de su importe salvo que lleve a cabo el reintegro a que se refiere el apartado 5 de este artículo.
2. Las mismas penas se impondrán al que, en el desarrollo de una actividad sufragada total o parcialmente con fondos de las Administraciones públicas

los aplique en una cantidad superior a ciento veinte mil euros a fines distintos de aquéllos para los que la subvención o ayuda fue concedida salvo que lleve a cabo el reintegro a que se refiere el apartado 5 de este artículo.

3. Además de las penas señaladas, se impondrá al responsable la pérdida de la posibilidad de obtener subvenciones o ayudas públicas y del derecho a gozar de beneficios o incentivos fiscales o de la Seguridad Social durante un período de tres a seis años.
4. Para la determinación de la cantidad defraudada se estará al año natural y deberá tratarse de subvenciones o ayudas obtenidas para el fomento de la misma actividad privada subvencionable, aunque procedan de distintas administraciones o entidades públicas.
5. Se entenderá realizado el reintegro al que se refieren los apartados 1 y 2 cuando por el perceptor de la subvención o ayuda se proceda a devolver las subvenciones o ayudas indebidamente percibidas o aplicadas, incrementadas en el interés de demora aplicable en materia de subvenciones desde el momento en que las percibió, y se lleve a cabo antes de que se haya notificado la iniciación de actuaciones de comprobación o control en relación con dichas subvenciones o ayudas o, en el caso de que tales actuaciones no se hubieran producido, antes de que el Ministerio Fiscal, el Abogado del Estado o el representante de la Administración autonómica o local de que se trate, interponga querella o denuncia contra aquél dirigida o antes de que el Ministerio Fiscal o el Juez de Instrucción realicen actuaciones que le permitan tener conocimiento formal de la iniciación de diligencias. El reintegro impedirá que a dicho sujeto se le persiga por las posibles falsedades instrumentales que, exclusivamente en relación a la deuda objeto de regularización, el mismo pudiera haber cometido con carácter previo a la regularización de su situación.
6. La existencia de un procedimiento penal por alguno de los delitos de los apartados 1 y 2 de este artículo, no impedirá que la Administración competente exija el reintegro por vía administrativa de las subvenciones o ayudas indebidamente aplicadas. El importe que deba ser reintegrado se entenderá fijado provisionalmente por la Administración, y se ajustará después a lo que finalmente se resuelva en el proceso penal.

   El procedimiento penal tampoco paralizará la acción de cobro de la Administración, que podrá iniciar las actuaciones dirigidas al cobro salvo que el Juez, de oficio o a instancia de parte, hubiere acordado la suspensión de las actuaciones de ejecución previa prestación de garantía. Si no se pudiere prestar garantía en todo o en parte, excepcionalmente el Juez podrá acordar la suspensión con dispensa total o parcial de garantías si apreciare que la ejecución pudiese ocasionar daños irreparables o de muy difícil reparación.

7. Los Jueces y Tribunales podrán imponer al responsable de este delito la pena inferior en uno o dos grados, siempre que, antes de que transcurran dos meses desde la citación judicial como imputado, lleve a cabo el reintegro a que se refiere el apartado 5 y reconozca judicialmente los hechos. Lo anterior será igualmente aplicable respecto de otros partícipes en el delito distintos del obligado al reintegro o del autor del delito, cuando colaboren activamente para la obtención de pruebas decisivas para la identificación o captura de otros responsables, para el completo esclarecimiento de los hechos delictivos o para la averiguación del patrimonio del obligado o del responsable del delito.

Artículo 310 bis

Cuando de acuerdo con lo establecido en el artículo 31 bis una persona jurídica sea responsable de los delitos recogidos en este Título, se le impondrán las siguientes penas:

- a) Multa del tanto al doble de la cantidad defraudada o indebidamente obtenida, si el delito cometido por la persona física tiene prevista una pena de prisión de más de dos años.
- b) Multa del doble al cuádruple de la cantidad defraudada o indebidamente obtenida, si el delito cometido por la persona física tiene prevista una pena de prisión de más de cinco años.
- c) Multa de seis meses a un año, en los supuestos recogidos en el artículo 310.

Además de las señaladas, se impondrá a la persona jurídica responsable la pérdida de la posibilidad de obtener subvenciones o ayudas públicas y del derecho a gozar de los beneficios o incentivos fiscales o de la Seguridad Social durante el período de tres a seis años. Podrá imponerse la prohibición para contratar con las Administraciones Públicas.

Atendidas las reglas establecidas en el artículo 66 bis, los Jueces y Tribunales podrán asimismo imponer las penas recogidas en las letras b), c), d), e) y g) del apartado 7 del artículo 33.

Artículo 427

1. Lo dispuesto en los artículos precedentes será también aplicable cuando los hechos sean imputados o afecten a los funcionarios de la Unión Europea o a los funcionarios nacionales de otro Estado miembro de la Unión.

A estos efectos se entenderá que es funcionario de la Unión Europea:

- **1.º** toda persona que tenga la condición de funcionario o de agente contratado en el sentido del Estatuto de los funcionarios de las Comunidades Europeas o del Régimen aplicable a otros agentes de la Unión Europea;
- **2.º** toda persona puesta a disposición de la Unión Europea por los Estados miembros o por cualquier organismo público o privado que ejerza en ellas funciones equivalentes a las que ejercen los funcionarios u otros agentes de la Unión Europea;
- **3.º** los miembros de organismos creados de conformidad con los Tratados constitutivos de las Comunidades Europeas, así como el personal de dichos organismos, en la medida en que el Estatuto de los funcionarios de las Comunidades Europeas o el Régimen aplicable a otros agentes de la Unión Europea no les sea aplicable.

Asimismo, se entenderá por funcionario nacional de otro Estado miembro de la Unión el que tenga esta condición a los fines de la aplicación del Derecho penal de dicho Estado miembro.

2. Cuando de acuerdo con lo establecido en el artículo 31 bis una persona jurídica sea responsable de los delitos recogidos en este Capítulo, se le impondrán las siguientes penas:
   a) Multa de dos a cinco años, o del triple al quíntuple del beneficio obtenido cuando la cantidad resultante fuese más elevada, si el delito cometido por la persona física tiene prevista una pena de prisión de más de cinco años.
   b) Multa de uno a tres años, o del doble al cuádruple del beneficio obtenido cuando la cantidad resultante fuese más elevada, si el delito cometido por la persona física tiene prevista una pena de más de dos años de privación de libertad no incluida en el anterior inciso.
   c) Multa de seis meses a dos años, o del doble al triple del beneficio obtenido si la cantidad resultante fuese más elevada, en el resto de los casos.

   Atendidas las reglas establecidas en el artículo 66 bis, los jueces y tribunales podrán asimismo imponer las penas recogidas en las letras b) a g) del apartado 7 del artículo 33

Artículo 433

La autoridad o funcionario público que destinare a usos ajenos a la función pública los caudales o efectos puestos a su cargo por razón de sus funciones, incurrirá en la pena de multa de seis a doce meses, y suspensión de empleo o cargo público por tiempo de seis meses a tres años.

Si el culpable no reintegrara el importe de lo distraído dentro de los diez días siguientes al de la incoación del proceso, se le impondrán las penas del artículo anterior.

Artículo 433 bis

1. La autoridad o funcionario público que, de forma idónea para causar un perjuicio económico a la entidad pública de la que dependa, y fuera de los supuestos previstos en el artículo 390, falseare su contabilidad, los documentos que deban reflejar su situación económica o la información contenida en los mismos, será castigado con la pena de inhabilitación especial para empleo o cargo público por tiempo de uno a diez años y multa de doce a veinticuatro meses.
2. Con las mismas penas se castigará a la autoridad o funcionario público, que de forma idónea para causar un perjuicio económico a la entidad pública de la que dependa, facilite a terceros información mendaz relativa a la situación económica de la misma o alguno de los documentos o informaciones a que se refiere el apartado anterior.
3. Si se llegare a causar el perjuicio económico a la entidad, se impondrán las penas de prisión de uno a cuatro años, inhabilitación especial para empleo o cargo público por tiempo de tres a diez años y multa de doce a veinticuatro meses.

Artículo 445

1. Los que mediante el ofrecimiento, promesa o concesión de cualquier beneficio indebido, pecuniario o de otra clase, corrompieren o intentaren corromper, por sí o por persona interpuesta, a los funcionarios públicos extranjeros o de organizaciones internacionales, en beneficio de estos o de un tercero, o atendieran sus solicitudes al respecto, con el fin de que actúen o se abstengan de actuar en relación con el ejercicio de funciones públicas para conseguir o conservar un contrato u otro beneficio irregular en la realización de actividades económicas internacionales, serán castigados con las penas de prisión de dos a seis años y multa de doce a veinticuatro meses, salvo que el beneficio obtenido fuese superior a la cantidad resultante, en cuyo caso la multa será del tanto al duplo del montante de dicho beneficio.
   Además de las penas señaladas, se impondrá al responsable la pena de prohibición de contratar con el sector público, así como la pérdida de la posibilidad de obtener subvenciones o ayudas públicas y del derecho a gozar de

beneficios o incentivos fiscales y de la Seguridad Social, y la prohibición de intervenir en transacciones comerciales de trascendencia pública por un periodo de siete a doce años.

Las penas previstas en los párrafos anteriores se impondrán en su mitad superior si el objeto del negocio versara sobre bienes o servicios humanitarios o cualesquiera otros de primera necesidad.

2. Cuando de acuerdo con lo establecido en el artículo 31 bis de este Código una persona jurídica sea responsable de este delito, se le impondrá la pena de multa de dos a cinco años, o la del triple al quíntuple del beneficio obtenido si la cantidad resultante fuese más elevada.

   Atendidas las reglas establecidas en el artículo 66 bis, los jueces y tribunales podrán asimismo imponer las penas recogidas en las letras b) a g) del apartado 7 del artículo 33.
3. A los efectos de este artículo se entiende por funcionario público extranjero:
   - **a**) Cualquier persona que ostente un cargo legislativo, administrativo o judicial de un país extranjero, tanto por nombramiento como por elección.
   - **b**) Cualquier persona que ejerza una función pública para un país extranjero, incluido un organismo público o una empresa pública.
   - **c**) Cualquier funcionario o agente de una organización internacional pública.

Artículo 570 bis

1. Quienes promovieren, constituyeren, organizaren, coordinaren o dirigieren una organización criminal serán castigados con la pena de prisión de cuatro a ocho años si aquélla tuviere por finalidad u objeto la comisión de delitos graves, y con la pena de prisión de tres a seis años en los demás casos; y quienes participaren activamente en la organización, formaren parte de ella o cooperaren económicamente o de cualquier otro modo con la misma serán castigados con las penas de prisión de dos a cinco años si tuviere como fin la comisión de delitos graves, y con la pena de prisión de uno a tres años en los demás casos.

   A los efectos de este Código se entiende por organización criminal la agrupación formada por más de dos personas con carácter estable o por tiempo indefinido, que de manera concertada y coordinada se repartan diversas tareas o funciones con el fin de cometer delitos, así como de llevar a cabo la perpetración reiterada de faltas.

Artículo 570 ter

- 1. ...

A los efectos de este Código se entiende por grupo criminal la unión de más de dos personas que, sin reunir alguna o algunas de las características de la organización criminal definida en el artículo anterior, tenga por finalidad o por objeto la perpetración concertada de delitos o la comisión concertada y reiterada de faltas.

II. Paragraphen des Codigo Penal, die aufgrund Gesetzesreformen nicht mehr gültig sind

Folgende Artikel aus dem Código Penal werden in der vorstehenden Arbeit zitiert und teilweise in deutscher Übersetzung wiedergegeben, wobei diese Artikel zum Zeitpunkt der Erstellung der Arbeit nicht mehr gültig sind, dies ist im Text jeweils angegeben.

1. Codigo Penal 1985 – Decreto 3096/1973, de 14 de septiembre, por el que se publica el Código Penal, Texto Refundido conforme a la Ley 44/1971, de 15 de noviembre

Artículo 350 (año 1973)

1. El que obtuviere una subvención, desgravación o ayuda de las Administraciones Públicas de más de 2.500.000 de pesetas, falseando las condiciones requeridas para su concesión u ocultando las que la hubiesen impedido, será castigado con la pena de prisión menor y multa del tanto al séxtuplo de su importe.
2.

2. Ley Orgánica 10/1995, de 23 de noviembre, del Código Penal (Vigente hasta el 23 de Diciembre de 2010)

Artículo 31

2. En estos supuestos, si se impusiere en sentencia una pena de multa al autor del delito, será responsable del pago de la misma de manera directa y solidaria la persona jurídica en cuyo nombre o por cuya cuenta actuó.

3. Ley Orgánica 10/1995, de 23 de noviembre, del Código Penal (Vigente hasta el 17 de Enero de 2013)

Artículo 306

El que por acción u omisión defraude a los presupuestos generales de la Unión Europea u otros administrados por ésta, en cuantía superior a cincuenta mil euros, eludiendo, fuera de los casos contemplados en el apartado 3 del artículo 305, el pago de cantidades que se deban ingresar, dando a los fondos obtenidos una aplicación distinta de aquella a que estuvieren destinados u obteniendo indebidamente fondos falseando las condiciones requeridas para su concesión u ocultando las que la hubieran impedido, será castigado con la pena de prisión de uno a cinco años y multa del tanto al séxtuplo de la citada cuantía…

Artículo 305

4. Quedará exento de responsabilidad penal el que regularice su situación tributaria, en relación con las deudas a que se refiere el apartado primero de este artículo, antes de que se le haya notificado por la Administración tributaria la iniciación de actuaciones de comprobación tendentes a la determinación de las deudas tributarias objeto de regularización, o en el caso de que tales actuaciones no se hubieran producido, antes de que el Ministerio Fiscal, el Abogado del Estado o el representante procesal de la Administración autonómica, foral o local de que se trate, interponga querella o denuncia contra aquél dirigida, o cuando el Ministerio Fiscal o el Juez de Instrucción realicen actuaciones que le permitan tener conocimiento formal de la iniciación de diligencias.

La exención de responsabilidad penal contemplada en el párrafo anterior alcanzará igualmente a dicho sujeto por las posibles irregularidades contables u otras falsedades instrumentales que, exclusivamente en relación a la deuda tributaria objeto de regularización, el mismo pudiera haber cometido con carácter previo a la regularización de su situación tributaria.

Artículo 306

El que por acción u omisión defraude a los presupuestos generales de la Unión Europea u otros administrados por ésta, en cuantía superior a cincuenta mil euros, eludiendo, fuera de los casos contemplados en el apartado 3 del artículo 305, el pago de cantidades que se deban ingresar, dando a los fondos obtenidos una aplicación distinta de aquella a que estuvieren destinados u obteniendo indebidamente fondos falseando las condiciones requeridas para su concesión u ocultando las que la hubieran impedido, será castigado con la pena de prisión de uno a cinco años y multa del tanto al séxtuplo de la citada cuantía.

Si la cuantía defraudada o aplicada indebidamente no superase los cincuenta mil euros, pero excediere de cuatro mil, se impondrá una pena de prisión de tres meses a un año o multa del tanto al triplo de la citada cuantía y la pérdida de la posibilidad de obtener subvenciones o ayudas públicas y del derecho a gozar de los beneficios o incentivos fiscales o de la Seguridad Social durante el período de seis meses a dos años.

Artículo 309

El que obtenga indebidamente fondos de los presupuestos generales de la Unión Europea u otros administrados por ésta, en cuantía superior a cincuenta mil euros, falseando las condiciones requeridas para su concesión u ocultando las que la hubieran impedido, será castigado con la pena de prisión de uno a cinco años y multa del tanto al séxtuplo de la citada cuantía.

Artículo 627

El que defraudara a la Hacienda de la Comunidad Europea más de 4.000 euros, por cualquiera de los procedimientos descritos en el artículo 305, será castigado con multa de uno a dos meses.

III. Allgemeine spanische Gesetze

1. Ley General de Subvenciones 38/2003 del 17 de Noviembre

Artículo 2 Concepto de subvención

1. Se entiende por subvención, a los efectos de esta ley, toda disposición dineraria realizada por cualesquiera de los sujetos contemplados en el artículo 3 de esta ley, a favor de personas públicas o privadas, y que cumpla los siguientes requisitos:
   a) Que la entrega se realice sin contraprestación directa de los beneficiarios.
   b) Que la entrega esté sujeta al cumplimiento de un determinado objetivo, la ejecución de un proyecto, la realización de una actividad, la adopción de un comportamiento singular, ya realizados o por desarrollar, o la concurrencia de una situación, debiendo el beneficiario cumplir las obligaciones materiales y formales que se hubieran establecido.

c) Que el proyecto, la acción, conducta o situación financiada tenga por objeto el fomento de una actividad de utilidad pública o interés social o de promoción de una finalidad pública.

2. Ley 58/2003, de 17 de diciembre, Ley General Tributaria

Artículo 56 Cuota tributaria

1. La cuota íntegra se determinará:

- **a)** Aplicando el tipo de gravamen a la base liquidable.
- **b)** Según cantidad fija señalada al efecto.

...

Artículo 58 Deuda tributaria

1. La deuda tributaria estará constituida por la cuota o cantidad a ingresar que resulte de la obligación tributaria principal o de las obligaciones de realizar pagos a cuenta.
2. Además, la deuda tributaria estará integrada, en su caso, por:

- a) El interés de demora.
- b) Los recargos por declaración extemporánea.
- c) Los recargos del período ejecutivo.
- d) Los recargos exigibles legalmente sobre las bases o las cuotas, a favor del Tesoro o de otros entes públicos...
-

Artículo 70 Efectos de la prescripción en relación con las obligaciones formales

1. ....
2. ...
3. La obligación de justificar la procedencia de los datos que tengan su origen en operaciones realizadas en períodos impositivos prescritos se mantendrá durante el plazo de prescripción del derecho para determinar las deudas tributarias afectadas por la operación correspondiente.

Artículo 122 Declaraciones, autoliquidaciones y comunicaciones complementarias o sustitutivas

1. Los obligados tributarios podrán presentar autoliquidaciones complementarias, o declaraciones o comunicaciones complementarias o sustitutivas, dentro del plazo establecido para su presentación o con posterioridad a la finalización de dicho plazo, siempre que no haya prescrito el derecho de la Administración para determinar la deuda tributaria. En este último caso tendrán el carácter de extemporáneas…

Artículo 180 Principio de no concurrencia de sanciones tributarias

1. Si la Administración tributaria estimase que la infracción pudiera ser constitutiva de delito contra la Hacienda Pública, pasará el tanto de culpa a la jurisdicción competente, o remitirá el expediente al Ministerio Fiscal y se abstendrá de seguir el procedimiento administrativo, que quedará suspendido mientras la autoridad judicial no dicte sentencia firme, tenga lugar el sobreseimiento o el archivo de las actuaciones o se produzca la devolución del expediente por el Ministerio Fiscal.
   La sentencia condenatoria de la autoridad judicial impedirá la imposición de sanción administrativa.
   De no haberse apreciado la existencia de delito, la Administración tributaria iniciará o continuará sus actuaciones de acuerdo con los hechos que los tribunales hubieran considerado probados, y se reanudará el cómputo del plazo de prescripción en el punto en el que estaba cuando se suspendió. Las actuaciones administrativas realizadas durante el período de suspensión se tendrán por inexistentes.
2. Si la Administración tributaria estimase que el obligado tributario, antes de que se le haya notificado el inicio de actuaciones de comprobación o investigación, ha regularizado su situación tributaria mediante el completo reconocimiento y pago de la deuda tributaria, la regularización practicada le exoneraría de su responsabilidad penal, aunque la infracción en su día cometida pudiera ser constitutiva de delito contra la Hacienda Pública, y la Administración podrá continuar con el procedimiento administrativo sin pasar el tanto de culpa a la autoridad judicial ni al Ministerio Fiscal…

Artículo 221 Procedimiento para la devolución de ingresos indebidos

1. El procedimiento para el reconocimiento del derecho a la devolución de ingresos indebidos se iniciará de oficio o a instancia del interesado, en los siguientes supuestos:

- a) …
- b) …
- c) Cuando se hayan ingresado cantidades correspondientes a deudas o sanciones tributarias después de haber transcurrido los plazos de prescripción. En ningún caso se devolverán las cantidades pagadas que hayan servido para obtener la exoneración de responsabilidad en los supuestos previstos en el apartado 2 del artículo 180 de esta Ley.

3. Codigo Civil Español

Artículo 4

1. Procederá la aplicación analógica de las normas cuando éstas no contemplen un supuesto específico, pero regulen otro semejante entre los que se aprecie identidad de razón.
2. Las leyes penales, las excepcionales y las de ámbito temporal no se aplicarán a supuestos ni en momentos distintos de los comprendidos expresamente en ellas.

Artículo 1902

El que por acción u omisión causa daño a otro, interviniendo culpa o negligencia, está obligado a reparar el daño causado.

Artículo 1903

La obligación que impone el artículo anterior es exigible, no sólo por los actos u omisiones propios, sino por los de aquellas personas de quienes se debe responder.

…

Lo son igualmente los dueños o directores de un establecimiento o empresa respecto de los perjuicios causados por sus dependientes en el servicio de los ramos en que los tuvieran empleados, o con ocasión de sus funciones.

I. Rechtsakt des Rates vom 26. Juli 1995

über die Ausarbeitung des Übereinkommens über den Schutz der finanziellen Interessen der Europäischen Gemeinschaften

(95/C 316/03)

DER RAT DER EUROPÄISCHEN UNION —

gestützt auf den Vertrag über die Europäische Union, insbesondere auf Artikel K.3 Absatz 2 Buchstabe c),

in Erwägung nachstehender Gründe:

Die Mitgliedstaaten betrachten die Bekämpfung des Betrugs zum Nachteil der finanziellen Interessen der Europäischen Gemeinschaften als eine Angelegenheit von gemeinsamem Interesse zur Verwirklichung der Ziele der Union, die unter die in Titel VI des Vertrags verankerte Zusammenarbeit fällt.

Damit dieser Betrug möglichst wirksam bekämpft werden kann, ist ein erstes Übereinkommen zu erstellen, das in Kürze durch ein weiteres Rechtsinstrument zur Verbesserung der Effizienz des strafrechtlichen Schutzes der finanziellen Interessen der Gemeinschaften zu ergänzen ist —

BESCHLIESST, dass die Ausarbeitung des im Anhang wiedergegebenen Übereinkommens abge schlossen ist, das heute von den Vertretern der Regierungen der Mitgliedstaaten der Union unterzeichnet wird;

EMPFIEHLT den Mitgliedstaaten, dieses Übereinkommen gemäss ihren verfassungsrechtlichen Vorschriften anzunehmen.

Geschehen zu Luxemburg am 26. Juli 1995.

Im Namen des Rates
Der Präsident
J. A. BELLOCH JULBE

ANHANG

Übereinkommcn

aufgrund von Artikel K.3 des Vertrags über die Europäische Union über den Schutz der finanziellen Interessen der Europäischen Gemeinschaften

DIE HOHEN VERTRAGSPARTEIEN dieses Übereinkommens, die Mitgliedstaaten der Europäischen Union —

UNTER BEZUGNAHME auf den Rechtsakt des Rates der Europäischen Union vom 26. Juli 1995,

in dem Wunsch sicherzustellen, dass ihre Strafrechtsvorschriften in wirksamer Weise zum Schutz der finanziellen Interessen der Europäischen Gemeinschaften beitragen.

IN ANBETRACHT der Tatsache, dass der Betrug im Zusammenhang mit den Einnahmen und Ausgaben der Gemeinschaften in vielen Fällen grenzüberschreitende Formen annimmt und häufig von kriminellen Organisationen begangen wird,

IN DER ÜBERZEUGUNG, dass der Schutz der finanziellen lnteressen der Europäischen Gemeinschaften es erfordert, betrügerische Handlungen zum Nachteil dieser Interessen strafrechtlich zu verfolgen und zu diesem Zweck eine einheitliche Definition festzulegen,

ÜBERZEUGT von der Notwendigkeit, derartige Handlungen als Straftaten zu umschreiben und durch wirksame, angemessene und abschreckende strafrechtliche Sanktionen — unbeschadet der Verhängung andersartiger Sanktionen in geeigneten Fällen — ahnden zu können und zumindest in schweren Fällen mit Freiheitsstrafen zu bedrohen, die zu einer Auslicferung führen können,

IN ANERKENNUNG der Tatsache, dass Unternehmen in allen von den Europäischen Gemeinschaften finanzierten Bereichen eine wichtige Rolle spielen und dass die Entscheidungsträger in den Unternehmen in geeigneten Fällen nicht ihrer strafrechtlichen Verantwortlichkeit entgehen sollten,

ENTSCHLOSSEN, Betrug zum Nachteil der finanziellen Interessen der Europäischen Gemeinschaften gemeinsam dadurch zu bekämpfen, dass Verpflichtungen betreffend Gerichtsbarkeit, Auslieferung und wechselseitige Zusammenarbeit eingegangen werden —

SIND WIE FOLGT ÜBEREINGEKOMMEN:

Artikel 1

Allgemeine Bestimmungen

(1) Für die Zwecke dieses Übereinkommens umfasst der Tatbestand des Betrugs zum Nachteil der finanziellen Interessen der Europäischen Gemeinschaften

a) im Zusammenhang mit Ausgaben jede vorsätzliche Handlung oder Unterlassung betreffend
   — die Verwendung oder Vorlage falscher, unrichtiger oder unvollständiger Erklärungen oder Unterlagen mit der Folge, dass Mittel aus dem Gesamthaushaltsplan der Europäischen Gemeinschaften oder aus den Haushalten, die von den Europäischen Gemeinschaften oder in deren Auftrag verwaltet werden, unrechtmässig erlangt oder zurückbehalten werden;
   — das Verschweigen einer Information unter Verletzung einer spezifischen Pflicht mit derselben Folge;
   — die missbräuchliche Verwendung solcher Mittel zu anderen Zwecken als denen, für die sie ursprünglich gewährt worden sind;

h) im Zusammenhang mit Einnahmen jede vorsätzliche Handlung oder Unterlassung betreffend
   — die Verwendung oder Vorlage falscher, unrichtiger oder unvollständiger Erklärungen oder Unterlagen mit der Folge, dass Mittel aus dem Gesamthaushaltsplan der Europäischen Gemeinschaften oder aus den Haushalten, die von den Europäischen Gemeinschaften oder in deren Auftrag verwaltet werden, rechtswidrig vermindert werden
   — das Verschweigen einer Information unter Verletzung einer spezifischen Pflicht mit derselben Folge;
   — die missbräuchliche Verwendung eines rechtmässig erlangten Vorteils mit derselben Folge.

(2) Vorbehaltlich des Artikels 2 Absatz 2 trifft jeder Mitgliedstaat die erforderlichen und geeigneten Massnahmen, um Absatz 1 so in sein innerstaatliches Recht umzusetzen, dass die von ihm erfassten Handlungen als Straftaten umschrieben werden.

(3) Vorbehaltlich des Artikels 2 Absatz 2 ergreift jeder Mitgliedstaat ferner die erforderlichen Massnahmen, damit die vorsätzliche Herstellung oder Bereitstellung falscher, unrichtiger oder unvollständiger Erklärungen oder Unterlagen mit der in Absatz 1 erwähnten Folge als Straftat umschrieben wird, sofern sie nicht bereits entweder als selbständige Straftat oder als Beteiligung am Betrug im Sinne von Absatz 1, als Anstiftung dazu oder als Versuch eines solchen Betrugs strafbar ist.

(4) Der vorsätzliche Charakter einer Handlung oder Unterlassung im Sinne der Absätze 1 und 3 kann aus den objektiven Tatumständen geschlossen werden.

Artikel 2

Sanktionen

(1) Jeder Mitgliedstaat trifft die erforderlichen Massnahmen um sicherzustellen, dass die in Artikel 1 genannten Handlungen sowie die Beteiligung an den Handlungen im Sinne von Artikel 1 Absatz 1, die Anstiftung dazu oder der Versuch solcher Handlungen durch wirksame, angemessene und abschreckende Strafen geahndet werden können, die zumindest in schweren Betrugsfällen auch Freiheitsstrafen umfassen, die zu einer Auslieferung führen können; als schwerer Betrug gilt jeder Betrug, der einen in jedem Mitgliedstaat festzusetzenden Mindestbetrag zum Gegenstand hat. Dieser Mindestbetrag darf 50 000 ECU nicht überschreiten.

(2) Jedoch kann ein Mitgliedstaat in minderschweren Betrugsfällen, die einen Gesamtbetrag von weniger als 4000 ECU zum Gegenstand haben und bei denen gemäss seinen Rechtsvorschriften keine besonderen erschwerenden Umstände vorliegen, Sanktionen einer anderen Rechtsnatur als die in Absatz 1 vorgesehenen Strafen vorsehen,

(3) Der Rat kann den in Absatz 2 vorgesehenen Betrag einstimmig ändern.

Artikel 3

Strafrechtliche Verantwortung der Unternehmensleiter

Jeder Mitgliedstaat trifft die erforderlichen Massnahmen, damit die Leiter, Entscheidungsträger oder Träger von Kontrollbefugnissen von Unternehmen bei betrügerischen Handlungen zum Nachteil der finanziellen Interessen der Europäischen Gemeinschaften gemäss Artikel 1, die eine ihnen unterstellte Person zum Vorteil des Unternehmens begeht, nach den Grundsätzen des innerstaatlichen Rechts des Mitgliedstaats für strafrechtlich verantwortlich erklärt werden können.

Artikel 4

Gerichtsbarkeit

(1) Jeder Mitgliedstaat trifft die erforderlichen Massnahmen, um seine Gerichtsbarkeit für gemäss Artikel 1 und Artikel 2 Absatz 1 umschriebene Straftaten in den Fällen zu begründen, in denen

— ausschliesslich oder teilweise in seinem Hoheitsgebiet ein Betrug, eine Teilnahme an einem Betrug oder ein versuchter Betrug zum Nachteil der finanziellen Interessen der Europäischen Gemeinschaften begangen worden ist, unter Einschluss von Betrugsfällen, in denen der Vorteil in diesem Hoheitsgebiet erlangt worden ist;
— eine in seinem Hoheitsgebiet befindliche Person einen solchen Betrug im Hoheitsgebiet eines anderen Staats wissentlich unterstützt oder dazu anstiftet;
— der Straftäter ein Staatsangehöriger des betreffenden Mitgliedstaats ist, wobei die Rechtsvorschriften dieses Mitgliedstaats darauf abstellen können, dass die Handlung auch in dem Land strafbar ist, in dem sie begangen wurde.

(2) Jeder Mitgliedstaat kann bei der Notifizierung gemäss Artikel 11 Absatz 2 erklären, dass er die in Absatz 1 dritter Gedankenstrich dieses Artikels vorgesehene Regel nicht anwendet.

Artikel

Auslieferung und Verfolgung

(1) Liefert ein Mitgliedstaat nach seinem Recht seine eigenen Staatsangehörigen nicht aus, so trifft er die erforderlichen Massnahmen, damit von ihm gemäss Artikel 1 und Artikel 2 Absatz 1 umschriebene Straftaten, die von seinen Staatsangehörigen ausserhalb seines Hoheitsgebiets begangen werden, seiner Gerichtsbarkeit unterliegen.

(2) Jeder Mitgliedstaat befasst, wenn einer seiner Staatsangehörigen beschuldigt wird, in einem anderen Mitgliedstaat eine Straftat im Sinne von Artikel 1 und Artikel 2 Absatz 1 begangen zu haben, und er den Betreffenden allein aufgrund von dessen Staatsangehörigkeit nicht ausliefert, seine zuständigen Behörden mit

diesem Fall, damit gegebenenfalls eine Verfolgung durchgeführt werden kann. Zu diesem Zweck sind die die strafbare Handlung betreffenden Akten, Unterlagen und Gegenstände nach den Verfahren des Artikels 6 des Europäischen Auslieferungsübereinkommens zu übermitteln. Der ersuchende Mitgliedstaat ist über die eingeleitete Verfolgung und über deren Ergebnisse zu unterrichten.

(3) Ein Mitgliedstaat darf die Auslieferung wegen eines Betrugs zum Nachteil der finanziellen Interessen der Europäischen Gemeinschaften nicht allein aus dem Grund ablehnen, dass es sich um ein Abgaben- oder Zolldelikt handelt.

(4) Für die Zwecke dieses Artikels ist der Betriff „Staatsangehörige eines Mitgliedstaats" im Sinne der gegebenenfalls von dem betreffenden Mitgliedstaat gemäss Artikel 6 Absatz 1 Buchstabe b) des Europäischen Auslieferungsübereinkommens abgegebenen Erklärung und entsprechend Absatz 1 Buchstabe c) des genannten Artikels auszulegen.

Artikel 6

Zusammenarbeit

(1) Stellt ein Betrug, wie er in Artikel 1 definiert ist, eine Straftat dar und betrifft er zwei oder mehr Mitgliedstaaten, so arbeiten diese Staaten bei den Ermittlungen, der Strafverfolgung und der Strafvollstreckung wirksam zusammen, zum Beispiel durch Rechtshilfe, Auslieferung, Übertragung der Strafverfolgung oder der Vollstreckung in einem anderen Mitgliedstaat ergangener Urteile.

(2) Steht mehreren Mitgliedstaaaten die Gerichtsbarkeit und die Möglichkeit zu, eine Straftat, die auf denselben Tatsachen beruht, wirksam zu verfolgen, so arbeiten die betreffenden Mitgliedstaaten zusammen, um darüber zu entscheiden, welcher von ihnen den oder die Straftäter verfolgt, um die Strafverfolgung nach Möglichkeit in einem einzigen Mitgliedstaat zu konzentrieren

Artikel 7

Ne bis in ídem

(1) Die Mitgliedstaaten wenden in ihrem innerstaatlichen Strafrecht das „Ne-bis-in-idem"-Prinzip an, dem zufolge jemand, der in einem Mitgliedstaat rechtskräftig abgeurteilt worden ist, in einem anderen Mitgliedstaat wegen derselben Tat nicht verfolgt werden darf, sofern im Fall einer Verurteilung die Sanktion vollstreckt worden ist oder derzeit vollstreckt wird oder nach dem Recht des verurteilenden Staates nicht mehr vollstreckt werden kann.

(2) Ein Mitgliedstaat kann bei der Notifizierung gemäss Artikel 11 Absatz 2 erklären, dass er in einem oder mehreren der folgenden Fälle nicht durch Absatz 1 gebunden ist:

a) wenn die Tat, die dem ausländischen Urteil zugrunde lag, ganz oder teilweise in seinem Hoheitsgebiet begangen wurde. Im letzteren Fall gilt diese Ausnahme jedoch nicht, wenn diese Tat teilweise im Hoheitsgebiet des Mitgliedstaats begangen wurde, in dem das Urteil ergangen ist;
b) wenn die Tat, die dem ausländischen Urteil zugrunde lag, eine gegen die Sicherheit oder andere gleichermassen wesentliche Interessen dieses Mitgliedstaats gerichtete Straftat darstellt;
c) wenn die Tat, die dem ausländischen Urteil zugrunde lag, von einem Bediensteten dieses Mitgliedstaats unter Verletzung seiner Amtspflichten begangen wurde.

(3) Ausnahmen, die Gegenstand einer Erklärung nach Absatz 2 waren, finden keine Anwendung, wenn der betreffende Mitgliedstaat den anderen Mitgliedstaat wegen derselben Tat um Verfolgung ersucht oder die Auslieferung des Betroffenen bewilligt hat.

(4) Zwischen den Mitgliedstaaten geschlossene einschlägige bilaterale oder multilaterale Übereinkünfte und die Erklärungen dazu werden von diesem Artikel nicht berührt.

Artikel 8

Gerichtshof

(1) Streitigkeiten zwischen Mitgliedstaaten über die Auslegung oder Anwendung dieses Übereinkommens werden zunächst im Rat nach dem Verfahren des Titels VI des Vertrags über die Europäischen Union mit dem Ziel ihrer Beilegung erörtert.

Ist die Streitigkeit nach Ablauf von sechs Monaten nicht beigelegt, so kann der Gerichtshof der Europäischen Gemeinschaften von einer Streitpartei befasst werden.

(2) Der Gerichtshof kann mit Streitigkeiten zwischen einem oder mehreren Mitgliedstaaten und der Kommission der Europäischen Gemeinschaften über die Artikel 1 oder 10 dieses Übereinkommens befasst werden, die nicht im Wege von Verhandlungen beigelegt werden konnten.

Artikel 9

Innerstaatliche Rechtsvorschriften

Dieses Übereinkommen hindert die Mitgliedstaaten nicht daran, innerstaatliche Rechtsvorschriften zu erlassen, die über die Verpflichtungen aus diesem Übereinkommen hinausgehen.

Artikel 10

Unterrichtung

(1) Die Mitgliedstaaten übermitteln der Kommission der Europäischen Gemeinschaften den Wortlaut der Vorschriften, mit denen ihre Verpflichtungen aus diesem Übereinkommen in innerstaatliches Recht umgesetzt werden.

(2) Zum Zweck der Anwendung dieses Übereinkommens legen die Hohen Vertragsparteien im Rat der Europäischen Union fest, welche Informationen zwischen den Mitgliedstaaten oder zwischen den Mitgliedstaaten und der Kommission zu übermitteln oder auszutauschen sind und nach welchen Modalitäten dies zu erfolgen hat.

Artikel 11

Inkrafttreten

(1) Dieses Übereinkommen bedarf der Annahme durch die Mitgliedstaaten nach Massgabe ihrer jeweiligen verfas-sungsrechtlichen Vorschriften.

(2) Die Mitgliedstaaten notifizieren dem Generalsekretär des Rates der Europäischen Union den Abschluss der Verfahren, die nach ihren jeweiligen verfassungsrechtlichen Vorschriften für die Annahme dieses Übereinkommens erforderlich sind.

(3) Dieses Übereinkommen tritt 90 Tage nach der in Absatz 2 genannten Notifizierung durch den Mitgliedstaat, der diese Förmlichkeit zuletzt vornimmt, in Kraft.

Artikel 12

Beitritt

(1) Dieses Übereinkommen steht allen Staaten, die Mitglied der Europäischen Union werden, zum Beitritt offen.

(2) Der vom Rat der Europäischen Union erstellte Wortlaut dieses Übereinkommens in der Sprache des beitretenden Staats ist verbindlich.

(3) Die Beitrittsurkunden werden heim Verwahrer hinterlegt.

(4) Dieses Übereinkommen tritt für jeden Staat, der ihm beitritt, 90 Tage nach der Hinterlegung seiner Beitrittsurkunde oder aber zum Zeitpunkt des Inkrafttretens dieses Übereinkommens in Kraft, wenn dieses beim Ablauf des genannten 90-Tage-Zeitraums noch nicht in Kraft getreten ist.

Artikel 13

Verwahrer

(1) Verwahrer dieses Übereinkommens ist der Generalsekretär des Rates der Europäischen Union.

(2) Der Verwahrer veröffentlicht im *Amtsblatt der Europäischen Gemeinschaften den Stand* der Annahmen und Beitritte, die Erklärungen und die Vorbehalte sowie alle sonstigen Notifizierungen im Zusammenhang mit diesem Übereinkommen.

J. Literaturübersicht

Acale Sánchez, Maria, Las subvenciones comunitarias y sus fraudes, in: Terradillos Basoco, Juan Maria (coordinador), Protección de los intereses financieros de la Comunidad Europea, Editorial Trotta, Madrid 2001

Alonso Gallo, Jaime, El Delito Fiscal tras la Ley Orgánica 7/2012, Actualidad Uría Menéndez, Nummer 34, Uria Madrid 2013

Aparicio Díaz, Luis, La nueva reforma del Código Penal en materia de transparencia y lucha contra el fraude fiscal y en la Seguridad Social, Diario La Ley, número 8081, Sección Doctrina, Ref. D-178, Editorial La Ley, Wolters-Kluwer Madrid 2013

Aparicio Perez, J., El delito fiscal a través de la jurisprudencia, Aranzadi Editorial, Pamplona 1997

Aparicio Perez, Antonio, La regulación de los delitos contra la hacienda pública y la seguridad social en el nuevo código penal, Editorial Lex Nova, Valladolid 1997

Argüelles Pintos José, Feltrer Bauzá Fernando, Régimen Jurídico de la responsabilidad tributaria y su aplicación práctica, Aranzadi, Cizur Menior Navarra 2002

Arroyo Zapatero, Luis Alberto, Delitos contra la hacienda pública en materia de subvenciones, Madrid, Ministerio de Justicia, 1987

Arias Rodriguez, José Manuel, Consideraciones sucintas sobre la cooperación civil en el espacio judicial europeo, Revista: Poder Judicial, numero 66, pagina 73–105

Asúa Batarrita, Adela, Estafa común y fraude de subvenciones: La protección del patrimonio a la protección de la institución subvencional, in: Hacía un derecho penal económico europeo: Jornadas en honor del profesor Klaus Tiedemann, Madrid, Boletín Oficial del Estado, 1995

Asúa Batarrita, Adela, Incongruencias del sistema dual de incriminación del fraude de subvenciones en el Código Penal español de 1995: ¿harmonización europeo versus principio de asimilación? En: El Nuevo Derecho Penal Español. Estudios Penales en memoria del Profesor José Manuel Valle Muñiz, herausgegeben von Gonzalo Quintero Olivares und Fermín Morales Prats, Aranzadi, Elcano / Navarra 2001

Bacigalupo Zapater, Enrique, Código Penal, Doctrina y Jurisprudencia, Tomo II, Artículos 138–385, Dirección: Cándido Conde-Pumpido Ferreiro, Editorial Trivium S.A., Madrid 1997

Bacigalupo Zapater, Enrique, Evolución de los modelos legislativos europeos para la protección de las finanzas públicas y comunitarias, in: Política Criminal y reforma penal: Homenaje a la memoria del Prof. Dr. Juan del Rosal, Editoriales de Derecho Reunidas, Madrid 1993

Bacigalupo Zapater, Enrique, Sanciones Administrativas (Derecho español y comunitario), Editorial Colex, Madrid 191

Bacigalupo Zapater, Enrique, El nuevo delito fiscal, Actualidad Penal 45, Madrid, Dezember 1995, pag. 886

Bacigalupo Zapater, Enrique, Curso de Derecho Penal Económico, Madrid Pons 2006

Bacigalupo Zapater, Enrique, El delito fiscal, in: Del Rosal Blasco, Bernardo (Editor / Herausgeber), Estudios sobre el nuevo Código Penal de 1995, Tirant Lo Blanch, Valencia 1997

Bacigalupo Zapater, Enrique, Estado de la cuestión de la protección de los intereses financieros de la Comunidad Europea después del Tratado de Ámsterdam, Actualidad Penal, Nummer 42, 1998, Seite 825 ff.

Bacigalupo Saggese, Silvina, Algunas Cuestiones de Participación en el Delito Fiscal y en el Delito de Administración Desleal, in: Revista de Derecho Penal y Criminología, marzo 2000, paginas 353–363

Bajo Fernandez, Miguel / Bacigalupo Saggese, Silvina, Delitos contra la hacienda pública, Colección Ceura, Editorial Centro de Estudios Ramón Areces, S.A., Madrid 2000

Berdugo Gómez de la Torre, Ignacio / Ferré Olivé, Juan Carlos, Todo sobre el fraude tributario, Madrid, Praxis 1994

Berdugo Gómez de la Torre, Ignacio / Arroyo Zapatero, Luis, Lecciones de Derecho Penal, Parte General, La Ley, Madrid 1999

Bertrán Girón, Fernando, El proyecto de ley de reforma del art. 305 del Código Penal: principales novedades, Carta Tributaria, Monografias, número 20, Editorial CISS - Wolters Kluwer Madrid 2012

Boix Reig, Javier / Mira Benavent, Javier, Los delitos contra la hacienda pública y contra la Seguridad Social, Tirant lo Blanch Valencia 1999

Boix Reig / Vives Antón / Orts Berenguer / Carbonell Mateu / Gonzalez Cussac, Derecho Penal, Parte Especial, Tirant lo Blanch, Valencia 2004

Calvo Vérgez, Juan, El nuevo delito fiscal tras la aprobación de la Ley Orgánica 7/2012, de 27 de diciembre, Aranzadi Insignis, Quincena Fiscal Aranzadi 3/2013, Aranzadi, Navarra 2013

Choclán Montalvo, José Antonio, Problemas actuales del delito fiscal, in: Derecho Penal Económico, herausgegeben vom Consejo General del Poder Judicial, Lerko Print S.A., Madrid 2002

Cobo del Rosa, Manuel, Curso de Derecho Penal Español, Marcial Pons, Madrid 1996

Conde Pumpido Ferreiro, Cándido, Código Penal Comentado, Tomo I, Editorial Bosch, Barcelona 2005

Conde-Pumpido Tourón, Cándido / López Barja de Quiroga, Jacobo, Comentarios al Código Penal, Bosch, Barcelona 2007

Córdoba Roda, Juan / García Arán, Mercedes, Comentarios al Código Penal, Marcial Pons, Madrid / Barcelona 2004

Cortes Bechiarelli, Emilio, Delitos contra la Hacienda pública, Leyes Tributarias comentadas, Editoriales de Derecho Reunida S.A., Madrid 2002

De la Cuesta Arzamendi, José Luis, El fraude en materia de ingresos de la Unión Europea y su tratamiento por el Derecho penal español, en: El Nuevo Derecho Penal Español. Estudios Penales en memoria del Profesor José Manuel Valle Muñiz, herausgegeben von Gonzalo Quintero Olivares und Fermín Morales Prats Aranzadi, Elcano / Navarra 2001

Denetrio Crespo, Eduardo, Consideraciones sobre la Corrupción y los delitos contra la administración pública, in: Juan Carlos Ferré Olivé, Fraude y Corrupción en la Administración Pública, Ediciones Universidad Salamanca, 2002

Dolz Lago, Manuel-Jesús, La protección penal de los intereses financieros de la Unión Europea en el nuevo Código Penal de 1995, La Ley, Revista Jurídica Española de Doctrina, Jurisprudencia y Bibliografía, Madrid 1997, Seite 1902–1911

Escudero Moratalla, J.F., García Llamas, M.C., u.a., Delitos societarios de la receptación, y contra la hacienda pública, Artículos 290 a 310 del Código Penal - Bosch, Casa Editorial S.A., Barcelona Abril 1998, 433 Seiten, Bearbeiter der Artikel 305 - 310: Jorge de Juan i Casadevall / Maria del Camino García Llamas

Fabián Caparrós, Eduardo, La corrupción de los servidores públicos e internacionales, Anotaciones para un derecho penal globalizado, in: Juan Carlos Ferré Olivé, Fraude y Corrupción en la Administración Pública, Ediciones Universidad Salamanca, 2002

Falcón y Tella, Ramon, La prescripción en materia tributaria, La Ley, Madrid 1992

Faraldo Cabana, Patricia, Las causas de levantamiento de la pena, Tirant Lo Blanch, Valencia 2000

Ferreiro Lapatza, José Juan, Política Fiscal y delitos contra la Hacienda Pública, Quincena Fiscal, Número 21, Madrid 1999

Fischer, Dr. Thomas, Strafgesetzbuch, Kommentar, Beck, München 2014

Gaceta Fiscal, El delito Fiscal, Terceras Jornadas sobre el delito fiscal, Gaceta Fiscal, Madrid, 2000

Gálvez Díez, María Teresa, De los mecanismos de cooperación, asistencia y coordinación existentes frente a la delincuencia financiera organizada y transnacional, in: Estudios Jurídicos del Ministerio Fiscal, Jornadas para la Carrera Fiscal, Centro de Estudios Jurídicos de la Administración de Justicia, Solane e Hijos, Madrid 2000

Garcés Sanagustín, Mario, El Fraude de subvenciones públicas y la obtención indebida de fondos de la unión Europea, Instituto de Estudios Fiscales, Madrid 2005

García Novoa, César / López Díaz, Antonio, Temas de Derecho Penal Tributario, Marcial Pons, 2000

García Quintas, Mercedes, Una „culpa in vigilando" penal para las personas jurídicas, Actualidad Jurídica Aranzadi número 807/2010, Aranzadi Madrid 2010

Gil Martínez, Antonio, La Instrucción de los Delitos Fiscales y contra la Hacienda Pública, Diverse Autoren, in: Estudios de Derecho Judicial, Hrsg. Esteban Solaz Solaz, Consejo General del Poder Judicial, Madrid 2005

Gómez-Jara Díez, Carlos, El nuevo artículo 31.2. del Código Penal: Cuestiones de lege lata y de lege ferenda, La Ley, núm. 6548 vom 13. September 2006, Seite 2 ff.

Gómez-Jara Díez, Carlos, La nueva responsabilidad penal de las personas jurídicas en el Derecho Penal Español (artículo 31bis del Código Penal), Revista Jurídica del Deporte número 33/2011, Aranzadi Madrid 2011

Gómez Rivero, Maria Carmen, El Fraude de Subvenciones, Tirant lo Blanch Valencia 2006

Gómez Rivero, Maria Carmen, La malversación de fondos comunitarios: los artículos 306 y 628 del Código Penal Español, in: Ferré Olivé, Juan Carlos, u.a.: Fraude de Subvenciones Comunitarios y Corrupción, Vol. I, Ediciones Universidad de Salamanca 2002

González-Cuéllar Garcia, Antonio, Defraudaciones a la Hacienda Pública en al ámbito empresarial, in: Revista de Derecho Penal y Criminología, 2000, paginas 365–399

Gutiérres Zarza, Ángeles, Investigación y enjuiciamiento de los delitos económicos, Madrid, Colex 2000

Hoffmann, Markus, Das spanische Strafgesetzbuch – Código Penal vom 23. November 1995 (Deutsche Übersetzung) – Nach dem Stand vom 31. Dezember 2001, Edition Iuscrim, Max-Planck-Institut, Freiburg im Breisgau 2002

Lackner, Karl / Kühl, Kristian, Strafgesetzbuch, Kommentar, 28. Auflage, Beck, München 2014

Lamarca Perez, Carlos, Observaciones sobre los nuevos Delitos contra la Hacienda Pública, Revista de Derecho Financiero y Hacienda Pública Nummer 178, Madrid 1985

Lascuraín Sánchez, Juan Antonio, Fundamento y límites del deber de garantía del empresario, in: Hacía un derecho penal económico europeo: Jornadas en honor del profesor Klaus Tiedemann, Madrid, Boletín Oficial del Estado, 1995

Martínez-Buján Pérez, Carlos, El delito fiscal, Madrid, Montecorvo 1982

Martinez-Buján Perez, Carlos, Las relaciones entre el delito de estafa y el delito de fraude de subvenciones en el nuevo Código Penal español de 1995, En: El Nuevo Derecho Penal Español. Estudios Penales en memoria del Profesor José Manuel Valle Muñiz, herausgegeben von Gonzalo Quintero Olivares und Fermín Morales Prats, Aranzadi, Elcano / Navarra 2001

Martínez-Buján Pérez, Carlos, Derecho Penal Económicoy de la empresa, Tirant Lo Blanch, Valencia 2005

Martínez-Carrasco Pignatelli, La responsabilidad penal de las personas jurídicas por la comisión de delitos contra la Hacienda Pública, Quincena Fiscal Aranzadi número 20/2010, Aranzadi, Madrid 2010

Martín Queraly, Juan / Lozano Serrano, Carmelo / Casado Ollero, Gabriel / Tejerizo López, Jose Manuel, Curso de Derecho Financiero y Tributario, Tecnos, Madrid 2009

Merino Jara, Isaac / José Luis Serrano González de Murillo, El Delito Fiscal, Cuadernos Fiscales, Editoriales de Derechos Reunidas S.A., Madrid 2004

Mestre Delgado, Esteban, Delitos contra la Hacienda Pública y contra la Seguridad Social, in: Carmen Lamarca Perez (Hrsg.), Derecho Penal, Parte Especial, Editorial Colex, Madrid 2008

Montero Domínguez, Antonio, La proyectada reforma de la regulación del delito contra la Hacienda Pública, Tribuna Fiscal, número 263, Editorial CISS – Wolters Kluwer, Madrid 2012

Morales Prats, Fermin, Los efectos penales de la regularización tributaria en el Código penal de 1995, in: Jose Luis Gómez Colomer y Jose Luis González Cusac (coords.): La reforma de la justicia penal. Estudios en homenaje el profesor Klaus Tiedemann, Castellon 1997

Morales Prats, Fermin, La responsabilidad penal de las personas jurídicas, Editorial Aranzadi, Madrid 2010

Moreno Cánoves, Antonio / Ruiz Marco, Francisco, Delitos Socioeconómicos, Comentarios a los arts. 262, 270 a 311 del nuevo Código Penal (concordados y con jurisprudencia), Editorial Edijus, Zaragoza 1996

Morillo Méndez, Antonio, Infracciones, Sanciones Tributarios y Delitos contra la Hacienda Pública, Editorial CISS, Valencia 2001

Moyna Ménguez, José / Gómez Guillamón, Rogelio / Luzón Cuesta, José María u.a., Código Penal, Comentarios y Jurisprudencia, Editorial Colex, Madrid 2008

Muñoz Conde, Francisco / García Arán, Mercedes, Derecho Penal, Parte General, Tirant lo Blanch, Valencia 2007

Muñoz Conde, Francisco, Problemas de autoria y participación een el Derecho Penal económico, in: Jose Antonio Choclan Montalvo, Derecho Penal Económico, Madrid, Consejo General Poder Judical, 2002

Muñoz Conde, Francisco, Derecho Penal, Parte Especial, Tirant lo Blanch, Valencia 2009

Muñoz Cuesta, Francisco Javier, La reforma del delito fiscal operada por LO 7/2012, de 27 de diciembre, Revista Aranzadi Doctrinal 11/2013, Editorial Aranzadi S.A., Navarra 2013

Muñoz Lorente, José, La responsabilidad penal de las personas jurídicas en el proyecto de Ley de 2007 de reforma del Código Penal de 1995, La Ley Penal, Nummer 40, 2007, Seite 26 ff., Grupo Wolters Kluver

Nieto Martin, Adán, Fraudes Comunitarios, Derecho Penal Económico Europeo, Editorial Praxis, Barcelona 1996

Nieto Martin, Adán, Malversación de caudales públicos y fraude de subvenciones, in: Ferre Olivé, Juan Carlos u.a. (Gomez Rivero, Maria Carmen / Nieto Martín, Adán / Sanchez Lopez, Virginia, Fraude Subvenciones Comunitarios y Corrupción, Universidad de Salamanca, 2002

De la Peña Velasco, Gaspar, „Algunas consideraciones sobre el delito fiscal", Conserjería de Economía, Hacienda y Empleo de la Comunidad Autónoma de la Región de Murcia, 1984

Pérez Royo, Fernando, La represión del fraude tributario y el nuevo delito fiscal, in: Medidas urgentes de reforma fiscal, Instituto de Estudios Fiscales, Ministerio de Hacienda, Madrid 1977

Pérez Royo, Fernando, Los delitos y las infracciones en materia tributaria, Instituto de Estudios Fiscales, Madrid 1986

Queralt Jímenez, Joan Josep, El comportamiento post delictivo en los delitos contra las Haciendas Públicas y la Seguridad Social, in: Empresa y Derecho Penal I, Madrid 1998

Quintero Olivares, Gonzalo / Morales Prats, Fermín, Comentarios a la Parte Especial del Derecho Penal, Editorial Aranzadi S.A., Cizur Menor / Navarra 2009

Rancaño Martín, Maria Asunción, El delito de defraudación tributaria, Marcial Pons, Madrid 1997

Roca Agapito, Luis, La evolución legal del Derecho Penal español en los últimos cuatro años, Balance de la VI legislatura en el ámbito penal, Repertorio de Jurisprudencia núm. 33/2000, Parte estudio, Aranzadi, Pamplona 2000

Ruíz Rodríguez, Luis Ramón, Las resoluciones judiciales sobre el delito de fraude de subvenciones en España, in: Juan Maria Terradillos Basoco, (coordinador), Protección de los intereses financieros de la Comunidad Europea, Editorial Trotta 2001,

Ruiz Rescalvo, Maria del Pilar, La prescripción tributaria y el delito fiscal, Universidad Rey Juan Carlos, Madrid 2004

Sánchez Huete, Miguel Ángel, La modificación del Código Penal y sus implicaciones en la legislación tributaria, Quincena Fiscal Aranzadi número 4/2011, Aranzadi Madrid 2011

Sanchez Lopez, Virginia, El delito de fraude de subvenciones en el nuevo Código Penal, Colex Madrid 1997

Sánchez López, Virginia, Obtención indebida de fondos comunitarios. in: Juan Carlos Ferré Olivé u.a., Fraude de Subvenciones Comunitarios y Corrupción, Vol. I, Ediciones Universidad de Salamanca, 2002

Sánchez-Ostiz Gutiérrez, Pablo, La Exención de responsabilidad penal por regularización tributaria. Madrid, Aranzadi 2002

Santos Alonso, Jesús, El Contenido del Delito Fiscal, las Penas y la Responsabilidad Civil. in: „El Delito Fiscal“, Gaceta Fiscal, Terceras Jornadas sobre el Delito Fiscal, Madrid 2000

Sanz Díaz-Palacios, J. Alberto, Derecho a no autoinculparse y delitos contra la hacienda pública. Madrid, Colex 2004

Schönke, Adolf / Schröder, Horst, Strafgesetzbuch; Kommentar, 29. Auflage. München Beck 2014

Senent Martínez, Santiago, La incidencia del Derecho Comunitario en el Derecho Penal, especial referencia a la legislación española en materia de contrabando y control de cambios. Estudios de Deusto, Cuadernos Europeo de Deusto, Revista de la Universidad de Deusto, Bilbao, 1997, Seite 135–181

Serrano Gonzalez, Jose Luis, Delitos contra la Hacienda pública, Leyes Tributarias comentadas, Editoriales de Derecho Reunida S.A., Madrid 2002

Seoane Spiegelberg, José Luis, El delito de Defraudación tributaria, in: Temas de Derecho Penal Tributario, hrsg. von César García Novoa / Antonio López Díaz, Marcial Pons Madrid 2000

Sequeros Sazatornil, Fernando, La Participación del funcionario público en los delitos de fraude de subvenciones comunitarios del artículo 309 del Código Penal, in: Ferre Olivé, J.C. u.a. (Gomez Rivero, Maria Christina / Nieto Martín, Adán / Sanchez López, Virginia, Fraude de Subvenciones Comunitarios y Corrupción, Universidad de Salamanca, 2002

Silva Sánchez, Jesús Maria, La responsabilidad penal de las empresas y sus órganos en Derecho español, in: Schünemann, de Figueiredo u.a.: Fundamento de un sistema europeo el Derecho Penal, Barcelona Bosch 1995

Silva Sánchez, Jesús-Maria Ortiz de Urbina Gimeno, Iñigo, El art. 31.2. Código Penal, InDret Revista para el Análisis del Derecho Nummer 343, Barcelona 2006

Silva Sánchez, Jesús-Maria Ortiz de Urbina Gimeno, Iñigo, La aplicación judicial de lãs consecuencias acessórias para las empresas, InDret Revista para el Análisis del Derecho Nummer 342, Barcelona 2006

Simón Acosta, Eugenio, Delitos contra la Hacienda Pública, Cuestiones Tributarias Practicas, La Ley, Madrid 1990

Simón Acosta, Eugenio, El delito de defraudación tributaria, Aranzadi, Pamplona 1998

Suárez-Mira Judel Piñol, Carlos Angel, Responsabilidad penal de las personas jurídicas, Tratados y Manuales, Civitas. Aranzadi Madrid 2011

Terradillos Basoco, Juan, Derecho Penal de la empresa, Valladolid, Trotta 1995

Terradillos Basoco, Juan, Fraude de Subvenciones Comunitarias. Los medios de control, in: Terradillos Basoco, Juan Maria (coordinador), Protección de los intereses financieros de la Comunidad Europea, Editorial Trotta 2001, 173

Wessels, Johannes / Hillenkamp, Thomas, Strafrecht Besonderer Teil 2, Heidelberg, C.F. Müller 2013

Zurita Alonso, Miguel, Los delitos contra las Haciendas Públicas y la Seguridad Social, in: El nuevo Código Penal y su aplicación a Empresas y profesionales, Manual teórico práctico, Editorial: Recoletos Editorial Madrid 1996

Kolibri 360 GmbH
Ferdinand-Jühlke-Straße 7
99095 Erfurt, Deutschland
produktsicherheit@kolibri360.de

Druck:
CPI Druckdienstleistungen GmbH
im Auftrag der
Kolibri 360 GmbH
Ferdinand-Jühlke-Str. 7
99095 Erfurt